Finanzethik und Steuergerechtigkeit

Markus Meinzer · Manfred Pohl
(Hrsg.)

Finanzethik
und Steuergerechtigkeit

Hrsg.
Markus Meinzer
Tax Justice Network
Marburg, Deutschland

Manfred Pohl
Frankfurter Zukunftsrat e. V.
Frankfurt, Deutschland

ISBN 978-3-658-27782-6   ISBN 978-3-658-27783-3 (eBook)
https://doi.org/10.1007/978-3-658-27783-3

Die Deutsche Nationalbibliothek verzeichnet diese Publikation in der Deutschen Nationalbibliografie; detaillierte bibliografische Daten sind im Internet über http://dnb.d-nb.de abrufbar.

Springer Gabler
© Springer Fachmedien Wiesbaden GmbH, ein Teil von Springer Nature 2020
Das Werk einschließlich aller seiner Teile ist urheberrechtlich geschützt. Jede Verwertung, die nicht ausdrücklich vom Urheberrechtsgesetz zugelassen ist, bedarf der vorherigen Zustimmung des Verlags. Das gilt insbesondere für Vervielfältigungen, Bearbeitungen, Übersetzungen, Mikroverfilmungen und die Einspeicherung und Verarbeitung in elektronischen Systemen.
Die Wiedergabe von allgemein beschreibenden Bezeichnungen, Marken, Unternehmensnamen etc. in diesem Werk bedeutet nicht, dass diese frei durch jedermann benutzt werden dürfen. Die Berechtigung zur Benutzung unterliegt, auch ohne gesonderten Hinweis hierzu, den Regeln des Markenrechts. Die Rechte des jeweiligen Zeicheninhabers sind zu beachten.
Der Verlag, die Autoren und die Herausgeber gehen davon aus, dass die Angaben und Informationen in diesem Werk zum Zeitpunkt der Veröffentlichung vollständig und korrekt sind. Weder der Verlag, noch die Autoren oder die Herausgeber übernehmen, ausdrücklich oder implizit, Gewähr für den Inhalt des Werkes, etwaige Fehler oder Äußerungen. Der Verlag bleibt im Hinblick auf geografische Zuordnungen und Gebietsbezeichnungen in veröffentlichten Karten und Institutionsadressen neutral.

Springer Gabler ist ein Imprint der eingetragenen Gesellschaft Springer Fachmedien Wiesbaden GmbH und ist ein Teil von Springer Nature.
Die Anschrift der Gesellschaft ist: Abraham-Lincoln-Str. 46, 65189 Wiesbaden, Germany

Vorwort

Der Frankfurter Zukunftsrat hat sich des Themas Finanzethik und Steuergerechtigkeit angenommen, weil nicht erst seit der Finanz- und Wirtschaftskrise um das Jahr 2008 und den jüngsten Steuerbetrugsskandalen klar ist, dass sehr viele Wirtschafts- und Finanzakteure sowie Steuerpflichtige sich unverantwortlich verhalten und das Gemeinwesen gefährden.

Dies liegt in nicht geringen Maße auch am Einfluss von Wirtschaftstheoretikern, die behaupten, dass Wirtschaften nichts mit Moral zu tun habe, die Wirtschaftssphäre sogar mit Moral nichts zu tun haben dürfe. Dahinter steht die liberalistische Idee, dass das freie Spiel der Marktkräfte Wohlstand für alle schaffe und dass man diese nicht beschränken oder regulieren dürfe. Dieser amoralische Marktradikalismus mit durchaus eigenem normativen Anspruch ist aber sowohl empirisch als auch theoretisch widerlegt. Dass Adam Smith, der Vater der wissenschaftlichen Ökonomie, neben seiner ökonomischen Theorie auch moralphilosophische Abhandlungen schrieb, wird heute oft gerne vergessen.[1] Für das Wirtschaften in einer Gesellschaft wurden Normen und Regeln aufgestellt – diese sind keine unveränderlichen Naturgesetze.

Nach dem zweiten Weltkrieg wurde die Soziale Marktwirtschaft entworfen und normativ in der Verfassung verankert. Eigentum verpflichtet. Sein Gebrauch soll zugleich dem Wohle der Allgemeinheit dienen. Dieser Grundsatz, der in den letzten Jahrzehnten immer weniger beachtet und befolgt wurde, gilt auch für Finanzvermögen und seine Investition. Wir sind dazu aufgerufen, Verantwortung dafür zu übernehmen, was mit unserem Geld angestellt wird – hinsichtlich sozialer und ökologischer Wirkungen in unbegrenzter räumlicher und zeitlicher Perspektive, d. h. global und zukunftsorientiert.

Heute werden an den wirtschaftswissenschaftlichen Fakultäten der Hochschulen, insbesondere im Fach Betriebswirtschaftslehre, selten die ethischen Implikationen des

---

[1] Neben seinem einflussreichen ökonomischen Hauptwerk „Wohlstand der Nationen – Eine Untersuchung seiner Natur und seiner Ursachen" (‚An Inquiry into the Nature and Causes of the Wealth of Nations') veröffentlichte er als sein philosophisches Hauptwerk „Theorie der ethischen Gefühle" (‚The Theory of Moral Sentiments').

Wirtschaftens, insbesondere in einer Marktwirtschaft, beachtet. Erst in den letzten Jahren sind in einigen Hochschulen Lehrstühle für Wirtschaftsethik eingeführt worden und Studenten der Betriebswirtschaftslehre fordern seit einiger Zeit neben der Berücksichtigung alternativer Theorien auch vermehrt Ethik im Studium. Es muss sich etablieren, dass jeder für seine Handlungen verantwortlich ist, und dass wir auch für kollektives Verhalten Mitverantwortung tragen, uns also politisch einbringen müssen.

Dies alles zusammen – die Finanz-, Wirtschafts- und Staatsschuldenkrise mit der steuerfinanzierten Banken- und Staatenrettung, die Steuerbetrugsskandale und die Rechtfertigung des amoralischen Verhaltens der Marktakteure bzw. -subjekte durch neoliberalistische Theoretiker – hat den Frankfurter Zukunftsrat dazu bewogen, ein wissenschaftliches Team zusammenzustellen, um diese Zusammenhänge genauer zu untersuchen.

Wir luden folgende Experten ein, sich an dem Projekt „Finanzethik und Steuergerechtigkeit" zu beteiligen: Reinhard H. Schmidt, Professor für Finanzsysteme und Bankenwesen; Ulrich Thielemann, einen der anerkanntesten Wirtschaftsethiker unseres Landes; Markus Meinzer, Vorstandsmitglied und Forscher im internationalen Tax Justice Network; Christof Trautvetter, Public Policy Experte und Unterstützer des Netzwerks Steuergerechtigkeit; last but not least Christian Elger, Neurologe mit eigenen Forschungsarbeiten zur Neuroökonomie. Warum last but not least? Weil die Neuroökonomie die biologische bzw. psychologische Grundlage ökonomischen Verhaltens des Menschen untersucht. Deshalb steht sein Kapitel am Anfang des vorliegenden Buches.

Das Team traf sich im Laufe von zwei Jahren zu acht Sitzungen, um sich gemeinsam aus den unterschiedlichen Perspektiven über das Thema auszutauschen. Jeder schrieb aus seiner professionellen Position heraus ein Kapitel für das vorliegende Buch. Darüber hinaus offenbarten sich Berührungspunkte und Überschneidungen, die aufgegriffen wurden, sodass das Projekt nicht nur verschiedene Fakultäten versammelte, sondern auch zu gegenseitiger Anregung und zum Austausch von Ideen und Erkenntnissen führte. Schließlich sollten daraus neue wissenschaftliche Erkenntnisse resultieren und Handlungsempfehlungen an Gesellschaft, Politik und Wirtschaft gegeben werden.

Das Team gelangte zu dem Schluss, dass Wirtschaften nicht moralfrei sein kann und sein darf, dass es also einer Ethik bedarf. Diese wäre sowohl in die Lehre der ökonomischen Fächer an den Hochschulen und den Berufsschulen, als auch in den Unternehmen, ihrer Unternehmenskultur sowie Aus- und Fortbildung, und in den Köpfen aller Wirtschaftssubjekte zu implementieren. Wir hoffen, dass sowohl die Etablierung von Finanzethik als auch von Steuergerechtigkeit gelingen wird, weil davon nicht nur der soziale Friede abhängt, sondern auch möglicherweise das Überleben auf unserem Planeten. Der Mensch übt mittlerweile einen dermaßen starken Einfluss auf die Geo- und Biosphäre aus, dass wir bereits vom Anthropozän, dem Zeitalter des Menschen sprechen, welches sich der Frankfurter Zukunftsrat zu seinem übergeordneten Hauptthema gewählt hat.

Wir danken den beteiligten wissenschaftlichen und zivilgesellschaftlichen Autoren sowie auch Sven Bade, der das Projekt organisatorisch und redaktionell betreute. Wir danken Reinhard Hübner und seiner Stiftung, die es durch großzügige Finanzierung erst ermöglicht haben.

Nun wünscht der Frankfurter Zukunftsrat dem Leser eine interessante Lektüre, die ihm zu neuen Erkenntnissen verhelfen möge, und der Gesellschaft und der Biosphäre, dass dieses Buch Wirkung in den ökonomischen Wissenschaften und der Wirtschaftspraxis entfalte, damit es zu einer besseren Gesellschaft und Welt beitragen wird.

Frankfurt
der 22. Juli 2019

Prof. Dr. Manfred Pohl
Gründer und Vorsitzender des Wissenschaftlichen
Beirats des Frankfurter Zukunftsrat e. V.

Inhaltsverzeichnis

1 **Einleitung** 1
  Markus Meinzer und Manfred Pohl

2 **Die Bedeutung des Belohnungssystems des Menschen für sein ökonomisches Verhalten** 11
  Christian E. Elger
  2.1 Einleitung 11
  2.2 Evolution sozialen Verhaltens – altruistisches Strafen und kooperatives Verhalten 12
  2.3 Das affektive und das kognitive moralische System 13
  2.4 Das Belohnungs- bzw. Lust- und das Bestrafungs- bzw. Schmerzsystem 14
  2.5 Das Ultimatumspiel oder der „homo non-oeconomicus" 15
  2.6 Spieltheoretische Überlegungen zur Naturgeschichte des ökonomischen Verhaltens 16
  2.7 Hormone und Neuromodulatoren beeinflussen unser Verhalten 17
  2.8 Häufigkeit kooperativen Verhaltens als Funktion von Gruppengröße und Bestrafung 17
  2.9 Neurale Antworten auf faires sowie unfaires Verhalten bei sozialer Angst 18
  2.10 Altruistisches Strafen und Engagement in politischen Bewegungen und Parteien 18
  2.11 Fairness, nicht Gleichheit 18
  2.12 Anreize aktivieren das Belohnungssystem 19
  2.13 Belohnungssystem Geld 19
  2.14 Irrationales Verhalten von Investoren 20
  2.15 Sozialer Vergleich und Wertung 20
  2.16 Einfluss von Steuergerechtigkeit auf die Steuerehrlichkeit 21

2.17	Persönlichkeitsunterschiede bei der Gerechtigkeitssensitivität	22
2.18	Unternehmenskultur: Unehrlichkeit in der Bankenbranche	22
Literatur		24

3 Der Verlust eines guten Finanzsystems? 27
Reinhard H. Schmidt

- 3.1 Einleitung.. 28
  - 3.1.1 Fragen und Thesen...................................... 28
  - 3.1.2 Eine terminologische Klärung.......................... 29
- 3.2 Was kennzeichnet ein gutes Finanzsystem?........................ 29
  - 3.2.1 Verbreitete Ansichten................................... 29
  - 3.2.2 Komplementarität und Konsistenz als Bewertungsmaßstab 31
- 3.3 Das frühere deutsche Finanzsystem............................... 33
  - 3.3.1 Allgemeine Kennzeichnung.............................. 33
  - 3.3.2 Der Finanzsektor.. 34
  - 3.3.3 Die Unternehmensfinanzierung........................... 34
  - 3.3.4 Die Corporate Governance der Großunternehmen 35
  - 3.3.5 Komplementarität und Konsistenz des früheren deutschen Finanzsystems 36
- 3.4 Die Veränderungen im deutschen Finanzsystem 38
  - 3.4.1 Veränderungen im Finanzsektor 38
  - 3.4.2 Veränderungen in der Unternehmensfinanzierung........... 40
  - 3.4.3 Veränderungen bei der Corporate Governance 40
  - 3.4.4 Ursachen der Veränderungen............................ 41
- 3.5 Einschätzung der Veränderungen des deutschen Finanzsystems........ 42
  - 3.5.1 Strukturwandel oder Modernisierung?..................... 42
  - 3.5.2 Verlust der Konsistenz.................................. 43
  - 3.5.3 Eine kurze kritische Nachbemerkung 46
- 3.6 Was hat die Veränderung des deutschen Finanzsystems mit Ethik zu tun?.. 49
- Literatur 51

4 Die Revitalisierung der Idee der Sozialen Marktwirtschaft 53
Ulrich Thielemann

- 4.1 Zur Notwendigkeit einer Revitalisierung der Sozialen Marktwirtschaft... 53
- 4.2 Was ist (war) die Soziale Marktwirtschaft?........................ 59
- 4.3 Das Regime des Neoliberalismus 63
- 4.4 Die Folgen: Wachsende Einkommensdisparitäten, Ökonomisierung der Lebensverhältnisse, Statusangst................ 64
  - 4.4.1 Die Verteilungssituation................................. 64
  - 4.4.2 Lebenssituation und Befindlichkeiten 67

	4.5	Wege zur Erneuerung der Sozialen Marktwirtschaft.................	69
		4.5.1 Die Voraussetzung: Abschied vom Ökonomismus	69
		4.5.2 Reform des Finanzsektors	74
		4.5.3 Paradigmenwechsel in der Steuerpolitik	76
	Literatur		78

5 Steuergerechtigkeit – eine Einführung 87
Markus Meinzer

- 5.1 Die entscheidende Rolle öffentlicher (Steuer)Transparenz für Demokratie und Marktwirtschaft............................ 88
- 5.2 Warum Steuern für die Zivilisation unverzichtbar sind.............. 91
- 5.3 Der Trend seit 1980: Die Steuerlast trifft zunehmend Klein- und Durchschnittsverdiener 93
- 5.4 Ursachensuche: Steuerflucht, Steuerwettbewerb und das Schattenfinanzsystem 94
- 5.5 Entwicklungshemmnis und internationale Dimension 99
- 5.6 Entwicklungsländer gewähren den Reichsten Kredit 103
- 5.7 Zusammenhang von Konsum und Finanzintransparenz mit Not in Entwicklungsländern 105
- 5.8 Wachsende wirtschaftliche Ungleichheit erzeugt Probleme auch für „Reiche" 107
- Literatur 108

6 Steuergerechtigkeit – eine Unternehmerperspektive.................... 117
Christoph Trautvetter

- 6.1 Einleitung... 117
- 6.2 Steuern als Unternehmensverantwortung 119
- 6.3 Mittelständische Unternehmer als Steuerrebellen.................. 123
- 6.4 Aggressive Steuervermeider und faire Steuerzahler 124
- 6.5 Ein Siegel für faire und loyale Steuerzahler 129
- 6.6 Der unternehmerische Beitrag zu mehr Steuergerechtigkeit 133
- Literatur 134

Herausgeber- und Autorenverzeichnis

Über die Herausgeber

Dr. Markus Meinzer (Hrsg. und Autor) ist Vorstandsmitglied des Tax Justice Network (London) und leitet dort die Forschung zum Schattenfinanzindex und zum Index der Konzernsteuerwüsten; er ist Autor des Buches „Steueroase Deutschland".

Prof. Dr. Manfred Pohl (Hrsg.) ist Unternehmenshistoriker, Honorarprofessor am Fachbereich Wirtschaftswissenschaften der Goethe-Universität Frankfurt am Main und Gründer/Geschäftsführer des Frankfurter Zukunftsrat e. V. Er veröffentlichte zahlreiche Bücher als Autor oder Herausgeber, insbesondere zur Geschichte von Unternehmen wie bspw. der Deutschen Bank.

Autorenverzeichnis

Neuroökonomie
Prof. em. Dr. med. Christian E. Elger (FRCP) ist Ärztlicher Direktor des Internationalen Epilepsie Centrums Beta Klinik, Bonn; er war Professor für Epileptologie an der Universität Bonn, gründete mit anderen das Life and Brain-Forschungszentrum und das Center for Economics and Neuroscience (CENs) der Universität Bonn. Er ist Autor der Bücher „Neurofinance" und „Neuroleadership" und forscht selbst auf dem Gebiet der Neuroökonomie.

Steuergerechtigkeit
Dr. Markus Meinzer (Hrsg. und Autor) ist Vorstandsmitglied des Tax Justice Network (London) und leitet dort die Forschung zum Schattenfinanzindex und zum Index der Konzernsteuerwüsten; er ist Autor des Buches „Steueroase Deutschland".

Frankfurter Zukunftsrat
Prof. Dr. Manfred Pohl (Hrsg.) ist Unternehmenshistoriker, Honorarprofessor am Fachbereich Wirtschaftswissenschaften der Goethe-Universität Frankfurt am Main und Gründer/Geschäftsführer des Frankfurter Zukunftsrat e. V. Er veröffentlichte zahlreiche Bücher als Autor oder Herausgeber, insbesondere zur Geschichte von Unternehmen wie bspw. der Deutschen Bank.

Finanzsystem
Prof. Dr. Reinhard H. Schmidt ist Professor (em.) für Internationales Bank- und Finanzwesen der Goethe-Universität Frankfurt, Gastprofessor an der Zeppelin-Universität in Friedrichshafen und Seniorprofessor für International Banking im House of Finance der Goethe-Universität. Er veröffentlichte zahlreiche Bücher u. a. „The German Financial System", Oxford 2004 (mit Jan-P. Krahnen), „Investigating Diversity in the Banking Sector in Europe: The Performance and Role of Savings Banks", Brüssel 2009 (mit R. Ayadi u. a.), „From Microfinance to Inclusive Banking: Why Local Banking Works", Weinheim 2016 (mit H.-D. Seibel und P. Thomes).

Wirtschaftsethik/Soziale Marktwirtschaft
PD Dr. Ulrich Thielemann ist Direktor des MeM – Denkfabrik für Wirtschaftsethik Berlin, Privatdozent für Wirtschaftsethik an der Universität St. Gallen, Gastprofessor für Wirtschaftsethik an der Universität Wien. Er schrieb u. a. das Buch „Wettbewerb als Gerechtigkeitskonzept. Kritik des Neoliberalismus".

Unternehmerperspektive
Christoph Trautvetter ist Public Policy Experte und Unterstützer des Netzwerks Steuergerechtigkeit. Er hat unter anderem als forensischer Sonderprüfer für die KPMG AG, im Haushaltausschuss des Europaparlaments und als Fellow bei Teach First Deutschland gearbeitet.

Einleitung

Markus Meinzer und Manfred Pohl

„Mit freundlicher Unterstützung von Herrn Dr. Sven Bade".

Dieses Buch begründet aus den Perspektiven der Neuropsychologie, der Wirtschaftsethik, der Finanz- und Bankenwissenschaft und einer Nichtregierungsorganisation für Steuergerechtigkeit (Tax Justice Network), warum wir eine (neue) Finanzethik und Steuergerechtigkeit brauchen und wie diese ausgestaltet sein sollten.

Die Entwicklung der Finanzmärkte in den letzten Jahren/Jahrzehnten – insbesondere die Finanzkrise 2008 – erfordert eine tiefgründige Erforschung des ihnen zugrunde liegenden Werte- und Normengefüges. Es müssen Leitlinien formuliert werden, um verantwortliches Handeln zu schaffen.

Der Grundsatz der Gleichheit der Besteuerung wird nicht mehr beachtet. Die Steuer orientiert sich längst nicht mehr an der wirtschaftlichen Leistungsfähigkeit der Steuerzahler (Leistungsfähigkeitsprinzip), noch daran, dass die Steuer folgerichtig (schlüssig) ausgestaltet ist (Folgerichtigkeitsprinzip). Es gibt zu viele „Schlupflöcher", die von Privaten und Unternehmen genutzt werden. Hier besteht dringender politischer Handlungsbedarf.

M. Meinzer (✉)
Tax Justice Network, Marburg, Deutschland
E-Mail: markus@taxjustice.net

M. Pohl
Frankfurter Zukunftsrat e. V./Goethe-Universität Frankfurt, Frankfurt, Deutschland
E-Mail: manfred.pohl@frankfurter-zukunftsrat.de

Weil diese beiden Problematiken einer spezifischen Aufarbeitung bedürfen, wurde vom Frankfurter Zukunftsrat hierzu ein interdisziplinär zusammengesetztes Wissenschaftsteam gegründet, das Lösungsvorschläge erarbeitet hat, die hiermit vorgestellt werden.

Die Finanzkrise von 2008 (2007 bis 2010), die mit der Sub-prime-Hypothekenkrise in den USA begann und sich zu einer Weltwirtschaftskrise (weltweiten Rezession) ausweitete, hat gezeigt, wie riskant unkontrollierte Blasenbildungen durch spekulative Geldanlage werden können. Banken, die vorher Geschäftsbanken waren, stiegen, auch in Konkurrenz zu Schattenbanken, ins Investmentbanking ein. Sie erzielten lange Zeit zuvor unerreichbare Gewinne und gingen dabei hohe Risiken ein – sie vertrauten bspw. bei den Hypothekendarlehen ganz auf die Absicherung durch immer weiter steigende Immobilienpreise. Als diese 2007 einbrachen, zog dies den Hypothekenmarkt und die Banken, die so leichtfertig Hypothekendarlehen vergeben hatten, in den Abgrund. Der Staat rettete mit Billionen Dollar angeblich systemrelevante Banken, nicht aber Lehman Brothers, deren Pleite die Regierung der USA in Kauf nahm. Dies war ein Schock für den weltweiten Finanzmarkt, was zu einem Vertrauensverlust und zur Zurückhaltung bei der Kreditvergabepraxis sowie der Refinanzierung der Banken führte, mit der Folge, dass viele Geldinstitute, die selbst über Sub-prime-Verbriefungen verfügten, in starke Schieflage gerieten, und beinahe das weltweite Finanzsystem zum Einsturz brachten.

Der Zweck eines Finanzsystems ist vor allem die Vermittlung von Geld, das Menschen nicht für ihren Lebensunterhalt und Konsum brauchen (Überfluss), an andere, die einen Kredit nehmen wollen, gegen Zins und, soweit reinvestiert wird, Zinseszins (begründet wird der Zins mit dem Verzicht auf Konsum, der geübt wird – bei Millionären und besonders Milliardären ist das aber zu bezweifeln –, und mit dem Risiko des Kapitalverlustes). Banken spielen dabei traditionell die Hauptrolle. In den letzten Jahrzehnten haben sich Schattenbanken dazu gesellt, die den alten Banken Konkurrenz machen, indem sie traditionelle Bankfunktionen übernehmen, aber weniger reguliert sind. Dies hat auch traditionelle Banken zu riskanteren Geschäften verleitet, und im Falle der sub-prime Hypothekendarlehen in den USA an Hauskäufer mit geringer Bonität überbot man sich in den Angeboten an diese unsichere Klientel. Durch Verbriefung streute man die Risiken, versteckte sie aber auch in wenig transparenten Finanzkonstrukten. Diese wurden von den großen Ratingagenturen mit der höchsten Bonität (AAA) bewertet und mit Gewinn an weltweite Banken und Fonds verkauft. So wurden die Schulden US-amerikanischer Hauskäufer auf Anleger in der ganzen Welt verteilt. Es ist leicht zu erkennen, dass dies nur mit Trick und Tücke machbar war. Trotz der Krise und neuer gesetzlicher Auflagen geht das „Spiel" von Banken, Anlagefondsgesellschaften und Vermögensberatern heute weiter, aus Eigennutz Kunden – das sind größtenteils wiederum andere Banken bzw. Finanzmarktakteure – intransparente, riskante und teure Finanzanlagekonstrukte zu verkaufen, die dann häufig geringe oder überhaupt keine Rendite abwerfen. Außerdem beraten einige von ihnen Reiche dahin gehend, wie sie ihre Gewinne am Fiskus vorbei in Schattenfinanzplätze bringen können, und helfen ihnen dabei, Briefkastenfirmen oder Trusts zur Vermögensverschleierung zu gründen. Neben steuerlichen Motiven dient diese Verschleierung oft dazu, bei Ehescheidungen den Partner um Vermögensansprüche zu bringen, um Unterhaltszahlungen und Gläubigern aus dem Weg zu gehen oder um Gelder aus Straftaten zu waschen. Diese Taten gelten für einen Großteil der Bevölkerung als ethisch fragwürdig, selbst wenn im Einzelfall keine Straftaten nachgewiesen werden können.

Ethik ist der Teil der Philosophie, der sich mit der Begründung moralischer Normen bzw. der Klärung des Moralprinzips – bspw. die *Goldene Regel* oder Immanuel Kants *Kategorischer Imperativ* – beschäftigt. Das in der Evolution entstandene Sozialverhalten des Menschen hat sich in kleinen Gruppen von Verwandten und Bekannten entwickelt. Es ist auch nur in diesem Rahmen wirksam. Ein Fehlverhalten oder Normverstoß hat im Individuum ein schlechtes Gewissen, Angst vor Entdeckung und Scham bei Entdeckung – durch Aktivierung des neuronalen Bestrafungssystems (Inselrinde, Insula) – zur Folge, leider auch bei Verstößen gegen unsinnige Normen und Konventionen.

Dies unterbleibt aber in großen anonymen Gesellschaften weitgehend. Diese brauchen deshalb Normen – z. B. Gesetze – und Institutionen, die sanktionsbewehrt sein müssen, um Wirkung zu zeigen und den einzelnen daran zu hindern, zum Schaden anderer oder zum unfairen eigenen Vorteil ausschließlich dem Eigennutz zu folgen. In Marktwirtschaften, in denen zwei Individuen vielleicht nur einmal in direktem Austausch miteinander stehen, braucht es Vertrauen, dass der andere sich an faire Regeln hält und sich diesen entsprechend zuverlässig berechenbar verhält. In Anbetracht des großen Schadens und des Leids, welches die Finanzkrise besonders bei den „kleinen" Leuten verursachte, braucht es offensichtlich allgemein verbindliche Werte und Normen sowie geeignete Institutionen, die sie durchsetzen können. Ansonsten drohen weitere Finanzkrisen und das weitere Erstarken extremistischer politischer Kräfte. Schon jetzt bilden sich wieder Blasen an den Aktienmärkten, getrieben durch einen Überschuss an Geld, dessen Besitzer, die es im Überfluss haben, wie auch immer sie dazu gekommen sind, auf der Suche nach renditebringenden Anlageformen sind. Dazu kommt die Null- oder Niedrigzinspolitik der Zentralbanken, die dazu führt, dass ein Sparkonto keine Zinsen mehr abwirft und überflüssiges Geld in Immobilien und Aktien investiert wird und Vermögenswerte zinsgünstig auf Pump gekauft werden (leverage), weil diese noch die höchsten Renditen versprechen, was die Preise und Kurse in die Höhe treibt, mit tragischen Folgen bspw. für Geringverdiener als Mieter.

Die weltweite Finanz- und Wirtschaftskrise hat auch erneut Zweifel an der Gültigkeit der Lehren der vorherrschenden Ökonomie geweckt, haben die forschenden und lehrenden sowie Gutachten schreibenden Wirtschaftswissenschaftler – einschließlich des Sachverständigenrats zur Begutachtung der gesamtwirtschaftlichen Entwicklung (die sogenannten Wirtschaftsweisen) welcher die Bundesregierung in Wirtschaftsfragen berät – doch mit ihren Prognosen die Krise nicht vorhergesagt. Die Zweifel richten sich vor allem auch auf das zugrunde liegende Menschenbild der meisten Ökonomen, dem sogenannten *Homo oeconomicus*. Neuere wissenschaftliche Studien der Verhaltensökonomik und Neuropsychologie bestätigen, dass dies ein unzutreffendes Modell vom Menschen ist und wir eine realistischere Anthropologie brauchen, woraus auch folgt, dass wir eine andere Wirtschaftsform als eine dem Menschen Angemessene schaffen sollten.

Christian Elger[1], der selbst auf diesem Gebiet forscht, wird die Befunde der Neuropsychologie, welche Einstellungen und Verhalten des Menschen in ökonomischen Situationen betreffen (Neuroökonomie), zusammenfassen und erläutern, welche Relevanz diese Erkenntnisse für ein zum *Homo oeconomicus* alternatives Verhaltensmodell des Menschen sowie für Werte und Normen sowohl bezüglich des Handelns der Akteure des Finanzsystems – d. h. für eine Finanzethik – als auch für Steuergerechtigkeit haben. Jeder empfindet es als ungerecht und ärgert sich darüber, wenn der Nachbar, Kollege oder Konkurrent seine Steuern nicht genauso zahlt wie man selbst, einen unverdienten Gewinn erzielt oder einen Bonus erhalten hat, man selbst aber leer ausgeht, obwohl man gleiches oder sogar mehr geleistet hat. Diese menschliche Reaktion, die auch Kapuzineraffen schon zeigen, ist seit Jahrtausenden bekannt und wurde zuerst von Philosophen, später von Psychologen thematisiert. Aber erst in den letzten Dekaden wurde es dank der funktionellen Kernspintomografie (fNMR) und anderer bildgebender Verfahren möglich, einem Probanden, sei es bei der Lösung einer Aufgabe, der Reaktion auf eine Herausforderung oder beim Meditieren, in den Kopf zu schauen und die damit korrelierende Aktivität des Gehirns darzustellen. In ökonomisch relevanten Situationen werden neuronale Schaltkreise aktiv, die mit Gier, Angst, Vertrauen und Gerechtigkeitsempfinden zu tun haben. Dazu zählen das Belohnungs- und das Bestrafungssystem. Wie stark diese Hirnstrukturen unser Verhalten bestimmen, welche Konsequenzen aus diesen Erkenntnissen für die Beurteilung ökonomischen Verhaltens und für Werte und moralische Normen bzw. eine Ethik ableitbar sind und wie man sie nutzen kann, um Verhalten zu steuern oder zu manipulieren – wobei zu fragen ist, ob dies ethisch überhaupt legitimierbar ist – zeigt Elger in seinem Beitrag.

Dass die Gier Besitzender so groß sein kann, dass sie ihre Gewinne nicht oder nur so gering wie möglich versteuern wollen, es sogar teilweise als Diebstahl ansehen, dass der Staat überhaupt Steuern erhebt, obwohl er damit die Infrastruktur finanziert, die sie mit nutzen, ist doch verblüffend. Handelt es sich dabei um einen bestimmten Menschenschlag, der es in unserem Gesellschafts- und Wirtschaftssystem zu so viel Vermögen und regelsetzendem Einfluss bringt, oder verändert bzw. verdirbt dieses eher umgekehrt den Charakter? Es stellt sich die Frage, ob es für eine Gesellschaft überhaupt gut ist, es zu solchen Vermögensanhäufungen kommen zu lassen, deren Besitzer damit auch in Politik und Wirtschaft an Einfluss gewinnen. Es kam in den letzten Jahrzehnten, gerade auch durch den Einfluss der marktfundamentalen Wirtschaftstheorie bzw. -ideologie und damit begründeten Steuersenkungen zu einer innergesellschaftlichen Umverteilung von Vermögen, weg vom öffentlichen Sektor hin zu Privatpersonen. Ein schlanker Staat

---

[1]Christian Elger ist Arzt/Neurologe/Epileptologe und Mitbegründer des Life and Brain-Forschungszentrums und des Centers for Economics and Neuroscience/Zentrum für Wirtschafts- und Neurowissenschaften (CENs) der Universität Bonn, dessen Direktorium er angehört, und Co-Autor des Buchs „Neurofinance".

war die Devise. Es gab zweifelsfrei berechtigte Kritik an ineffizienter und hyperbürokratischer Staatswirtschaft. Oft allerdings wurde und wird pauschal behauptet, private Unternehmen könnten alles besser und billiger. Kommunen gingen Partnerschaften mit privaten Unternehmen ein (public private partnership, PPP), verkauften ihre kommunalen Betriebe oder schlossen Cross-Border-Leasing-Geschäfte ab. Als daraufhin bspw. Wasserpreise exorbitant stiegen, kauften manche Kommunen ihre alten Betriebe wieder zurück und machten dabei herbe Verluste, auch durch die von Gerichten nach geltendem Recht (das einmal zu überprüfen wäre) verhängten Konventionalstrafen. Das zeigt deutlich, dass es ein Fehler ist, die Daseinsvorsorge – Wasser- und Stromversorgung, Verkehrsinfrastruktur etc. – aus der Hand zu geben und zu Spekulationsobjekten werden zu lassen. Um Effizienz und Qualität sicherzustellen, gibt es angemessene Kontrollmöglichkeiten auch ohne Privatisierung. Gleichzeitig zeigt sich immer wieder, dass private Unternehmen nicht so effizient wie behauptet wirtschaften und oft, um die Gewinne zu steigern, an der Qualität und Langlebigkeit von Produkten sparen, bis hin zu geplanter Obsoleszenz, der künstlichen Verkürzung der Lebenszeit von Produkten zum Ankurbeln des Konsums. Auch dies ist mit Lug und Trug verbunden, was mithin als normal dargestellt, ja von manchen zur Tugend erklärt wird. Hiermit streifen wir wieder die moralische bzw. ethische Frage. Denn es ist für den gesunden Menschen selbstevident, dass ein solches Verhalten, dass Lügen, Betrügen und Täuschen verwerflich ist und keine tragfähige Grundlage einer Gesellschaft ausmachen kann.

Kinder haben ein feines Gespür für Gerechtigkeit und noch mehr für Ungerechtigkeit, nicht nur, wenn es sie selbst betrifft, sondern auch, wenn andere davon betroffen sind. Sie haben Mitgefühl – Empathie – mit anderen und die Einstellung, dass es gerecht ist, mit denen zu teilen, die weniger haben. Sie wollen nicht benachteiligt und übervorteilt werden, und verstehen, dass andere das auch nicht wollen. Die Goldene Regel bzw. Reziprozitätsregel scheint dem Menschen universell angeboren zu sein. Der Mensch ist ein soziales, staatenbildendes Beziehungstier. Dies zeigt sich auch in neueren neuropsychologischen Untersuchungen, die Spieletheorie und funktionelle Kernspintomografie, mit der man Aktivität des Gehirns sichtbar machen kann, miteinander verbinden. Beim Ultimatumspiel wird deutlich, dass der Mensch in der Regel kein Eigennutzoptimierer, sondern auf das Miteinander-Teilen ausgerichtet ist. Christian Elger bringt uns auf den derzeitigen Stand dieser jungen Forschungsrichtung, die er als Neurologe und Neuroökonom maßgeblich mit betreibt. Er macht deutlich, dass das Leitbild der Ökonomie, das Modell des *Homo oeconomicus,* welches heute noch normativ und wirklichkeitsbestimmend wirkt, nicht mit dem realen Menschen und seinem Verhalten übereinstimmt, und dass es daher dringend eines neuen, realistischeren Menschenbildes und Verhaltensmodells bedarf.

In Anbetracht des starken Gerechtigkeitsempfindens und des Phänomens des sogenannten altruistischen Strafens, welches das Belohnungssystem aktiviert und daher als Befriedigung empfunden wird, ist verständlich, dass wir es nicht ertragen, wenn wir brav unsere Steuern zahlen – weil uns als Arbeiter oder Angestellte die Lohnsteuer gleich abgezogen und ans Finanzamt abgeführt wird –, während andere Steuern auf legale Weise oder in rechtlichen Grauzonen aggressiv vermeiden oder sogar widerrechtlich hinterziehen. Auf Unternehmensebene erscheint es als Wettbewerbsnachteil, dass ortsgebundene Firmen nach den nationalen Regeln und Sätzen voll besteuert werden, während multinationale Konzerne sich dem durch Verlagerung des Firmensitzes und andere Maßnahmen entziehen und nur einen Bruchteil der Steuern zahlen wie das ansässige Unternehmen. Markus Meinzer[2] zeigt, mit welchen Mitteln und unter Nutzung welcher Gesetze (u. a. der unterschiedlichen Steuersysteme) die großen Konzerne Steuern vermeiden und welche Schäden für die Volkswirtschaften aus dem Steuerwettbewerb in Europa sowie auch weltweit resultieren. Um den Ausstieg aus der Steuersenkungsspirale zu schaffen, fordert er Steuertransparenz und öffentliche Geschäftsberichte für jedes Land, in dem ein Unternehmen aktiv ist.

In seinem Beitrag zeigt Markus Meinzer auf, warum ein Wertewandel in Bezug auf den Stellenwert von Steuern, Steuergerechtigkeit und Finanztransparenz erforderlich ist. Im Ergebnis sollen Steuern, anstatt als ausschließlicher Kostenfaktor, den es zu minimieren gilt, als Dividende an die Gesellschaft begriffen werden. Dieses Paradigma führte auch zu nationalen und internationalen Reformen, welche die Übereinstimmung zwischen fiskalischen, entwicklungs- und außenpolitischen Zielen stärkten. Meinzer beschreibt die vier Funktionen von Steuern, die man im Englischen mit den vier „R"s zusammenfassen kann: Revenue (Einnahmen), Redistribution (Umverteilung), Regulation/Repricing (Regulierung/Preiskorrektur) sowie Representation (Teilhabe und Rechenschaftspflicht).

Als demokratisch verfasste Gesellschaft einigen wir uns darauf, welche gesellschaftlichen Aufgaben gemeinschaftlich-kooperativ über staatliche Organisation erfüllt werden und welche anderen Bereiche hingegen marktwirtschaftlich (oder in abgestuften Zwischenformen) organisiert werden sollen. Zur Finanzierung gemeinschaftlicher Aufgaben wie etwa Infrastruktur, Sicherheit, öffentliche Transportsysteme, Bildung, Gesundheit etc. werden Ressourcen benötigt, die in Form von Steuern und Abgaben von der Gesellschaft bereitgestellt werden.

Die immer größere Kluft zwischen reich und arm hat ein Ausmaß angenommen, das den gesellschaftlichen Zusammenhalt und die Demokratie bedroht. Die Ungleichheit erlaubt es einer sich elitär gebärdenden Oberschicht, sich derart abzusondern, dass sie kaum oder keine Berührungspunkte mehr mit dem einfachen Volk hat. So klaffen längst überwunden geglaubte gesellschaftliche Gräben wieder auf, die an dynastische Feudalgesellschaften erinnern. Markus Meinzer zeigt in seinem Beitrag, dass die Staaten mit den größten Einkommensunterschieden auch die größten sozialen Probleme haben. Je ungleicher eine Gesellschaft ist, desto häufiger treten Probleme wie Kriminalität, Übergewicht, Geisteskrankheiten, Teenagerschwangerschaften, etc. auf, unabhängig davon, wie reich sie im Durchschnitt ist. Im aufgeklärten Eigeninteresse Vermögender liegt es

---

[2]Markus Meinzer ist Vorstandsmitglied des Tax Justice Network und ist Autor des Buchs „Steueroase Deutschland: Warum bei uns viele Reiche keine Steuern zahlen".

deshalb, die Ungleichheit abzubauen. Auch um des gesellschaftlichen Friedens willen sollten diese extremen Unterschiede in den Besitzständen abgebaut werden. Dies kann hauptsächlich durch Besteuerung der Vermögen, leistungslosen Einkommen und Kapitaleinkünften geschehen.

Meinzer zeigt, welche Bedeutung für die Verteilung des gesellschaftlichen Reichtums die Steuerarten haben, nämlich die auf Konsum (Mehrwert- und Verbrauchssteuern), Arbeit (Lohnsteuer) sowie Kapital (Gewinn- und Vermögenssteuern), und wie deren jeweiligen Anteile am Steueraufkommen in den letzten Jahren und Jahrzehnten verschoben wurden. Diese steuerliche Entwicklung habe drei miteinander verbundene Hauptursachen: Steuerflucht, Steuerwettbewerb und das globale Schattenfinanzsystem. Meinzer weist auf die dadurch erzeugten ökologischen und sozialen Schäden hin. Er zeigt, dass die gegenwärtigen internationalen Steuerregeln gegen Grundsätze fairen Marktwettbewerbs verstoßen sowie zwei der grundgesetzlich abgeleiteten Prinzipien des Steuerrechts verletzen, namentlich die Gleichmäßigkeit der Besteuerung und die Besteuerung nach Leistungsfähigkeit. Er weist auf die entscheidende Rolle öffentlicher Transparenz – auch die Transparenz von Unternehmen hinsichtlich ihrer Bemessungsgrundlage und Steuerpflicht – für Demokratie und Marktwirtschaft hin. Diese führte zu vollständiger Information (bzw. Informationssymmetrie), einer der Voraussetzungen effizienter Märkte.

In dem Maße, wie in den letzten Jahren Details über die (fehlenden) Steuerzahlungen vor allem international tätiger Konzerne durch aufwendige Recherchen und/oder Hinweisgeber enthüllt wurden, schwinde das Vertrauen der Bevölkerung in die Bedeutung der Standardfloskel jedes Konzerns, dass man sich in allen Ländern an die jeweiligen (Steuer)Gesetze halte. Der größte Schaden für unsere Gesellschaft entsteht vermutlich dadurch, dass gleichzeitig damit auch das Vertrauen in den Rechtsstaat und in die Demokratie schwindet, was durch Populisten an den politischen Rändern leicht ausgenutzt wird.

Meinzer erklärt, warum die Initiative der OECD zur Bekämpfung von Steuervermeidung (BEPS, base erosion and profit shifting) wenig dazu geeignet ist, das verlorene Vertrauen zurückzugewinnen, und dass ein öffentliches Country By Country Reporting, also länderspezifische Konzernbilanzen, notwendig seien. Im Bereich des Schattenfinanzsystems gilt das Analoge: Es wird sich erst dann etwas ändern, wenn Briefkastenfirmen und Trusts genauso wie ihre inländischen Konkurrenten dazu gebracht werden, ihre Hinterleute im Handelsregister zu veröffentlichen. So lange die Hinterleute von Firmen nicht öffentlich bekannt gemacht werden, können diese sich leicht aus ihrer Verantwortung stehlen, und Geschäftspartner, KonsumentInnen, MieterInnen und StrafverfolgerInnen sind nicht imstande zu erkennen, mit wem sie es zu tun haben, und können Unrecht somit weder vorbeugen noch ahnden. Fazit von Meinzers Ausführungen: Wir brauchen ein globales System der tief greifenden Steuerkooperation und Transparenz der Unternehmensbilanzen und globalen Geldströme.

Reinhard Schmidt[3] geht in seinem Beitrag der Frage nach, was ein gutes Finanzsystem ausmacht. Ein System besteht aus einem Struktur- und Funktionszusammenhang komplementärer Elementen, die so aufeinander abgestimmt (konsistent) sind, dass sie sich in ihren positiv bewerteten Effekten gegenseitig verstärken und in ihren negativen Effekten gegenseitig abschwächen. Schmidt zeigt, wie sich in dieser Hinsicht eine koordinierte Marktwirtschaft (coordinated market economy CME: Deutschland und Japan) von einer liberalen Marktwirtschaft (liberal market economy LME: UK/US) unterscheidet. Wettbewerbspolitik, Rolle des Staates, Tarifverhandlungen, berufsbezogenes Ausbildungssystem, soziale Sicherung u. a. sind die wichtigsten komplementären Elemente, die in einer CME bzw. einer LME unterschiedlich ausgeprägt sind. Auch beim Finanzsystem gibt es fundamentale Unterschiede zwischen dem (angelsächsischen) Typus eines LME-Finanzsystems und dem eines (deutsch, französischen, japanischen) CME-Finanzsystem. Für die Politik ist es wichtig, diese Unterschiede zu kennen, um angemessen handeln zu können, ohne das System zu stören, besonders unter dem Gesichtspunkt, dass Komplementarität zu Pfadabhängigkeiten führt und darum partielle Reformen wenig aussichtsreich sind, zumal dann, wenn die Ausgangsposition ein konsistentes System ist. Schmidt geht auf die gängige aber seines Erachtens falsche Vorstellung ein, dass eine stärkere Ausprägung der Markt- und Wettbewerbselemente in einem Finanzsystem immer besser sei. Vermeintlich modernisierende Elemente in ein vorher konsistentes Finanzsystem einzufügen bedeutet aber, Inkonsistenzen zu schaffen.

Schmidt beschreibt das deutsche Finanzsystem, das bis etwa zum Jahr 2000 ein bankbasiertes Finanzsystem war, das in sich stimmig, also konsistent war. Die Bankbasiertheit des ganzen Finanzsystems, die drei-Säulen-Struktur des Bankensystems und die Verhaltensweise der „Bänker", die stakeholder-Orientierung der Corporate Governance der deutschen (Groß-) Unternehmen, das Anlageverhalten der Haushalte, die „Financing Patterns" der deutschen Unternehmen und die Art und Politik der Bankenregulierung und -aufsicht (und die Geldpolitik) und auch das frühere deutsche pay-as-you go Rentensystem als Hauptelemente des deutschen Finanzsystems beeinflussten sich in positiver Weise gegenseitig und passten gut zusammen.

Vor etwa 20 Jahren begann sich die Situation zu ändern. Im Finanzsystem gewann „der Kapitalmarkt" an Bedeutung und die Rolle der (großen) Banken bei der Unternehmensfinanzierung ging entsprechend zurück. Die Großbanken zogen sich aus ihrer früheren zentralen Rolle in der Corporate Governance der deutschen Großunternehmen zurück. Bei einigen Spitzenmanagern (und in der meistens auf amerikanische Lehrbücher aufbauenden akademischen BWL) fand die Idee einer einseitigen Orientierung am „shareholder value" großen Anklang. Fazit: die frühere Konsistenz war recht schnell verschwunden. Schmidt versucht die Frage zu beantworten, wie wir unter den neuen Bedingungen eines globalen Marktes zurück zu Komplementarität und Konsistenz des Finanzsystems finden.

---

[3]Reinhard H. Schmidt ist Professor für Internationales Bank- und Finanzwesen an der Goethe-Universität in Frankfurt am Main.

1 Einleitung

Wie wir eine Soziale Marktwirtschaft entwickeln können, die diesen Namen verdient, führt Ulrich Thielemann[4] als Wirtschaftsethiker in seinem Beitrag aus. Dazu gehört neben der Etablierung von Institutionen der sozialen Sicherung, die umverteilend wirken, auch, dass von vorn herein eine breite Teilhabe am Wohlstand durch faire Löhne erreicht wird. Allein dadurch, dass z. B. Dividenden u. a. weniger üppig ausfielen, würde der Polarisierung zwischen Vermögenden und denjenigen ohne nennenswerte Vermögen Einhalt geboten. Es muss auch über den Wert von Arbeit nachgedachte werden: Jedes Kind hält es für verwerflich, wenn – besonders alleinerziehende – Eltern drei Jobs nachgehen müssen, um überhaupt den Lebensunterhalte für sich und ihr Kind oder ihre Kinder bestreiten zu können und dabei keine Zeit und Ressourcen mehr für ihre Kinder übrig haben, weil sie zu erschöpft sind; wenn sich mehrere Kinder ein Zimmer in einer kleinen Wohnung teilen müssen und keine Ruhe haben, ihre Hausaufgaben zu machen, sodass sie in der Schule benachteiligt sind, während in der Nachbarschaft ein Rentner eine große Villa alleine bewohnt, oder andere als Erben ohne Arbeit bequem leben können. Im Zuge der segregierenden Gentrifizierung wird es vielleicht diese Nachbarschaften schon bald nicht mehr geben, ohne dass damit aber das Gerechtigkeitsproblem gelöst wäre. Hier muss es offensichtlich einen Ausgleich geben.

Ulrich Thielemann beschreibt die drei Jahrzehnte währende Vorherrschaft des marktfundamentalen Denkens in Wirtschaft und Politik. Dieses will das Marktprinzip in allen Lebens- und Gesellschaftsbereichen durchsetzen, nach dem Credo, Wettbewerb sei – zumindest langfristig – gut für alle und zugleich alternativlos. Nur Vorteilsstreben und Erfolgsmaximierung werden als „rationales" Handels anerkannt, andere Vernunftarten – z. B. soziale oder ökologische Vernunft – dagegen nicht gelten gelassen. Marktfundamentale Politik besteht u. a. in der Abwicklung des in der Nachkriegszeit etablierten Modells einer regulierten Marktdynamik, deren Folgen durch Systeme der sozialen Sicherung abgemildert werden, der „Sozialen Marktwirtschaft". Die Folgen der wieder entfesselten Marktwirtschaft sind wachsende Einkommens- und Vermögensunterschiede, eine Ökonomisierung der Lebensverhältnisse sowie Statusangst und die daraus resultierenden Verwerfungen innerhalb der Gesellschaft, die reaktionäre politische Bewegungen hervorbringen.

Thielemann skizziert die wesentlichen Elemente der historischen Sozialen Marktwirtschaft und leitet aus deren ethischen Leitbild eine Reform des heutigen Finanzsektors und einen Paradigmenwechsel innerhalb der Steuerpolitik ab. Die gegenwärtige fiskalische Privilegierung von Kapitaleinkommen und Ausweitung von Massensteuern an ihrer statt, was weder fair noch leistungsgerecht ist, soll zugunsten einer sozialen Ausgestaltung der Besteuerung aufgehoben werden.

---

[4]Ulrich Thielemann ist Wirtschaftsethiker und Direktor des MeM – Denkfabrik für Wirtschaftsethik.

Zweck dieses Buches ist die Formulierung von Werten und Normen sowie Handlungsempfehlungen für die wirtschaftlichen und politischen Akteure und deren die Finanzmärkte betreffendes Handeln.

Es soll das werte- und normengeleitete Handeln auf den Finanzmärkten (und der Wirtschaft insgesamt) sowie Steuermoral fördern und eine gerechte Besteuerung initiieren.

Die Bedeutung des Belohnungssystems des Menschen für sein ökonomisches Verhalten

2

Christian E. Elger

Zusammenfassung

Die Finanzkrise 2008 wurde von den meisten Wirtschaftswissenschaftlern nicht vorausgesagt. Es kamen Zweifel auf, ob es sich bei der Ökonomik überhaupt um eine empirische Wissenschaft handelt. Daher wird zunehmend über eine Neuorientierung der Volkswirtschaftslehre diskutiert. Es wird ihr vorgeworfen, dass sie auf unrealistischen Annahmen wie bspw. dem Modell des *Homo oeconomicus* basiere. In der Forschung haben sich neue Methoden wie die der Verhaltensökonomie etabliert, mit denen man vielleicht besser vorhersehen kann, wie sich Menschen in ökonomisch relevanten Situationen tatsächlich verhalten. In diesem Kapitel werden die neuralen Grundlagen des sozialen/moralischen Verhaltens vorgestellt, wichtige experimentelle Befunde der *Verhaltens-* und *Neuroökonomie* beschrieben, die Spieltheorie mit Bildgebung der Hirnaktivität kombiniert, und in Zusammenhang mit Fragen der Wirtschafts- bzw. *Finanzethik* sowie *Steuergerechtigkeit* gestellt. Abschließend werden Handlungsempfehlungen für eine dem wirklichen Menschen angemessene Wirtschaftspolitik und -praxis gegeben.

2.1 Einleitung

Die Finanzkrise mit Ihrem Höhepunkt im Jahr 2008 wurde von den meisten Wirtschaftswissenschaftlern nicht vorausgesagt. Es sei daher der Zweifel berechtigt, ob es sich bei der Ökonomik überhaupt um eine empirische Wissenschaft handelt. Auf dieser Grundlage wird zunehmend über eine Neuorientierung der Volkswirtschaftslehre diskutiert. Es

---

C. E. Elger (✉)
Beta International Epilepsy Center, Bonn, Deutschland
E-Mail: christian.elger@betaklinik.de

© Springer Fachmedien Wiesbaden GmbH, ein Teil von Springer Nature 2020
M. Meinzer und M. Pohl (Hrsg.), *Finanzethik und Steuergerechtigkeit*,
https://doi.org/10.1007/978-3-658-27783-3_2

wird ihr vorgeworfen, dass sie zu sehr von Mathematik dominiert sei und vor allem auf unrealistischen Annahmen wie bspw. dem Modell des *Homo oeconomicus* basiere. In der Forschung haben sich neue Methoden wie die der Verhaltensökonomie etabliert, mit denen man vielleicht besser vorhersehen kann, wie sich Menschen in ökonomisch relevanten Situationen tatsächlich verhalten.

2.2 Evolution sozialen Verhaltens – altruistisches Strafen und kooperatives Verhalten

In der Evolution der Primaten – vielleicht auch schon früher in der Evolution aller sozialen Tiere – hat sich, weil sie existenziell aufeinander angewiesen sind, soziales Verhalten und in diesem Kontext auch soziales Belohnen und Strafen entwickelt. Der *Homo sapiens* hat im Rahmen seiner Hirnentwicklung eine besonders starke Entwicklung seines Frontalhirns erfahren, das als verantwortlich für die soziale Interaktion angesehen wird. Wie alle bisher untersuchten Säugetiere hat auch der Mensch ein „Belohnungssystem" im Gehirn (siehe Abb. 2.1), das unter anderem auch dann aktiviert wird, wenn jemand, der gegen eine soziale Norm verstößt, bestraft wird, und zwar nicht nur bei dem Bestrafenden, sondern auch bei unbeteiligten Beobachtern der Bestrafung. Erforscht wurde dies u. a. mit dem sogenannten *Ultimatumspiel* im Kernspintomografen (fNMR: functional nuclear magnetic resonance). Der Mensch verzichtet sogar auf möglichen Gewinn, wenn er einen Normverstoß bestrafen kann – er lässt sich also soziales Strafen etwas kosten (weshalb es „altruistisches Strafen" genannt wird), was nach dem Modell

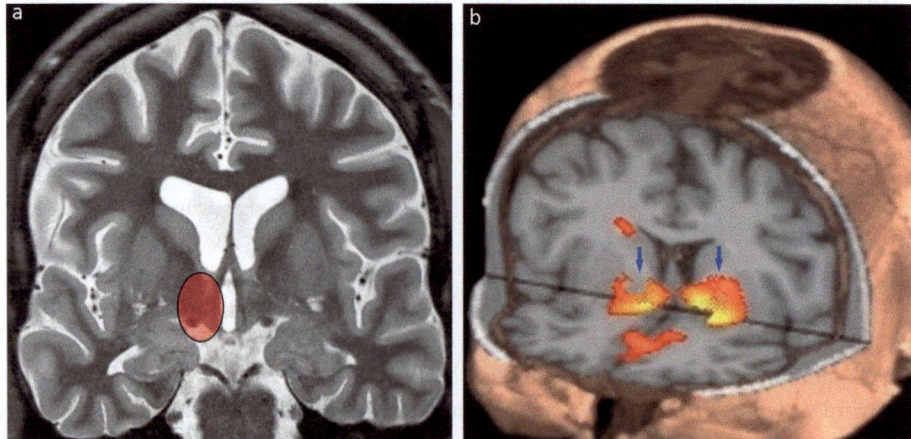

Abb. 2.1 Das Belohnungssystem im menschlichen Gehirn. **a** Schematische Darstellung des Nucleus accumbens in einem koronaren Schnitt (MRT, T2-Sequenz). **b** Darstellung der Aktivierung der Nuclei accumbentes (Pfeile) in einem kernspintomografischen Rekonstruktionsbild (Funktionelle Kernspintomographie)

des *Homo oeconomicus* als „irrationales" Verhalten betrachtet wird. Dieses daher offenbar wenig realistische Modell muss dringend korrigiert bzw. durch realistischere Modelle ergänzt oder ersetzt werden und darf so nicht mehr als Grundlage unserer Wirtschaftstheorie und -ordnung dienen, besonders dort, wo es normativ wirkt und aufgrund seiner irrtümlichen Annahmen „falsche" – dem Menschen nicht angemessene und sozial unter Umständen schädliche – Realitäten geschaffen werden.

Im Unterschied zu anderen Primaten spielen Menschenkinder lieber mit ihren Artgenossen als alleine, auch wenn der Erfolg des Spiels keiner Kollaboration mit einer weiteren Person bedarf. Die gemeinsame Aktivität selbst scheint schon Belohnung genug für sie zu sein (Schmelz und Call 2016). Der Mensch ist also, bei allen individuellen Unterschieden, im Durchschnitt viel mehr ein von Natur aus soziales, hilfsbereites und kooperatives als ein rein eigennütziges Wesen.

2.3 Das affektive und das kognitive moralische System

Schon lange gibt es wissenschaftliche Belege dafür, dass in der Psyche des Menschen – angelegt in der Struktur seines Nervensystems – zwei soziale bzw. moralische Systeme existieren: Ein evolutionär altes, automatisch und schnell agierendes affektives System und ein phylogenetisch neueres, langsameres und motivational schwächeres kognitives System. Man nimmt an, dass Gehirne immer automatisch alles, was sie wahrnehmen, bewerten, und dass dem menschlichen Denken entsprechende affektive Reaktionen vorausgehen (einfache Gefühle wie „angenehm" oder „unangenehm" bspw.), die es beeinflussen, indem sie uns, von unserem Bewusstsein in der Regel unbemerkt, in eine bestimmte Richtung wie bspw. Annäherung oder Vermeidung drängen. Wichtig ist es daher, zwischen zwei Arten der Kognition zu unterscheiden: Der Intuition und dem Denken. Moralische Intuition bezieht sich auf die schnellen, automatischen und normalerweise affektgeladenen Vorgänge, durch die wertende Gefühle wie gut/schlecht oder angenehm/unangenehm (bspw. über die Handlungen oder den Charakter einer Person) im Bewusstsein auftauchen, ohne dass wir uns der vorausgegangenen Schritte des Untersuchens, Begründens oder Schlussfolgerns bewusst werden. Moralisch argumentatives Denken ist im Unterschied dazu ein bewusst kontrollierter und weniger affektiver Prozess, bei dem Informationen über Leute und deren Handlungen zu moralischen Urteilen oder Entscheidungen führen. Beide Systeme funktionieren aber in der Regel nicht völlig unabhängig, sondern beeinflussen einander (Haidt 2007).

Das moralische als Teil des sozialen neuronalen Netzwerks
Die Neurowissenschaften können die Existenz eines moralischen als Teil des sozialen neuronalen Netzwerks gut belegen. Sie beschäftigen sich mit normativer Moralität, die allen Menschen universell eigen ist, aber durchaus zu kulturell unterschiedlich geprägten Normen moralischen Verhaltens führen kann. Wissenschaftliche Untersuchungen weisen auf soziale bzw. moralische Emotionen und Triebe hin, welche die soziale Kohäsion

and Kooperation stärken. Dazu gehören Empathie (und alle daraus resultierenden Verhaltensweisen wie Helfen, Zuhören, Verstehen, Trösten etc.), Dankbarkeit, Fairness und Gegenseitigkeit (Reziprozität), Wahrhaftigkeit und Rechtschaffenheit sowie Gruppenloyalität. In Menschen sind soziale bzw. moralische Emotionen wie Schuld, Scham, Peinlichkeit, Dankbarkeit, Mitgefühl, Furcht vor negativer Bewertung durch andere und Empörung über unfaire Behandlung starke Motivatoren, sich sozial zu verhalten. Diese Emotionen lassen uns schnell die moralischen Implikationen von sozialen Situationen und Interaktionen erfassen und demnach so handeln, dass unser Ansehen und guter Ruf sowie die Wahrscheinlichkeit zukünftiger sozialer Kooperation gesteigert werden. Die sozialen bzw. moralischen Gefühle und Empfindungen sind Manifestationen evolutionär entstandener, in neuronale Schaltkreise eingeschriebener moralischer Triebe einschließlich dem, anderen kein Leid zuzufügen, einander fair und auf Augenhöhe zu behandeln, sowie dem Gemeinschaftssinn. Die beiden vielleicht am meisten vorherrschenden moralischen Gefühle sind erstens, anderen kein Leid zuzufügen, was sich dadurch bemerkbar macht, dass wir uns dabei unwohl (schuldig) fühlen, wenn wir andere verletzen oder sogar töten oder sonst wie schädigen, und zweitens Gerechtigkeit, die sich besonders durch das Bedürfnis ausdrückt, diejenigen zu bestrafen, die sich nicht regelkonform verhalten wie bspw. betrügen oder Regeln brechen (Mendez 2009), wobei zu bemerken ist, dass nicht jeder Regelverstoß ungerecht ist (bspw. das Nichtbefolgen eines roten Lichtzeichens an einer menschenleeren Straße) und nicht jedes gerechte Verhalten regelkonform (bspw. die Rettung gekenterter Migranten auf dem Meer) ist.

2.4 Das Belohnungs- bzw. Lust- und das Bestrafungs- bzw. Schmerzsystem

Zu dem evolutionär alten affektiven System gehören das Belohnungs- bzw. Lust- und das Bestrafungs- bzw. Schmerzsystem, welche das Verhalten schon bei so grundlegenden Bedürfnissen wie Nahrungsaufnahme und sexueller Fortpflanzung, darüber hinaus aber auch in sozialen bzw. moralischen Kontexten steuern.

Die Entdeckung des Belohnungssystems im Gehirn
In dem erstmals 1954 von James Olds und Peter Milner durchgeführten Experiment konnten Ratten sich durch Tastendruck über eine vorher in ein bestimmtes Hirnareal implantierte Elektrode selbst elektrisch reizen. Befindet sich die Elektrodenspitze dabei im Bereich der *Septumkerne* und des *Nucleus accumbens,* wird die Stimulation dieser Areale von der Ratte dem Trinken, Fressen und Sex vorgezogen. Die Tiere ertragen, um an die Taste zur Selbststimulation zu gelangen, sogar Schmerzreize, die beispielsweise beim Überqueren eines unter Strom stehenden Metallgitters zugefügt werden. Wenn man sie lässt, stimulieren die Ratten sich bis zu zweitausendmal pro Stunde und so lange, bis sie vor Erschöpfung tot umfallen. Offenbar handelt es sich bei den Hirnarealen, die durch die Elektroden aktiviert wurden, um Belohnungs- bzw. Vergnügungs- und Suchtzentren (OLDS und MILNER 1954).

Solche vorherrschenden affektiven Reaktionen wie Vergnügen und Mögen sowie Missvergnügen und Abscheu werden im Verhalten und den Gehirnen aller Säugetiere gefunden (Steiner et al. 2001).

Die subjektiven Berichte von Patienten, denen Elektroden an den entsprechenden Orten im Gehirn implantiert wurden, lassen allerdings Zweifel aufkommen, ob durch die elektrische Reizung derselben wirklich subjektives Vergnügen erzeugt wird. Sie weisen eher darauf hin, dass nicht intensives Vergnügen oder tiefe Befriedigung hervorgerufen wurde, sondern nur ein Verlangen (Sucht) bzw. eine Motivation (Antrieb), die Stimulation zu erhalten (Kringelbach und Berridge 2010).

2.5 Das Ultimatumspiel oder der „homo non-oeconomicus"

Die Befunde des schon erwähnten *Ultimatumspiels,* das eine Anwendung der *Spieltheorie* in der *Verhaltensökonomie* darstellt, gelten für Menschen unterschiedlicher Ethnien weltweit (Moll et al. 2005)

Die Regeln des Spiels sind einfach: Zwei Spieler müssen übereinkommen, wie sie eine gegebene Geldsumme untereinander teilen. Durch Münzwurf wird entschieden, wer dem anderen sein Angebot unterbreitet. Wenn der Empfänger dieses annimmt, wird das Geld entsprechend verteilt. Wenn er ablehnt, erhält keiner von beiden etwas. In beiden Fällen ist das Spiel danach beendet. Der nach dem Modell des *Homo oeconomicus* rationale Empfänger sollte selbst das kleinste Angebot annehmen, da die Alternative wäre, nichts zu erhalten. Bieter, die damit entsprechend rechnen, sollten demnach fast die gesamte Summe für sich behalten. In einer großen Zahl von Studien, die mit unterschiedlichen Anreizen in verschiedenen Ländern durchgeführt wurden, bot jedoch die Mehrheit der Bieter 40 bis 50 % der Gesamtsumme und etwa die Hälfte aller Empfänger lehnten Angebote unter 30 % ab. Die nach dem Modell des *Homo oeconomicus* irrationale Neigung zum fairen Teilen zeigt, dass die Spieler nicht allein ihrem Eigennutz folgen, und dass Empfänger bereit sind, Bieter durch Ablehnung zu bestrafen, die nur einen kleinen Teil abgeben wollen, was sie selbst infolgedessen weniger als den bestraften Bieter kostet.

Wenn die Empfänger im *Ultimatumspiel* während desselben im Kernspintomografen untersucht werden (funktionelle Kernspinmagnetresonanz-Bildgebung), zeigt sich eine Aktivität in der vorderen Insel – einem Hirnareal, das an der Antwort auf Schmerz- und Ekelreize beteiligt ist –, die stark mit dem Grad der Unfairness des Angebots korrelierte. Diese Aktivierung lässt auf der Gruppenebene vorhersagen, ob Empfänger unfaire Angebote annehmen oder ablehnen werden (Sanfey et al. 2003).

Beim *Diktatorspiel,* einer Abwandlung des *Ultimatumspiels,* bei dem der Empfänger keine Handlungsoption hat, zeigt sich, dass Menschen dennoch teilen, obwohl das Modell des *Homo oeconomicus* erwarten lässt, dass derjenige, der über den gesamten Betrag des Geldes verfügt und keinen Verlust befürchten muss, wenn er nichts abgibt, dass dieser in der Tat nichts abgeben würde. Das ist aber in der Regel nicht der Fall.

Weil beim *Ultimatumspiel* der vermeintlich Übervorteilte den Vorteilnehmer bestraft, obgleich er sich dadurch jede Chance auf Gewinn vergibt, nennt man dieses Verhalten *Altruistisches Strafen*. Warum aber lassen es sich Menschen etwas kosten, andere für soziale „Verfehlungen" zurechtzuweisen? Die Antwort auf diese Frage ist: Die Bestrafung aktiviert das *Belohnungssystem*. Die Belohnung durch ein befriedigendes Gefühl wie Vergnügen, Freude, Glück oder Lust motiviert infolgedessen zum bestrafenden Verhalten, welches durch den resultierenden gesellschaftlichen Zwang zu sozialem Verhalten einen evolutionären Vorteil unserer Spezies ergibt (Quervain et al. 2004).

2.6 Spieltheoretische Überlegungen zur Naturgeschichte des ökonomischen Verhaltens

Martin Nowak, Karen Page und Karl Sigmund kommen aufgrund spieltheoretischer Überlegungen und Berechnungen zu dem Schluss, dass eine kulturelle oder genetische Evolution allein nach den Bedingungen des Ultimatumspiels zur Maximierung des Eigennutzes bzw. zu niedrigen Angeboten der Bieter und auch geringen Erwartungen bzw. Forderungen der Empfänger führte. Bringt man aber den Faktor *Reputation* dadurch ins Spiel, dass ein Teil der Spieler die vergangenen Spielergebnisse erfährt, dann führt das dazu, dass sich die Empfänger nicht auf zu geringe Angebote einlassen, weil dies den Ruf des Individuums innerhalb der Gruppe beschädigt und die Wahrscheinlichkeit erhöht, in zukünftigen Verhandlungen geringere Angebote zu erhalten. Reputation, welche auf Zuverlässigkeit gründet und der Kommunikation bedarf, spielt also vermutlich eine essenzielle Rolle in der Naturgeschichte des ökonomischen Verhaltens (Nowak et al. 2000). Wenn aber die kulturelle Norm oder der soziale Trieb, zu teilen, erst gar nicht existierte, könnte auch der Ruf nicht ruiniert werden, wenn man alles für sich behält. Dann gäbe es stattdessen wahrscheinlich den Kampf zweier Individuen, die beide jeweils alles haben wollen. Es gäbe also Mord und Totschlag anstatt Kooperation. Die Entwicklung sozialer bzw. moralischer Triebe und der daraus resultierenden Kooperativität und Gruppenbildung hat der Spezies Mensch aber offenbar einen Selektionsvorteil beschert. In unserem wirklichen Fühlen, Denken und Handeln schwanken wir stets zwischen den Polen Eigennutz und Gemeinwohl bzw. suchen und finden permanent Kompromisse zwischen beiden, weshalb wir im Interesse der Gesellschaft durch Erziehung und Bildung den Gemeinsinn verstärken und den Eigensinn abschwächen wollen – beim einen gelingt das besser als beim anderen, so wie auch die Erziehungsstile unterschiedlich sind: Die einen Eltern halten ihre Kinder dazu an, sich sozial zu verhalten bspw. mit anderen zu teilen; die anderen stacheln ihren Nachwuchs dazu an, sich gegen die anderen durchzusetzen, sich möglichst viel von ihnen zu nehmen und sich deren Sachen oder Arbeitskraft und -früchte anzueignen.

2.7 Hormone und Neuromodulatoren beeinflussen unser Verhalten

Dass unser Verhalten auch durch *Hormone* bestimmt wird, zeigt die Abnahme der Generosität von Männern im *Ultimatumspiel* nach Gabe von *Testosteron* um 27 % im Vergleich zu sich selbst im Kontrollversuch mit Placebo. Außerdem bestrafen Männer mit erhöhtem Testosteronspiegel eher diejenigen, die ihnen gegenüber zu wenig generös sind. Wenn wir eine Zurückweisung von geizigen Angeboten als Bestrafung von Übertretern der sozialen Norm des Teilens deuten, dann kann eine hohe Ablehnungsschwelle als prosoziales Verhalten betrachtet werden, was im Widerspruch zum Geiz der Männer mit hohen Testosteronwerten beim Bieten zu stehen scheint. Dies erklärt eine Reihe von Geschlechtsunterschieden beim Bedürfnis, Verhaltensregeln durchzusetzen (Zak et al. 2009). Frauen zeigen Empathie sowohl bei fairen als auch bei unfairen Mitspielern, während Männer Mitleid nur bei fairen, nicht aber bei unfairen Mitspielern empfinden, und bei Letzteren stärkere Lust auf Rache zeigen (Singer und Frith 2005).

Im Gegensatz zum Testosteron bewirkten 40 IU (Internationale Einheiten) des Neurohormons *Oxytocin*, welches als Nasenspray verabreicht wurde, im Ultimatumspiel 80 % mehr Generosität, während aber kein Effekt hinsichtlich der Bestrafungsschwelle erkennbar war (Zak et al. 2007).

Neben *Hormonen* haben auch *Neuromodulatoren* einen großen Einfluss auf das Verhalten. *Dopamin* beispielsweise führt zu vermehrtem sogenanntem unrealistischem Optimismus, bei dem die Wahrscheinlichkeit zukünftiger negativer Ereignisse unterschätzt wird. Eine Studie zeigt, dass die Probanden nach Gabe von L-DOPA, einer Vorstufe von Dopamin, welche die Blut-Hirn-Schranke überwindet und deshalb als Medikament bei der Parkinson-Krankheit gegeben wird, bei ihren Zukunftsprognosen weniger unerwünschte Informationen berücksichtigen als diejenigen, die nur ein Placebo erhielten. Dies entspricht Beobachtungen bei Parkinson-Patienten, bei denen erhöhte Dopamin-Werte zu einer Verschlechterung des Lernens aus unerwünschten Resultaten früherer Handlungen führen (Sharot et al. 2012).

2.8 Häufigkeit kooperativen Verhaltens als Funktion von Gruppengröße und Bestrafung

Simulationen zeigen, dass ohne Bestrafung die Gruppenselektion eine hohe Häufigkeit kooperativen Verhaltens nur in kleinen Gruppen unterstützt. Fügt man Bestrafung hinzu, dann erhält diese auch in viel größeren Gruppen eine hinreichende Zahl von Kooperationen aufrecht. Wenn Bestrafer in einer Gesellschaft gehäuft auftreten, haben es Regelbrecher schwer, ungestraft gegen soziale Normen zu verstoßen. Wenn aber Bestrafer selten sind wie bspw. in unserer anonymen urbanen Gesellschaft, dann können Regeln meist ohne negative Konsequenzen gebrochen werden. Obwohl die der altruistischen Kooperation und dem altruistischen Strafen zugrunde liegende Logik die Gleiche ist, sind ihre evolutionären Dynamiken doch verschieden. Ohne Bestrafung bewirkt die Gruppenanpassung eine Verringerung der Häufigkeit altruistischer Kooperation. In Gruppen, in denen altruistische Bestrafer verbreitet sind, werden Abweichler von der Ausübung regelwidrigen Verhaltens abgehalten oder aber ausgeschlossen, und die Kosten für jeden einzelnen Bestrafer ist relativ niedrig. Die anderen, die nicht bestrafen, profitieren davon als Trittbrettfahrer, ohne selbst Kosten dadurch zu haben. Sind aber nur wenige Bestrafer in einer Gruppe, dann sind ihre Kosten des altruistischen Strafens relativ hoch, was viele von ihnen davon abhält, und Regelbrecher mehren sich, was die Kooperativität innerhalb der Gruppe gefährdet wie in der anonymen urbanen Gesellschaft. Gruppenselektion spielt also eine wichtige Rolle in der kulturellen Evolution des kooperativen Verhaltens und moralischen Strafens (Boyd et al. 2003).

2.9 Neurale Antworten auf faires sowie unfaires Verhalten bei sozialer Angst

Neurale Antworten auf faires sowie unfaires Verhalten werden durch soziale Beobachtung in Abhängigkeit von sozialer Angst moduliert: Eine stärkere soziale Angst ist mit erhöhter Fairnesskodierung verbunden. Dies bestätigt ältere Befunde zu Veränderungen des Ultimatumspielverhaltens und der Feedbackverarbeitung in ängstlichen Individuen. Die Verarbeitung von Fairness im Gehirn ist also vom sozialen Kontext – bspw. von der Beobachtung durch andere – abhängig. Eine veränderte Empfindlichkeit sozial ängstlicher Individuen in einem sozialen Kontext könnte zu ihrem sozialen Vermeidungsverhalten beitragen (Peterburs et al. 2017).

2.10 Altruistisches Strafen und Engagement in politischen Bewegungen und Parteien

Altruistisches Strafen dürfte auch eine wichtige Motivation von Menschen zu ihrem Engagement in politischen Bewegungen und Parteien sein (Die Grünen, Die Piraten, Occupy Wallstreet, AfD, Pegida). In einer großen anonymen Gesellschaft lässt sich altruistisches Bestrafen wirksamer als durch Individuen durch eine Gruppe bzw. Organisation (bspw. Partei) durchsetzen.

2.11 Fairness, nicht Gleichheit

Einkommensdifferenzen müssen fair, Privilegien müssen angemessen, Verhalten muss auf Augenhöhe sein und Preise müssen Leistungen sowie Qualitäten entsprechen. Das altruistische Strafen findet überall und permanent statt, wenn der Gegenwert bzw. die

Reziprozität nicht stimmen: In Form stiller Kündigung, über Nachrede, kleiner Sabotage oder von Krankmeldung.

2.12 Anreize aktivieren das Belohnungssystem

Anreiz und gewünschter Effekt müssen einander aber entsprechen, sonst sind Fehlsteuerungen und -entwicklungen vorprogrammiert.

Wenn beispielsweise bei der Polizei Anreize für die Entdeckung von Verkehrsdelikten gesetzt werden, führt das wahrscheinlich dazu, dass Verkehrssünder nach Entdeckungs- und nicht nach Gefährdungswahrscheinlichkeit gesucht werden.

Leistungsprämien für Bankmanager haben zu einer Casinomentalität, solche für Ärzte zur Zunahme der Operationshäufigkeit geführt. Anreize für die Aufdeckung von Fehlern führten dazu, dass Fehler nicht mehr direkt korrigiert, sondern stattdessen erst einmal nur gemeldet wurden.

▶ **Das Belohnungs- (durch Lust, Vergnügen, Freude) und das Bestrafungssystem (durch Unlust, Abscheu/Ekel, Angst, Schmerz) sind zentrale und dominierende Systeme**
- Sie regieren uns
- Sie motivieren uns
- Sie korrumpieren uns

2.13 Belohnungssystem Geld

Geld aktiviert unser Belohnungssystem deutlich.

Lässt man bspw. Versuchsteilnehmer zwischen einem 50-EUR-Gutschein, den sie sofort erhalten, und einem 70 EUR-Gutschein in zwei Wochen wählen – in dieser Reihenfolge angeboten –, dann entscheiden sich 70 % für die sofortige Option. Wenn aber zuerst die Frage gestellt wird, ob sie einen 70-EUR-Gutschein in zwei Wochen oder einen 50-EUR-Gutschein sofort erhalten wollen, dann entscheiden sich nur 45 % für die Sofort-Option. Entscheidend ist also die Reihenfolge der Nennung der beiden Optionen (Schuhman 2011).

Werden Geldscheine im Hintergrund eines Fragebogens gezeigt, neigen die meisten Probanden dazu, freigiebiger bei der Preisgabe von persönlicher Information über sich zu sein. Die Beeinflussung der Verarbeitung eines Reizes durch einen vorangegangenen Reiz, der unbewusste Gedächtnisinhalte aktiviert hat, nennt man *Priming*. Dies zeigt, dass nicht nur kurzfristige Belohnung zur Preisgabe der persönlichen Sicherheit und Privatsphäre verführt, sondern die bloße Sichtbarmachung von Geld die Selbstauskunft erhöht (Mukherjee et al. 2013).

2.14 Irrationales Verhalten von Investoren

In einer funktionellen Kernspintomografiestudie wurde untersucht, ob *antizipatorische neurale Aktivität* die optimale und suboptimale Wahl in einer finanziellen Entscheidungsaufgabe vorhersagen kann. Es wurden zwei Arten von Abweichungen von der optimalen Investitionsstrategie eines rationalen risikoneutralen Akteurs als *Risikoaffinitäts- und Risikoaversionsfehler* charakterisiert. Die Aktivierung des *Nucleus accumbens* ging riskanter Wahl bzw. Risikoaffinitätsfehlern, die Aktivierung der *anterioren Insula* dagegen risikoloser Wahl bzw. Risikoaversionsfehlern voraus. Dies zeigt, dass unterschiedliche neurale Schaltkreise mit Vorhersageaffekten verknüpft sind, die zu verschiedenen Typen finanzieller Wahl führen, und dass überschießende Aktivierung dieser Schaltkreise zu Investitionsfehlern führen kann. Die Berücksichtigung antizipatorischer neuraler Mechanismen könnte die Vorhersagekraft der Modelle von rationalen Akteuren ökonomischer Entscheidungen erhöhen (Kuhnen und Knutson 2005).

2.15 Sozialer Vergleich und Wertung

In einer Versuchsreihe wurden je Durchlauf zwei Probanden in zwei benachbarten funktionellen Kernspintomografen auf ihre Hirnaktivität getestet. Sie erhielten jeweils die gleiche Aufgabe: Sie sahen für 1,5 s auf einem Bildschirm blaue Punkte. Unmittelbar danach erschien dort eine Ziffer und die Probanden sollten innerhalb von 1,5 s entscheiden, ob die Anzahl der Punkte, die sie gesehen hatten, höher oder niedriger war als die angezeigte Ziffer, was sie durch entsprechenden Knopfdruck dokumentierten. Nach einer Antwortrückmeldung (250 ms) und einer kurzen Verzögerung wurde das Ergebnis (richtig oder falsch) beider Probanden zusammen mit den Geldbeträgen der jeweiligen Belohnung eingeblendet. Wenn Person A mehr Belohnung erhielt als Person B, korrelierte dies bei ihr mit einer Aktivierung des ventralen Teils des Striatum (diese Hirnstruktur enthält einen Teil der Basalganglien). Die Autoren schließen daraus, dass der soziale Vergleich die Verarbeitung von Belohnung im menschlichen Gehirn beeinflusst (Fliessbach et al. 2007). Demnach ist die relative Entlohnung (im Vergleich zu „Kollegen") und nicht die absolute Höhe des Verdienstes entscheidend für die Motivation der Mitarbeiter.

> **Beispiel**
>
> Das sozial vergleichende und wertende Verhalten findet sich auch bei Kapuzineraffen: Zwei Affen befinden sich in benachbarten Käfigen und können einander sehen. Der erste erhält für die Herausgabe eines Steins als Gegenleistung ein Stück Gurke, welches er annimmt und frisst. Anschließend erhält der zweite für einen gleichen Stein eine Traubenbeere, was der erste sieht. Als dieser nun wieder an der Reihe ist und von

der Versuchsleiterin wieder „nur" ein Gurkenstück für seinen Stein erhält, wirft er dieses aus dem Käfig der Versuchsleiterin entgegen und rüttelt sichtlich aggressiv erregt an der durchsichtigen Frontwand mit den kreisrunden Löchern zum Durchreichen der Steingaben bzw. Fruchtstücke. Er prüft sogar den nächsten Stein durch Klopfen an die Seitenwand auf seine Qualität, bevor er ihn der Versuchsleiterin reicht. Als er dann wieder nur ein Gurkenstück erhält, wirft er dieses wieder wütend gegen die Versuchsleiterin und rüttelt heftig an der Vorderwand. Wenn der Partner eine Belohnung ganz ohne eigene Leistung oder Anstrengung erhält, dann fällt die Reaktion noch stärker aus. Sarah Brosnan und Frans de Waal interpretieren dieses Verhalten als negative Antwort auf ungleiche Belohnung für gleiche Leistung und als Beleg für einen frühen evolutionären Ursprung von Ungleichheitsaversion (Brosnan und Waal 2003). Andere Forscher wenden dagegen ein, dass dies nicht zeigt, dass Affen eine Abneigung gegen Ungleichheit haben, sondern nur, dass sie eine geringere Belohnung zurückweisen wenn es eine bessere gibt, und dass es wissenschaftlich riskant ist, nach anthropomorphen Erklärungen für nicht-menschliches Verhalten zu suchen (Wynne 2004). Aber eine gewisse Ähnlichkeit mit uns selbst erkennen wir in dem beschriebenen Verhalten der Kapuzineraffen durchaus, sonst wäre unsere stark emotionale Reaktion – Erheiterung und Lachen wie beim Sich-ertappt-fühlen (ein Effekt, der beim Kabarett bzw. der Satire eine tragende Rolle spielt) – darauf kaum zu erklären (Waal).

2.16 Einfluss von Steuergerechtigkeit auf die Steuerehrlichkeit

Zurück zum Menschen: Sozialpsychologische Faktoren wie Wahrnehmung von Gerechtigkeit und Bestrafungsstreben haben einen signifikanten Einfluss auf die Steuerehrlichkeit nach einer Steueramnestie, wie eine Untersuchung von Rechberger et al. zeigt (2010). Es zeigte sich dabei eine Beziehung zwischen wahrgenommener Gerechtigkeit und post-amnestischer Steuerehrlichkeit in Abhängigkeit von den Variablen „Vergeltung" und „Wiederherstellung der Werte". Dieser Effekt zeigt an, dass eine Steueramnestie zu erhöhter Steuerehrlichkeit führt, wenn sie als fair wahrgenommen wird, indem sie den Prinzipien der Vergeltung (Steuerhinterzieher erhalten ihre verdiente Behandlung) und Wiederherstellung der Werte (z. B. des sozialen Wertes „Steuerehrlichkeit", der durch die Steuerhinterziehung verletzt wurde) folgt. Wenn also eine Regierung eine Steueramnestie beschließen will, sollte sie betonen, dass es nicht ihr Ziel ist, Steuerhinterzieher ohne Strafe davonkommen zu lassen. Stattdessen sollte sie kommunizieren, dass im Zuge einer Steueramnestie Steuerhinterzieher ihre Steuerschuld zumindest teilweise begleichen und Bereitschaft zeigen, ihre Steuern in Zukunft ehrlich zu zahlen. Gerechtigkeitserwägungen der Bürger sollten bei Steueramnestien berücksichtigt werden, weil andernfalls eine Amnestie möglicherweise aufgrund der fehlenden Gerechtigkeit die Steuerehrlichkeit auch von vorher ehrlichen Steuerzahlern verringert.

2.17 Persönlichkeitsunterschiede bei der Gerechtigkeitssensitivität

Einige Studien legen nahe, dass *Persönlichkeitsunterschiede* bei der *Gerechtigkeitssensitivität* nicht weniger wichtig sind als situative Faktoren. Gerechtigkeitssensitivität spiegelt den Grad der Sorge des Individuums für Gerechtigkeit wider und ist ein wichtiger Prädiktor von gerechtigkeitsbezogenen Emotionen und Verhalten. Keith Yoder und Jean Decety untersuchten, wie Gerechtigkeitssensitivität mit neuralen Schaltkreisen korreliert, die an der Kodierung moralischer Wertigkeit, Handlungsbeobachtung, oder Ziel- und Absichtsrepräsentationen beteiligt sind, und zeigen die relativen Rollen, die *Affekt* und *Kognition* in moralischem Urteilen spielen. Die Studie zeigt, dass individuelle Dispositionen der Gerechtigkeitssensitivität nicht nur subjektive Bewertungen von Lob und Tadel vorhersagen lassen, sondern auch die neurale Antwort und funktionale Konnektivität modulieren, wenn Personen moralisch relevante Handlungen anderer bewerten (Yoder und Decety 2014). Dies bestätigt die Erfahrung, dass Menschen sowohl bei der moralischen Beurteilung anderer als auch im eigenen Sozialverhalten verschiedene Empfindlichkeiten zeigen bzw. unterschiedliche Schwellen haben, bis zu denen bspw. eine Handlung noch als akzeptabel oder ab denen sie schon als verwerflich betrachtet wird. Deshalb ist bei moralischen Urteilen häufig kein Konsens zu erzielen, besonders, wenn die eigene Person und das eigene Verhalten beurteilt wird (Doppelmoral, unterschiedliche Maßstäbe oder subjektiv verzerrende Wertung).

2.18 Unternehmenskultur: Unehrlichkeit in der Bankenbranche

Alain Cohn, Ernst Fehr, Michel Maréchal fanden in einer Studie heraus, dass Mitarbeiter einer internationalen Großbank unter Kontrollbedingung sich im Durchschnitt ehrlich verhielten. Wurde jedoch ihre berufliche Identität als Bankangestellte hervorgehoben, wurde ein erheblicher Teil von ihnen unehrlich. Dieser Effekt war spezifisch für Bankangestellte, denn Experimente mit Mitarbeitern aus anderen Branchen und mit Studierenden zeigten, dass sie nicht unehrlicher wurden, wenn ihre berufliche Identität oder Bank-bezogene Themen hervorgehoben werden. Die Ergebnisse zeigen, dass die vorherrschende *Unternehmenskultur* in der Bankenbranche offenbar die Ehrlichkeitsnorm untergräbt. Es werden von den Autoren daher Maßnahmen zur Wiederherstellung einer Ehrlichkeitskultur empfohlen. Es muss noch im Detail untersucht werden, was die tieferen Gründe für die Unehrlichkeit in der Bankenkultur sind (Unternehmenskultur und -geschichte, bankenspezifische sozialpsychologische Bedingungen) (Cohn et al. 2014).

> **Fazit**
>
> Wie wir heute wissen, sind Reputation und *altruistisches Strafen* entscheidende Kräfte in der *Evolution* der menschlichen *Kooperativität*. Öffentliche Transparenz und daher die Möglichkeit des Reputationsverlustes und des sozialen Bestraftwerdens sind Voraussetzungen für steuergerechtes Verhalten auch derjenigen, die nicht über eine starke intrinsische *Moral* oder eigene ethische bzw. soziale Vernunft verfügen, sondern sich – besonders dann, wenn sie sich unbeobachtet wähnen – hemmungslos eigennützig Verhalten. Wichtig ist nicht nur *Steuergerechtigkeit* am Ende des Wirtschaftens, sondern schon Gerechtigkeit bei den Chancen im Bildungssystem und auf dem Arbeitsmarkt sowie bei den Einkommen. Es braucht also vor allem eine allgemeine *Ethik*. Was *Finanzethik* im Besonderen und *Steuergerechtigkeit* im Einzelnen bedeuten und wie diese normativ – auch in Form von Gesetzesparagraphen – ausgestaltet sein sollen, muss durch eine breite gesellschaftliche Diskussion und demokratische Konsenserzielung festgestellt werden. Dies kann und soll durch wissenschaftliche Forschung wie die der Biopsychologie unterstützt werden. Wir können aufgrund heutiger verhaltens- und neuroökonomischer Kenntnisse mit Sicherheit davon ausgehen, dass das Modell *Homo oeconomicus,* auf dem die meisten heute herrschenden ökonomischen Theorien basieren, falsch ist, und dass es sozial und ökologisch gefährlich ist, unsere Wirtschaftsordnung und -beziehungen daran auszurichten und weiterhin so zu betreiben wie bisher. Hier ist eine grundlegende Revision notwendig. Wirtschaftsordnung und -beziehungen sollten sich an einem realistischen Modell des menschlichen Verhaltens und seinen ökologischen, sozialen und moralischen Bedingungen orientieren sowie zur Lösung unserer globalen sozialen und ökologischen Probleme beitragen, anstatt sie wie unsere „Homo-oeconomicus-Ökonomie" erst zu verursachen und dann noch zu verschärfen. *Finanzethik* und *Steuergerechtigkeit* werden sich dann einstellen, wenn der Zwang zum Verhalten als *Homo-oeconomicus* wie dem kurzsichtigen eigennützigen Konkurrenzverhalten in einer Wettbewerbsökonomie aufhört, denn die Bedingungen der menschlichen Evolution haben dem Menschen auch eine Moral, die das Sozialverhalten steuert, genetisch und neuronal eingeschrieben. Eine kooperative und inklusive, die Bedürfnisse und Interessen aller Menschen und auch der anderen Lebewesen berücksichtigende Ökonomie ist der Natur des Menschen angemessener und für die Welt verträglicher als unsere heutige teils exklusive Wettbewerbswirtschaft. Viele von uns wissen das schon seit langem intuitiv und introspektiv – nun wird diese Erkenntnis auch durch die Verhaltens- und Neuroökonomik bestätigt. Dies bedeutet kein „Verdammen" der Marktwirtschaft, sondern die vermehrte Berücksichtigung hirnbiologischer Abläufe bei der Theoriebildung und der Modellierung eines Menschenbildes nicht nur in den Wirtschaftswissenschaften. Dies kann durchaus zum Vorteil ökonomischer Abläufe sein. Die „Brüche" in ökonomischen Zyklen könnten damit vielleicht verringert und abgeschwächt werden, was ein volkswirtschaftlicher Vorteil wäre.

Literatur

Boyd R, Gintis H, Bowles S, Richerson PJ (2003) The evolution of altruistic punishment. Proc Natl Acad Sci USA 100(6):3531–3535. https://doi.org/10.1073/pnas.0630443100

Brosnan SF, Waal FBM (2003) Monkeys reject unequal pay. Nature 425(6955):297–299. https://doi.org/10.1038/nature01963

Cohn A, Fehr E, Maréchal MA (2014) Business culture and dishonesty in the banking industry. Nature 516(7529):86–89. https://doi.org/10.1038/nature13977

Fliessbach K, Weber B, Trautner P, Dohmen T, Sunde U, Elger CE, Falk A (2007) Social comparison affects reward-related brain activity in the human ventral striatum. Science 318(5854):1305–1308. https://doi.org/10.1126/science.1145876

Haidt J (2007) The new synthesis in moral psychology. Science 316(5827):998–1002. https://doi.org/10.1126/science.1137651

Kringelbach ML, Berridge KC (2010) The functional neuroanatomy of pleasure and happiness. Discov Med 9(49):579–587

Kuhnen CM, Knutson B (2005) The neural basis of financial risk taking. Neuron 47(5):763–770. https://doi.org/10.1016/j.neuron.2005.08.008

Mendez MF (2009) The neurobiology of moral behavior: review and neuropsychiatric implications. CNS Spectr 14(11):608–620

Moll J, Zahn R, de Oliveira-Souza R, Krueger F, Grafman J (2005) Opinion: the neural basis of human moral cognition. Nat Rev Neurosci 6(10):799–809. https://doi.org/10.1038/nrn1768

Mukherjee S, Manjaly JA, Nargundkar M (2013) Money makes you reveal more: consequences of monetary cues on preferential disclosure of personal information. Front Psychol 4:839. https://doi.org/10.3389/fpsyg.2013.00839

Nowak MA, Page KM, Sigmund K (2000) Fairness versus reason in the ultimatum game. Science 289(5485):1773–1775

Olds J, Milner P (1954) Positive reinforcement produced by electrical stimulation of septal area and other regions of rat brain. J Comp Physiol Psychol 47(6):419–427

Peterburs J, Voegler R, Liepelt R, Schulze A, Wilhelm S, Ocklenburg S, Straube T (2017) Processing of fair and unfair offers in the ultimatum game under social observation. Sci Rep 7:44062. https://doi.org/10.1038/srep44062

de Quervain JF, Fischbacher U, Treyer V, Schellhammer M, Schnyder U, Buck A, Fehr E (2004) The neural basis of altruistic punishment. Science 305(5688):1254–1258. https://doi.org/10.1126/science.1100735

Rechberger S, Hartner M, Kirchler E, Hämmerle F (2010) Tax amnesties, justice perceptions, and filing behavior: a simulation study. Law & Policy 32(2):214–225. https://doi.org/10.1111/j.1467-9930.2009.00316.x

Sanfey AG, Rilling JK, Aronson JA, Nystrom LE, Cohen JD (2003) The neural basis of economic decision-making in the Ultimatum Game. Science 300(5626):1755–1758. https://doi.org/10.1126/science.1082976

Schmelz M, Call J (2016) The psychology of primate cooperation and competition: a call for realigning research agendas. Philos Trans R Soc Lond B Biol Sci 371(1686):20150067. https://doi.org/10.1098/rstb.2015.0067

Schuhman E (2011) Vortrag zum Thema „Geld als Stimulanz des Belohnungssystems" am Center of Economics and Neuroscience der Universität Bonn

Sharot T, Guitart-Masip M, Korn CW, Chowdhury R, Dolan RJ (2012) How dopamine enhances an optimism bias in humans. Curr Biol 22(16):1477–1481. https://doi.org/10.1016/j.cub.2012.05.053

Singer T, Frith C (2005) The painful side of empathy. Nat Neurosci 8(7):845–846

Steiner JE, Glaser D, Hawilo ME, Berridge KC (2001) Comparative expression of hedonic impact: affective reactions to taste by human infants and other primates. Neurosci Biobehav Rev 25(1):53–74

de Waal F (Autor) Capuchin monkey fairness experiment. Moral behavior in animals (TED-Talk). https://www.youtube.com/watch?v=-KSryJXDpZo. Zugegriffen: 15. Aug 2019

Wynne CDL (2004) Animal behaviour: fair refusal by capuchin monkeys. Nature 428(6979), 140; discussion 140. https://doi.org/10.1038/428140a

Yoder KJ, Decety J (2014) The good, the bad, and the just: justice sensitivity predicts neural response during moral evaluation of actions performed by others. J Neurosc: Official J Soc Neurosci 34(12):4161–4166. https://doi.org/10.1523/JNEUROSCI.4648-13.2014

Zak PJ, Kurzban R, Ahmadi S, Swerdloff RS, Park J, Efremidze L, Redwine K, Morgan K, Matzner W (2009) Testosterone administration decreases generosity in the ultimatum game. PLoS ONE 4(12):e8330. https://doi.org/10.1371/journal.pone.0008330

Zak PJ, Stanton AA, Ahmadi S (2007) Oxytocin increases generosity in humans. PLoS ONE 2(11):e1128. https://doi.org/10.1371/journal.pone.0001128

Der Verlust eines guten Finanzsystems?

Reinhard H. Schmidt

Zusammenfassung

Dieser Beitrag untersucht, wie sich das deutsche Finanzsystem in den letzten 20 Jahren verändert hat und wie diese Veränderungen zu beurteilen sind. Dabei verwendet er einen in der Fachdiskussion unüblichen Beurteilungsmaßstab: seine interne Stimmigkeit. In sich stimmig – im Fachjargon konsistent – ist ein Finanzsystem dann, wenn die wichtigsten Elemente so ausgeprägt sind, dass sie sich in ihren positiven Wirkungen gegenseitig verstärken und ihre negativen Wirkungen gegenseitig abmildern. Es ist für ein Land, seine Wirtschaft und seine Gesellschaft vorteilhaft, wenn sein Finanzsystem konsistent ist. Im Lichte dieses Maßstabs war das deutsche Finanzsystem bis etwa zur Jahrtausendwende als gut einzustufen. Seine Hauptelemente passten gut zueinander. Im Zentrum des Systems standen die privaten Großbanken. Dann kam es zu weitreichenden Veränderungen. Vor allem die Strategieänderung der Deutschen Bank, die sich von einer deutschen Universalbank in eine internationale Investmentbank verwandeln wollte, ist ursächlich dafür, dass das deutsche Finanzsystem heute nicht mehr als konsistent – und damit nicht mehr als gut – einzustufen ist.

R. H. Schmidt (✉)
Goethe-Universität Frankfurt, Frankfurt, Deutschland
E-Mail: schmidt@finance.uni-frankfurt.de

3.1 Einleitung

3.1.1 Fragen und Thesen

Im Zuge der Finanzkrise und der sich anschließenden Staatsschuldenkrise ist erneut der in der Forschung immer wieder herausgestellte Befund (Levine 1999) bestätigt worden, dass es für ein Land sehr wichtig ist, über ein gutes Finanzsystem zu verfügen. Die Literatur zur Finanzkrise von 2007/2008 hat zudem deutlich gemacht, dass das Thema der Qualität eines Finanzsystems auch eine ethische Dimension beinhaltet. Die Krise hat nicht nur enorme Verluste an Vermögen, Einkommen und wirtschaftlichem Wachstum verursacht, sondern sich auch sehr negativ auf die Lebensperspektiven und die Lebensqualität vieler Menschen ausgewirkt. Zahlreiche ethisch höchst bedenkliche Verhaltensweisen von Akteuren aus dem Finanzsektor vor und während der Krise waren dafür ursächlich.[1] Sich bewusst zu machen, was ein gutes Finanzsystem ausmacht und dafür zu sorgen, dass ein Finanzsystem in dem als richtig erkannten Sinne gut ist, stellt deshalb eine intellektuelle und politische Herausforderung ersten Ranges dar, die auch eine ethische Dimension besitzt.

Es ist allerdings nicht eindeutig, was man unter einem guten Finanzsystem zu verstehen hat, wie sich Finanzsysteme verändern und ob sich ein gegebenes Finanzsystem verbessert oder verschlechtert. Generelle Antworten auf diese Fragen zu geben, würde den Rahmen dieses Beitrags sprengen. Die Vorstellungen dazu sind allzu divers, auch wenn sich in der Literatur einige gemeinsame Punkte als konsensfähig herausgestellt haben. Im nächsten Abschnitt möchte ich deshalb neben den verbreiteten Vorstellungen vor allem meine eigene Sicht dazu skizzieren und diese dann in den Abschnitten 3 und 4 auf den speziellen Fall des deutschen Finanzsystems und seiner Veränderung im Laufe der letzten 20 Jahre anwenden.

Meine Thesen zu den beiden aufgeworfenen Fragen lauten:

1. Ein aus gesamtwirtschaftlicher und gesamtgesellschaftlicher Sicht gutes Finanzsystem ist eines, dessen Kernelemente gut zueinander passen und sich in positiver Weise gegenseitig verstärken.
2. Das deutsche Finanzsystem hat sich, an diesem Maßstab gemessen, in den letzten zwei Jahrzehnten eher in einem negativen Sinne verändert.

Den Abschluss bilden einige Überlegungen zu den ethischen Implikationen dieser Veränderungen.

---

[1] Auch wenn v. a. in populärwissenschaftlichen und politisch geprägten Schriften immer wieder und durchaus mit Recht auf die „Gier der Banker nach Boni" und einer geradezu hemmungslosen Profitgier von Finanzinstitutionen als einen wichtigen Grund für die Finanzkrise hingewiesen worden ist, wäre es falsch, darin den einzigen Grund der Krise zu sehen.

3.1.2 Eine terminologische Klärung

Wenn hier von einem Finanzsystem die Rede ist, dann ist damit mehr als der Finanzsektor gemeint. Der Unterschied ist erklärungsbedürftig. Der engere Begriff „Finanzsektor" bezeichnet die Gesamtheit der Finanzinstitutionen (einschließlich der Finanzmärkte), deren volkswirtschaftliche Funktion darin besteht, den anderen Teilen der Wirtschaft Finanzdienstleistungen aller Art zur Verfügung zu stellen, also Kredite und Beteiligungen, Sparmöglichkeiten, Zahlungsverkehrsleistungen oder auch Versicherungen etc. Zum Finanzsektor gehören damit auch die internen Strukturen der Finanzinstitutionen, ihre praktizierten Verhaltensweisen und schließlich deren jeweilige ethische Aspekte.

Am Markt für Finanzdienstleistungen stellt der Finanzsektor lediglich die Angebotsseite dar. Die Nachfrageseite wird dagegen von den nicht-finanziellen Sektoren einer Wirtschaft, also vor allem den Haushalten und den nicht-finanziellen Unternehmen gebildet. Der weiter gefasste Begriff „Finanzsystem" erfasst die finanziellen Aktivitäten und Strukturen der nicht-finanziellen Sektoren zusammen mit dem Finanzsektor, also Angebot und Nachfrage sowie deren mehr oder weniger gelungene Abstimmung. Teile des Finanzsystems sind damit auch die finanziellen Strukturen und Vorgänge wie die interne Finanzierung der Unternehmen, das Realsparen der Haushalte und die diversen Formen des Umgangs mit Risiken, in die der Finanzsektor nicht einbezogen ist. Darüber hinaus schließt der Begriff des Finanzsystems auch die Kontrolle der Verwendung von Kapital ein, das von anderen Wirtschaftseinheiten bezogen wird. Deren wichtigster und interessantester Teil ist die Corporate Governance – rechtlich: die Unternehmensverfassung – der Unternehmen, namentlich der Großunternehmen.

3.2 Was kennzeichnet ein gutes Finanzsystem?

3.2.1 Verbreitete Ansichten

Die meisten Antworten auf die Frage, was ein gutes Finanzsystem ausmacht, beziehen sich nur auf den Finanzsektor im zuvor definierten engeren Sinne und nicht auf das gesamte Finanzsystem. Als Konsens kann gelten, dass ein guter Finanzsektor stabil, effizient und innovativ ist.

Ein stabiler Finanzsektor ist resistent gegenüber externen Schocks und er bringt auch selbst keine internen Schocks wie etwa Zusammenbrüche von Banken oder Börsenkursabstürze hervor. Und selbst wenn es zu derartigen Ereignissen kommt, ist in einem stabilen Finanzsektor die Gefahr von Ansteckungen gering. Ein Finanzsektor gilt als effizient, wenn er seine gesamtwirtschaftlichen Funktionen der Kapitallenkung und der

Kapitaltransformation[2] mit geringen Kosten und in hohem Ausmaß erfüllt. Indikatoren der Effizienz sind niedrige Zinsmargen bei kostendeckenden Erträgen von Banken und anderen Finanzintermediären, geringe Transaktionskosten für Investoren an Börsen und niedrige Gebühren von Investmentfonds. In einem innovativen Finanzsektor werden neue Finanzinstrumente und Finanztechniken schnell übernommen.

Mitunter gilt alleine ein großer Finanzsektor, gemessen etwa durch die Zahl der in ihm beschäftigten Personen und deren Einkommen oder durch einen hohen Wert der Kennzahlen Bankaktiva und Börsenkapitalisierung – jeweils im Verhältnis zum Bruttosozialprodukt eines Landes – als gut. Doch ob dies sinnvolle Maße für die Güte eines Finanzsektors – und erst recht eines Finanzsystems – sind, kann man bezweifeln, denn Größe bedeutet nicht immer auch ein hohes Maß an erbrachter Leistung. Ähnliches gilt für hohe Gewinnmargen der Finanzinstitute, bedeuten diese ja möglicherweise auch, dass ihre Kunden überzogene Preise für die Leistungen zu bezahlen haben, die der Finanzsektor ihnen bietet.

Wichtiger erscheinen Qualitätsindikatoren, die sich auf Leistungen beziehen, die der Finanzsektor für Wirtschaft und Gesellschaft erbringt. Stabilität bedeutet in dieser kundenorientierten Perspektive vor allem eine stetige, nicht von Krisen beeinträchtigte Kreditversorgung für Unternehmen aller Größen und Arten und sichere Geldanlagemöglichkeiten sowie stabile, nicht volatile Wertpapiermärkte, auf denen die Preise die Werte der betrachteten Wertpapiere widerspiegeln. Effizienz bedeutet ein qualitativ hochwertiges Leistungsangebot zu möglichst geringen Preisen für (End-)Kunden und eine flächendeckende Versorgung mit Finanzdienstleistungen. Als innovativ ist ein Finanzsektor einzustufen, wenn sich seine Leistungen an finanztechnischen Möglichkeiten orientieren und zugleich auf den wirklichen Bedarf der nicht-finanziellen Teile einer Volkswirtschaft ausgerichtet sind.

Manche Beobachter und Akteure, insbesondere Journalisten und Politiker, verwenden noch einen anderen Maßstab dafür, ob ein Finanzsektor bzw. ein Finanzsystem gut oder schlecht ist: Sie bauen ihre Bewertung auf der bekannten Unterscheidung zwischen bankbasierten und kapitalmarktbasierten Finanzsystemen auf und gehen davon aus, dass ein gutes Finanzsystem eines ist, das möglichst ausgeprägte Marktelemente enthält, also weitgehend kapitalmarktbasiert ist und damit dem amerikanischen oder dem britischen

---

[2]Als Kapitaltransformation bezeichnet man die Veränderung von Fristen der Kapitalüberlassung, von Losgrößen, von Liquiditätsgraden und von Informationsbedarfen. So „transformiert" eine Bank eher kurzfristige Kundeneinlagen in längerfristige Kredite (Fristentransformation: „aus kurz mach lang"), eher kleine Depositen in größere Summen, die als Kredite vergeben werden können (Losgrößentransformation: „aus klein mach groß"), für Banken eher nicht liquide Kredite in für ihre Einleger hochliquide Einlagen (Liquiditätstransformation) und Unternehmenskredite, die für private Sparer sehr schwer überschaubar wären, in Bankeinlagen, deren Wert sie weitaus besser abschätzen können (Informationstransformation).

Finanzsystem möglichst ähnlich ist, während ein bankbasiertes Finanzsystem als rückständig angesehen wird.[3]

3.2.2 Komplementarität und Konsistenz als Bewertungsmaßstab

Ich möchte in diesem Beitrag über gängige Antworten auf die Frage, wann man einen Finanzsektor als gut bezeichnen sollte, in doppelter Hinsicht hinausgehen: Ich richte den Blick auf das Finanzsystem im zuvor erläuterten weiteren Sinne und ich frage nach Ursachen oder Gründen dafür, dass ein Finanzsektor und ein Finanzsystem gut sind.

Ich verstehe unter einem guten Finanzsystem eines, dessen Hauptelemente wechselseitig aufeinander abgestimmt sind oder, einfach ausgedrückt, gut zu einander passen. Die Elemente eines (jeden) Systems passen dann gut zusammen, wenn sie sich in ihren positiven Aspekten gegenseitig verstärken und in ihren negativen Eigenschaften gegenseitig abschwächen. Diese Hauptelemente sind bei einem Finanzsystem neben dem Finanzsektor, also den Finanzintermediären und den Finanzmärkten, die Art und Weise der Unternehmensfinanzierung und der privaten Vermögensbildung und -haltung sowie die Corporate Governance (Unternehmensverfassung). Gut in diesem Sinne kann sowohl ein eher bankbasiertes Finanzsystem wie das von Deutschland oder Japan als auch ein eher kapitalmarktbasiertes Finanzsystem wie das britische oder das US-amerikanische sein.

Mit dem vagen Ausdruck „gut zueinander passen" sind die theoretischen Konzepte von Komplementarität und Konsistenz gemeint, sie werden im Folgenden erläutert.

Dass sich die Ausprägungen der einzelnen Elemente eines Systems in ihren Wirkungen gegenseitig beeinflussen und sich in ihren Wirkungen nicht einfach addieren, wird in der Literatur zur Produktionstheorie seit jeher mit dem Begriff der Komplementarität erfasst. Komplementarität liegt bei einer Produktionsfunktion dann vor, wenn die partiellen Grenzerträge des Einsatzes von Produktionsfaktoren positiv sind. Der Begriff der Komplementarität kann aber auch auf andere Systeme angewendet werden. Grundlegend für diese Verallgemeinerung sind Arbeiten von Milgrom und Roberts, die damit den fundamentalen und qualitativen Unterschied zwischen den Produktionssystemen „lean production" und „mass production" der damals weltweit führenden Automobilhersteller Toyota und General Motors konzeptionell erfassbar gemacht haben.[4]

---

[3]Zur Bewertung von Finanzsystemen vgl. u. a. Allen und Gale (2000) und Schmidt und Tyrell (2004). Bei Allen und Gale und in vielen anderen Publikationen zu diesem Thema wird die hier vorgenommene inhaltliche Unterscheidung zwischen dem engen Begriff (Finanzsektor) und dem weiten Begriff (Finanzsystem) ebenfalls getroffen, doch oft ohne die hier verwendete sprachliche Unterscheidung vorzunehmen.

[4]Milgrom und Roberts haben dieses Konzept in einer Reihe von Veröffentlichungen entwickelt. Eine gut lesbare Zusammenfassung findet man in ihrem Lehrbuch „Economics, Organization and Management" von 1992. Einen Überblick über die Weiterentwicklung bieten Brynjolfsson und Milgrom (2013).

Auch in der neueren politischen Ökonomie ist Komplementarität ein zentraler Begriff. Er dient dazu, „Varieties of Capitalism" (VoC), Spielarten des Kapitalismus oder Typen von Wirtschaftsordnungen, und deren Unterschiede zu kennzeichnen. Bekanntlich unterscheidet die VoC-Literatur zwischen einer koordinierten Marktwirtschaft (Coordinated Market Economy) und einer liberalen Marktwirtschaft (Liberal Market Economy), wobei Deutschland und Japan einerseits und Großbritannien und die USA andererseits die Musterbeispiele bilden. Komplementarität wird in diesem Zusammenhang als Erklärungsgrund dafür angeführt, warum Länder wirtschaftlich erfolgreicher sind als andere. Des Weiteren dient der Begriff der Komplementarität auch dazu, Entwicklungspfade von Volkswirtschaften verstehbar zu machen, denn Komplementarität führt zu Pfadabhängigkeiten. Diese erschweren partielle Reformen von denen man meinen könnte, dass sie zu einer graduellen Modernisierung und Verbesserung führen müssten. Solche Reformen würden zumindest temporär Inkonsistenzen schaffen und können zur Folge haben, dass die Reformen scheitern und sich die betroffenen Ökonomien sogar verschlechtern.

Die Hauptquellen der VoC-Literatur (etwa Hall und Soskice 2001) betrachten die Merkmale Wettbewerbspolitik, Rolle des Staates, kollektive Lohnverhandlungen, berufsbezogenes Ausbildungssystem und soziale Sicherung als die wichtigsten komplementären Elemente, die in einer CME bzw. einer LME unterschiedlich ausgeprägt sind. Wie auch bei Milgrom und Roberts (1992) spielt das Finanzsystem in der VoC-Literatur allerdings lediglich eine Nebenrolle. Dabei eignet es sich, wie Hackethal, Schmidt und Tyrell in einer Reihe von Arbeiten[5] gezeigt haben, sehr gut dazu, die Fruchtbarkeit der Konzeption der Komplementarität zu demonstrieren.

Die Theorie der Funktionsweise von Finanzsystemen (Allen und Gale 2000; Hackethal und Tyrell 1999) zeigt, dass es in Finanzsystemen ausgeprägte Komplementaritäten gibt. Weiterführende Überlegungen erfordern allerdings die Erweiterung um das Konzept der Konsistenz, denn für sich genommen beschreibt Komplementarität nur, dass das Potenzial zu einem positiven Zusammenwirken der Elemente eines Systems existiert, aber nicht dass dieses Potenzial auch genutzt wird. Konsistenz bedeutet, dass die Elemente eines gegebenen Systems auch Ausprägungen annehmen, bei denen dieses Potenzial genutzt wird. Ähnlich wie in der VoC-Literatur gezeigt wird, eignen sich die aufeinander bezogenen Merkmale von Komplementarität und Konsistenz dazu, 1) Finanzsysteme zu kennzeichnen und zu unterscheiden, 2) sie zu bewerten und 3) ihre Entwicklung zu verstehen und zu gestalten. So lässt sich insbesondere zeigen,

---

[5]Vgl. in zeitlicher Ordnung: Hackethal und Tyrell (1999), Schmidt et al. (1999), Hackethal (2000), Hackethal und Schmidt (2000), Schmidt und Grohs (2000), Schmidt (2004), Schmidt und Tyrell (2004), Hackethal und Schmidt (2005), Hackethal et al. (2006) sowie Hackethal et al. (2005). Auf einzelne Verweise auf diese Quellen wird im Folgenden weitgehend verzichtet.

1. dass es fundamentale Unterschiede zwischen dem (angelsächsischen) Typ eines kapitalmarktbasierten Finanzsystems und dem (kontinentaleuropäischen und japanischen) Typ eines bankbasierten Finanzsystems gibt und worin genau sie bestehen;
2. dass und warum es nicht möglich ist, eine generelle Aussage darüber zu machen, ob ein Finanzsystem des deutsch-japanischen Typs oder eines des angelsächsischen Typs generell besser ist als das andere. Beide können konsistent und insofern gut sein. Hingegen ist es sehr wohl möglich Finanzsysteme danach zu beurteilen, ob sie die Vorteile, die die (nachweisbare) Eigenschaft der Komplementarität bietet, auch ausnutzen oder nicht;
3. dass und warum Komplementarität zu Pfadabhängigkeiten führt und warum partielle Reformen wenig aussichtsreich sind, zumal wenn die Ausgangsposition ein konsistentes System ist. Komplementarität impliziert nämlich, dass es schwer ist, ein konsistentes Finanzsystem durch eine Abfolge partieller Reformen fundamental zu verändern und dass deshalb eine stärkere Ausprägung der Markt- und Wettbewerbselemente in einem bankbasierten Finanzsystem nicht immer besser ist. Im Gegenteil legt es die auch wirtschaftspolitisch relevante Implikation nahe, dass der Versuch, vermeintlich gute Elemente des einen Systemtyps in ein vorher konsistentes Finanzsystem des anderen Typs einzufügen, negative Folgen haben kann.

Dieses Leitbild eines guten Finanzsystems wird im Folgenden verwendet um die Entwicklung des deutschen Finanzsystems während der vergangenen 20 Jahre zu kennzeichnen und einzuschätzen.

3.3 Das frühere deutsche Finanzsystem

3.3.1 Allgemeine Kennzeichnung

Als Hauptelemente eines Finanzsystems betrachte ich hier den Finanzsektor und als dessen Kern das Bankensystem und den organisierten Kapitalmarkt, die Finanzierungsmuster der Unternehmen, namentlich die der Großunternehmen in der Rechtsform der Aktiengesellschaft, und deren Unternehmensverfassung oder Corporate Governance.[6] Die isolierte Kennzeichnung dieser Elemente genügt jedoch nicht um ein Bild davon zu zeichnen, wie die Bausteine des Systems zusammenpassen. Dazu ist auch zu fragen, ob diese komplementär und konsistent sind.

---

[6]Ergänzende Elemente, die sich durchaus in die hier vorgestellten Überlegungen einfügen lassen, sind die Vermögensbildung und Vermögenshaltung der Haushalte, die öffentlichen Finanzen, die Geldpolitik der Zentralbank, die Grundstruktur der Finanzregulierung und das Rentensystem.

3.3.2 Der Finanzsektor

Bis etwa zur Jahrhundertwende war das deutsche Finanzsystem eindeutig bankorientiert bzw. bankbasiert. Die Banken bildeten das wichtigste Element des Finanzsektors und die „Total Bank Assets" übertrafen die Börsenkapitalisierung deutlich. Banken dominierten auch die anderen Teile des Finanzsektors, so kontrollierten sie weitgehend das Geschehen an der Börse und waren mit vielen

Nicht-Bank-Finanzintermediären kapitalmäßig und geschäftspolitisch eng verknüpft. Insbesondere gehörten die Kapitalanlagegesellschaften, die die großen deutschen Investmentfonds verwalteten, den Banken bzw. Bankengruppen. Alle Banken vergaben in hohem Maße Kredite an große, mittlere und kleine Unternehmen; und die Haushalte legten ihre finanziellen Ersparnisse weitgehend bei Banken und Sparkassen an.

Das Bankensystem entsprach dem in Deutschland seit etwa 100 Jahren existierenden Drei-Säulen-System bestehend aus den Privatbanken (einschließlich der sogenannten Großbanken), der Sparkassengruppe (einschließlich der Landesbanken) und der Gruppe der genossenschaftlichen Finanzinstitute. Damit war der größere Teil des Bankgeschäfts in den Händen von Banken, die gemäß ihrer Rechtsform bzw. ihrer Statuten sowie auch de facto nicht primär auf die Erzielung eines hohen „Shareholder Value" ausgerichtet waren. Auch bei den großen privaten Banken in der Rechtsform der Aktiengesellschaft war damals die Shareholder-Value-Orientierung noch keineswegs die geschäftspolitisch bestimmende Maxime (Kotz und Schmidt 2016).

In den Bankbilanzen dominierten auf der Aktivseite Kredite an Nicht-Banken und auf der Passivseite Kundeneinlagen. Damit waren die Banken vor allem Finanzintermediäre.[7] Auch ihr Engagement auf dem Gebiet des Investment Bankings war noch wenig ausgebildet.

3.3.3 Die Unternehmensfinanzierung

Entsprechend war die Unternehmensfinanzierung bei Unternehmen aller Größenklassen vor allem durch Bankkredite geprägt. Die Verschuldungsgrade der Unternehmen gegenüber den Banken war im Vergleich zu späteren Zeiten und zu vielen anderen Ländern hoch. Außerdem hielten die Großbanken hohe Bestände an Aktien der großen börsennotierten Unternehmen und waren häufig in deren Aufsichtsräten bzw. in den Beiräten großer GmbHs vertreten. Das alte System der „Deutschland-AG" mit seinen intensiven Kapital- und Personalverflechtungen war noch intakt (Höpner 2006). Es gab auch enge

---

[7]Es wäre falsch zu glauben, dass Banken immer und überall auch in erster Linie Intermediäre sind. Allen und Santomero (2001) haben für den Fall der US-amerikanischen Banken – und anhand eines ausführlichen Vergleichs mit deutschen Banken – gezeigt, dass sie gegen Ende des vorigen Jahrhunderts weitgehend nicht mehr als Intermediäre anzusehen waren.

Beziehungen, sogenannte Hausbankbeziehungen, zwischen großen deutschen Banken und großen deutschen Unternehmen; und wie sich empirisch belegen ließ, verhielten sich die Banken gegenüber den Unternehmen, deren Hausbanken sie waren, gerade in schwierigen Situationen partnerschaftlicher als andere Banken derselben Unternehmen (Elsas und Krahnen 1998).

3.3.4 Die Corporate Governance der Großunternehmen

Die Corporate Governance deutscher Unternehmen, insbesondere der großen unter ihnen, entsprach natürlich den einschlägigen rechtlichen Vorgaben. Zu diesen gehören die gesellschaftsrechtliche Struktur der (großen) Unternehmen in der Rechtsform einer AG mit der strikten Trennung von Vorstand und Aufsichtsrat sowie die Mitbestimmung auf Unternehmens- und Betriebsebene. Bemerkenswert ist, dass das Aktiengesetz nach gängiger Auffassung von Juristen festschreibt, dass die Unternehmensführung einer AG nicht nur im Interesse der Aktionäre zu erfolgen hat (Rieckers und Spindler 2004). Dass auch die Interessen anderer „Stakeholder" – und nicht nur die der „Shareholders", der Aktionäre, namentlich von Mitarbeitern und Kreditgebern relevant waren, wurde damals in den meisten Unternehmen und von deren Führungspersonal als geradezu normal und als weitgehend unproblematisch angesehen.

Die Machtverteilung bildet de facto den Kern der Corporate Governance. Im Falle der Aktiengesellschaften ist sie durch das Aktiengesetz vorgegeben: Der Vorstand führt die Geschäfte und der Aufsichtsrat überwacht, ernennt, entlässt und steuert den Vorstand. Damit ist der Aufsichtsrat durchaus einflussreich und darum ist dessen Zusammensetzung für das Verständnis der Corporate Governance sehr wichtig. Vor ca. 20 Jahren waren die Aufsichtsräte der Großunternehmen durch das Zusammenwirken von drei wichtigen Gruppen von Akteuren geprägt. Eine Gruppe bildeten die Aktionäre, freilich so gut wie gar nicht die Kleinaktionäre und deren Vertreter, sondern die Großaktionäre, die damals in Deutschland bei den meisten Großunternehmen anzutreffen waren, bzw. deren Repräsentanten. Die zweite Gruppe waren Vertreter von Großbanken und Versicherungsgesellschaften, die dritte die Arbeitnehmervertreter. Kleinaktionäre und auch institutionelle Investoren spielten kaum eine Rolle, hätten sie ja mit ihrem dominierenden Interesse an eher kurzfristigen Gewinnen sogar das Zusammenspiel der wesentlichen Akteure eher gestört. Die genannten drei Gruppen der wesentlichen Akteure dagegen hatten ein gemeinsames Interesse an der positiven langfristigen und eher stabilen Entwicklung „ihrer" Gesellschaft, was nicht mit Gewinnmaximierung identisch ist. Großaktionäre haben oft ein eher strategisches und damit langfristiges Interesse an der Erhaltung ihrer Beteiligungen; Banken als wichtige Kreditgeber sind eher an Stabilität und Wachstum als an Gewinnen um jeden Preis interessiert, weil hohe Gewinne oft mit Risiken verbunden sind und diese die Rückzahlung ihrer Kredite gefährden könnte. Arbeitnehmervertreter interessieren sich mehr als alles andere für die Sicherung von Arbeitsplätzen und interne Aufstiegsmöglichkeiten.

Das gemeinsame Interesse derer, die in den Aufsichtsräten wirklich etwas zu sagen hatten, und damit auch die den Vorständen vorgegebene Maxime war deshalb keineswegs die „Shareholder-Value-Maximierung", sondern die Absicherung eines stabilen Unternehmenswachstums. Dies schaffte trotz der offensichtlichen Interessengegensätze zwischen Großaktionärs-, Banken- und Arbeitnehmervertretern eine solide Grundlage für eine dauerhafte Kooperation. Konflikte existierten natürlich ebenfalls, aber für deren Austragung gab es weithin anerkannte und auch weitgehend beachtete Grenzen. Dass sich im Rahmen des Netzwerks der so genannten „Deutschland-AG" die gleichen Gruppen von Akteuren immer wieder in verschiedenen Aufsichtsräten begegneten, dürfte dem eher kooperativ zu nennenden Verhalten bei der Steuerung der Großunternehmen und der Kontrolle ihres Managements eher zuträglich gewesen sein.

Die Großbanken und ihre Vertreter spielten dabei eine zentrale Rolle. Dies lässt sich durch deren ambivalente Position erklären: Sie waren damals die wichtigsten Financiers der Großunternehmen. Deshalb waren ihre Interessen als Kreditgeber darauf gerichtet, dass ihre Kredite nicht in Gefahr gerieten. Deshalb waren sie mehr an Stabilität und Wachstum bzw. an einem stabilen Wachstum der kreditnehmenden Unternehmen interessiert, was mit einer konsequent auf Gewinn- oder Marktwertmaximierung ausgerichteten Maxime nicht vereinbar wäre, weil diese erfordert hätte, dass die Unternehmen größere Risiken eingehen. Damit waren die „objektiven" Interessen der Großbanken und ihrer Vertreter denen der Arbeitnehmer und deren Vertretern in den Aufsichtsräten der mitbestimmten Großunternehmen recht ähnlich, denn denen ging es wegen der Arbeitsplatzsicherung und der Möglichkeit zum internen Aufstieg auch mehr um Stabilität und Wachstum bzw. ein stabiles Wachstum als um Gewinnsteigerung um jeden Preis. Andererseits dürften die Bankenvertreter hinsichtlich ihrer sozialen Stellung und Einbindung und wohl auch hinsichtlich ihrer politischen und ideologischen Positionen eher den Großaktionären nahegestanden haben. Diese Zwischenstellung prädestinierte sie geradezu für die Rolle als zentraler Akteur. Die Corporate Governance der deutschen Großunternehmen bildete somit auch in sich selbst ein konsistentes System komplementärer Elemente.

3.3.5 Komplementarität und Konsistenz des früheren deutschen Finanzsystems

Dass die deutschen Banken – damals schon anders als die Banken in angelsächsischen Ländern – die wichtigsten Akteure innerhalb des Finanzsektors waren, erlaubte ihnen, ihre Rolle und Funktion abzusichern und dabei die potenzielle Konkurrenz durch den Kapitalmarkt in Grenzen zu halten. Dass sie die Kreditvergabe an Unternehmen als ihre wichtigste geschäftliche Aktivität ansahen und auch in starkem Maße langfristige Kredite an große Unternehmen vergaben, passt zu ihrer früheren zentralen Rolle in der

Governance der großen Aktiengesellschaften. Aufsichtsratsmandate, oft auch mit dem Aufsichtsratsvorsitz verbunden, waren als Informationsquelle zur Absicherung der Unternehmenskredite nötig und die Unterstützung durch Unternehmensbeteiligungen sowie Depotstimmrechte machte es ihnen in den Aufsichtsräten der großen Banken relativ leicht, ihre Interessen und Vorstellungen durchzusetzen. Dass sie genau dies taten, förderte nahezu natürlich auch ihre Bereitschaft, die Unternehmen in großem Umfang und nicht nur in guten, sondern auch in schwierigen Situationen zu finanzieren. Das erklärt, warum sie gern die Rolle des „Bankpartners" und der „Hausbank" übernahmen.

Dass die Unternehmensfinanzierung in starkem Maße – auch wieder anders als in angelsächsischen Finanzsystemen – in Deutschland vor allem über eher langfristige Bankkredite erfolgte, spiegelte die starke Rolle der Banken innerhalb des Finanzsektors und in der Unternehmenskontrolle der nicht-finanziellen Großunternehmen. Zumindest auf ihre Hausbanken konnten sich die Unternehmen weitgehend verlassen, und dies erlaubte es ihnen auch dann eher langfristige Strategien zu verfolgen, wenn diese mit weitreichenden Veränderungen verbunden waren.

Der Kapitalmarkt spielte damals als Quelle der Unternehmensfinanzierung und auch als ein Instrument der Unternehmenskontrolle keine Rolle, die der Rolle des Kapitalmarktes in angelsächsischen Ländern vergleichbar gewesen wäre. Druck des Kapitalmarktes in die Richtung einer stärkeren Beachtung des Ziels der Marktwertmaximierung gab es faktisch nicht. Dies erlaubte es wiederum den Managern der Unternehmen langfristige und auf stabiles Wachstum ausgerichtete Strategien zu verfolgen, die im Interesse der oben genannten drei Gruppen von in der Governance wichtigen Akteuren lagen.

Kurzum, das deutsche Finanzsystem von vor etwa 20 Jahren war in der Tat ein konsistentes, in sich stimmiges System sich gegenseitig ergänzender, komplementärer Elemente. Insofern war es ein gutes Finanzsystem. Ein Aspekt, der das damalige Finanzsystem gut erscheinen ließ, betraf die Formen der Interaktion und belegt das, was in der Literatur zu den „Varieties of Capitalism" mit dem treffenden Begriff der „Coordinated Market Economy" ausgedrückt wird: Konflikte wurden eher eingeschränkt und viele Beziehungen waren auf längerfristige Partnerschaft begründet. Dies gilt gleichermaßen für die Beziehungen zwischen den einzelnen Banken und verschiedenen Bankengruppen wie auch für die Beziehungen zwischen den Hausbanken einerseits und den Unternehmen andererseits sowie nicht zuletzt für die Corporate Governance der nicht-finanziellen Unternehmen. Man kann diese eher auf Gemeinsamkeit und Partnerschaft ausgerichteten Strukturen durchaus als eine ethisch positive Seite des früheren deutschen Finanz- und Wirtschaftssystems betrachten, denn sie legen Fairness im Verhalten nahe, gründen sich auf Vertrauen und schaffen gleichzeitig die Rechtfertigung dieses Vertrauens.

Dieses System der in sich abgeschlossenen „Deutschland-AG", in deren Zentrum die großen Banken standen, hatte allerdings auch negative Seiten. Wettbewerb und Innovation wurden eher behindert und die engen kooperativen Beziehungen der wichtigsten Akteure waren mit Intransparenz und Klüngelwirtschaft verbunden. Das darf man keinesfalls übersehen und es wurde auch nicht übersehen.[8] Dennoch war das System als Ganzes für die deutsche Wirtschaft eher positiv. Dies galt zumindest für die Zeit des Wiederaufbaus nach dem zweiten Weltkrieg.[9] Für die Zeit gegen Ende des 20. Jahrhunderts ist diese Bewertung nicht mehr so eindeutig.

3.4   Die Veränderungen im deutschen Finanzsystem

Die Konsistenz des damaligen deutschen Finanzsystems verlieh diesem auch eine gewisse Stabilität und zugleich eine gewisse Resistenz gegenüber Versuchen, es durch partielle Reformen zu verändern, denn Stabilität bedeutet immer auch Starrheit und Reformunfähigkeit. Diese Schwäche wurde auch schon vor 20 Jahren erkennbar. Man denke nur an die viel zitierte Kennzeichnung des „Economist" von Deutschland als dem „kranken Mann Europas". Mit der fortschreitenden europäischen Integration, der sich verstärkenden Globalisierung und der damit verbundenen Öffnung der Finanzmärkte kam es bald zu einer Destabilisierung des überkommenen Systems. Ich beschränke mich hier wieder darauf, diese Veränderungen für die drei bisher schon betrachteten Hauptelemente des deutschen Finanzsystems zu kennzeichnen.

3.4.1   Veränderungen im Finanzsektor

Die Strukturen und Verhaltensweisen im Finanzsektor haben sich schnell massiv verändert. Die eher kooperativen Beziehungen zwischen den Banken und den Bankengruppen, den „Säulen" des seit mehr als hundert Jahren bestehenden Drei-Säulen-Systems aus den Gruppen der privaten, der öffentlichen und den genossenschaftlichen Banken wurden mehr und mehr durch stärkeren Wettbewerb und harte Konflikte ersetzt. Das lag vor allem daran, dass die Zinsmargen deutlich zurückgingen und die früher als nahezu garantiert geltende Profitabilität der Banken plötzlich nicht mehr gesichert war. Dass gerade die Großbanken ein Ertragsproblem bekamen, war eine Spätfolge der „Wende": Große amerikanische Banken mit Erfahrung im Investment Banking waren in den deutschen Markt eingedrungen, um von dem Nach-Wende-Geschäft der Privatisierung in Ostdeutschland zu profitieren. Als sich diese Erwartung nicht erfüllte, weil die Bundesregierung mit der sogenannten Treuhandanstalt diese Funktionen an sich gezogen

---

[8]Vor allem die Monopolkommission hat in ihren Gutachten darauf immer wieder hingewiesen und Veränderungen angemahnt.

[9]Ganz ähnlich war übrigens die Situation in den Jahren nach dem zweiten Weltkrieg in Frankreich, das damals ein sehr stark vom Staat dominiertes Finanzsystem hatte. Man spricht rückblickend – und mit einer gehörigen Portion Nostalgie – über diese Zeit als „treinte glorieuses", die dreißig großartigen Jahren der politischen und wirtschaftlichen Harmonie und des Aufstiegs.

hatte, begannen sie den deutschen Großbanken ihre angestammte Stellung als Hausbanken der Großunternehmen streitig zu machten. Eine Reaktion auf den dadurch entstandenen Druck auf die privaten Banken bestand darin, dass diese sich mit politischen Mitteln gegen die Staatsgarantien für die Sparkassengruppe wandten. Sie verlangten bei der Europäischen Kommission die Abschaffung dieser Privilegien und setzten sich schließlich mit ihrer Forderung durch, was letztlich die Situation der lokalen Sparkassen fast überhaupt nicht, die der Landesbanken aber massiv veränderte.

Die Großbanken versuchten sich in Investmentbanken zu verwandeln, weil damals das kapitalmarktorientierte Investment-Banking-Geschäft viel höhere Gewinne versprach als das tradierte Geschäft mit Einlagen und Krediten. Im Zuge dessen lösten sie ihre früher beträchtlichen Kapitalbeteiligungen an Großunternehmen auf und zogen sich auch weitgehend aus deren Aufsichtsräten zurück. Das galt in besonders ausgeprägter Weise für die Deutsche Bank, die Marktführerin unter den damaligen Großbanken. Diese Bank verkaufte in den Jahren um 2000 fast alle ihrer Unternehmensbeteiligungen, die damals zusammen weit mehr wert waren als heute die gesamte Bank, und verwendete den Verkaufserlös weitgehend für den Aufbau ihres sehr ambitionierten internationalen Investment-Banking-Geschäfts. Sie zog sich aus fast allen Aufsichtsräten nicht-finanzieller Großunternehmen zurück und distanzierte sich auch von ihrer früheren Rolle als Hausbank solcher Unternehmen. Die beiden anderen damaligen Großbanken kopierten sehr bald diese Strategie der Deutschen Bank, freilich mit weniger Entschiedenheit und auch weniger Erfolg als die Deutsche Bank (Janssen 2009).

Zugleich schränkten die großen privaten Geschäftsbanken ihre Kreditvergabe an Unternehmen ein und richteten sich immer stärker an der Idee der Shareholder-Value-Maximierung als Unternehmensziel und Leitmaxime ihrer eigenen Geschäftspolitik aus.

Es wurde von den privaten Banken auch immer wieder gefordert, die öffentlichen Banken zu privatisieren, wie es zur gleichen Zeit in mehreren anderen europäischen Ländern geschah. Doch dazu kam es nicht. Trotz all dieser Veränderungen erhielt sich die Drei-Säulen-Struktur des deutschen Bankensystems und weil sich die Großbanken auch aus Profitabilitätsgründen immer stärker von ihrem früheren Kerngeschäft der Kreditvergabe zurückzogen und ihr Filialsystem ausdünnten, konnten die Stakeholder-Value-orientierten Sparkassen und Genossenschaftsbanken Marktanteile dazugewinnen.

Eine wesentliche Veränderung im Finanzsektor betraf das Börsenwesen. Die Deutsche Börse AG entstand als ein privatwirtschaftlicher Börsenbetreiber und dessen Aktivitätsvolumen nahm massiv zu, während sich die Banken immer mehr aus ihrer früheren Rolle im Börsenwesen zurückzogen. Kurz nach dem Jahre 2000 kam es zu einem Boom an Börseneinführungen, einem rasanten Kursanstieg und einem Anstieg der Anzahl deutscher Haushalte die Aktien hielten. Doch dieser Aufschwung des Kapitalmarktes war nur von recht kurzer Dauer.

Insofern wäre es zwar unangemessen davon zu sprechen, dass die Banken in ihrer Gesamtheit ihre frühere Rolle als wichtigstes Element des Finanzsektors verloren hätten, doch das den Finanzsektor als ganzen bestimmende Element bilden sie längst nicht mehr. Wesentliche Veränderungen gab es in den letzten 20 Jahren vor allem innerhalb der Gruppe der bis dahin dominierenden drei Großbanken. Die Dresdner Bank, früher unbestritten die Nummer 2 im deutschen Bankensystem, war nach dem gescheiterten Versuch einer Fusion mit der Deutschen Bank im Jahre 2000 bekanntlich erst von dem Versicherungskonzern Allianz übernommen und dann, kurz vor dem Ausbruch der großen Finanzkrise, an die Commerzbank weitergegeben worden und ist inzwischen als eigenständige Bank vom Markt verschwunden. Die Commerzbank, früher die Nummer 3, hat sich mit dieser Übernahme offensichtlich übernommen und geriet vor allem deshalb in der Finanzkrise in eine existenzbedrohende Schieflage und wurde durch eine Teilverstaatlichung gerade noch gerettet. Auch die Deutsche Bank, traditionell die Marktführerin, hat in der Finanzkrise riesige Verluste hinnehmen müssen und hat sich davon bis heute nicht erholt. Trotzdem: gerade so wie sie in den Jahrzehnten davor der wichtigste Knoten in dem als „Deutschland-AG" bezeichneten früheren Netzwerk von Institutionen, Personen und Beziehungen gewesen war, spielte sie um die Jahrhundertwende die Hauptrolle bei der Auflösung dieses Systems.

3.4.2 Veränderungen in der Unternehmensfinanzierung

Auch bei der Unternehmensfinanzierung kam es zu Veränderungen, doch dies eher in geringerem Maße als innerhalb des Finanzsektors. Nur die wirklich großen deutschen Unternehmen begannen, die Entwicklungen am organisierten Kapitalmarkt zu nutzen und sich verstärkt über diesen zu finanzieren. Die entstehende Lücke in der gesamten Kreditversorgung der Unternehmen füllten die Sparkassen und Genossenschaftsbanken weitgehend aus und so wurden sie zunehmend auch für große mittelständische Unternehmen zu deren Hausbanken. Es wäre insofern auch falsch zu behaupten, dass die Banken als Gruppe aufgehört hätten, die wichtigste Quelle der externen Unternehmensfinanzierung zu sein.

3.4.3 Veränderungen bei der Corporate Governance

Wiederum stärker schienen die um die Jahrhundertwende einsetzenden Veränderungen auf dem Gebiet der Corporate Governance zu sein. Die Bundesregierung setzte eine Regierungskommission zur Modernisierung der Corporate Governance ein, die viele wichtige Veränderungen in Gang brachte. So wurden unter anderem die Schaffung eines Corporate Governance Kodex und einer für dessen Fortentwicklung zuständige Corporate Governance-Kommission angeregt und später durch den Gesetzgeber umgesetzt sowie zahlreiche Mechanismen der Unternehmenskontrolle gestärkt. Die Großunternehmen in der Rechtsform einer Aktiengesellschaft orientierten sich mehr und mehr an den Interessen der Aktionäre und wandten sich von ihrer früheren Stakeholder-Value-Orientierung ab. Initiiert wurde diese Veränderung von der Deutschen Bank.

3.4.4 Ursachen der Veränderungen

Hier sind natürlich in erster Linie die immer wieder und völlig zu Recht angeführten Ursachen zu nennen: die europäische Integration, die zunehmende Globalisierung und die Entwicklung auf dem Gebiet der Informations- und Kommunikationstechnik. Die gesamteuropäische Finanzsektorpolitik begann in den Jahren nach der Jahrhundertwende das Ziel zu verfolgen, einen einheitlichen europäischen Finanzmarkt zu schaffen, und sie ließ sich dabei von dem Leitbild eines kapitalmarktorientierten Finanzsystems angelsächsischer Prägung leiten. Das bedeutete eine generelle Aufwertung des Kapitalmarkts und zugleich eine ausgeprägte Skepsis gegenüber traditionellen Strukturmerkmalen des deutschen Finanzsystems. Verbünde wie sie bei den Sparkassen und den Genossenschaften seit langem eine wichtige Rolle spielen, Hausbankbeziehungen zwischen Banken und Unternehmen, die mit dem Stichwort der „Deutschland-AG" angesprochenen kapitalmäßigen und personellen Verflechtungen und die Mitbestimmung der Arbeitnehmer auf der Betriebs- und der Unternehmensebene sowie die früher vorherrschenden eher partnerschaftlichen als wettbewerblichen Verhaltensweisen im Finanzsystem waren mit diesem Leitbild nicht gut vereinbar. Dies schlug sich nicht nur in zahlreichen EU-weiten einschlägigen Regulierungen nieder, sondern es prägte auch die Denk- und Verhaltensweisen im deutschen Finanzsystem.

Die zunehmende Finanzglobalisierung wirkte in die gleiche Richtung. Sie schuf nicht nur Druck auf die Akteure im Finanzsektor, sondern auch auf die großen nicht-finanziellen Unternehmen, sich auf die meist an angelsächsischen Vorstellungen orientierten Erwartungen ausländischer Kapitalgeber und Geschäftspartner einzustellen und sie prägte auch den Diskurs über finanzwirtschaftliche Praktiken und Politiken.

Beide Faktoren wirkten zusammen und verstärkten sich gegenseitig. Der auch in Deutschland in den ersten Jahren des neuen Jahrhunderts vorherrschende, intellektuelle und politische Zeitgeist stand dem tradierten deutschen Finanzsystem eher ablehnend gegenüber. Man denke nur an die weitgehend negativen Konnotationen der Stichworte „Deutschland-AG", „öffentliche Banken" und „Sozialpartnerschaft" oder umgekehrt an die zeitweise auch bei deutschen Spitzenmanagern grassierende Begeisterung für das Konzept der „Shareholder-Value-Maximierung".

Doch der Hinweis auf die angesprochenen und aus der Sicht des deutschen Finanzsystems eher externen Einflussfaktoren genügt nicht, um die festgestellten Veränderungen zu erklären und zu beurteilen. Es gab auch sehr einflussreiche interne Veränderungsimpulse. Wie schon mehrfach angedeutet spielt hier die strategische Umorientierung der Deutschen Bank die zentrale Rolle, denn die Marktführerin unter den deutschen Großbanken hatte sich schon in den 1990er Jahren dazu entschieden, von ihren traditionellen Rollen in der Unternehmensfinanzierung und als Hausbank sowie auch der Corporate Governance Abschied zu nehmen. Ihre Spitzenmanager wollten die Bank zu einer der weltweit führenden internationalen Investmentbanken umformen und dafür war es in der Tat nicht förderlich, zu einzelnen nicht-finanziellen Unternehmen (meistens den jeweils größten eines Wirtschaftszweigs) privilegierte Beziehungen zu unterhalten, denn dies hätte nur den Absatz von Investment-Banking-Produkten bei den anderen Unternehmen behindert. Auch die frühere strategische Ausrichtung auf das Kreditgeschäft und auf den nationalen deutschen Markt erschien den in der Deutschen Bank führenden Persönlichkeiten für eine internationale Investmentbank nicht länger passend. Beides wurde deshalb in den Jahren unter Breuer und Ackermann drastisch zurückgefahren. Wie Sven Janssen in seiner Dissertation (2009) treffend beschreibt, folgten die anderen Großbanken weitgehend dem Vorbild der Deutschen Bank. Was dies für die Entwicklung und die Beurteilung des deutschen Finanzsystems bedeutet, greife ich im nächsten Abschnitt auf.

3.5 Einschätzung der Veränderungen des deutschen Finanzsystems

3.5.1 Strukturwandel oder Modernisierung?

Es ist nicht leicht, die seit 20 Jahren erfolgten Veränderungen in ihrer Gesamtheit einzuschätzen. Man könnte sie als einen Systemwechsel hin zu einem kapitalmarktorientierten Finanzsystem angelsächsischen Typs oder auch nur als eine angesichts veränderter Rahmenbedingungen gebotene Modernisierung des bankbasierten Systems deuten.

Für die These eines sich abzeichnenden Wechsels zu einem kapitalmarktbasierten System des angelsächsischen Typs und damit eines Strukturwandels, sprechen vor allem die zunehmende Börsenaktivität und der Rückzug der großen Banken aus der Unternehmensfinanzierung und der Corporate Governance der großen Industrieunternehmen. Gegen diese Einschätzung spricht jedoch auch vieles. So hat sich nach wie vor die Drei-Säulen-Struktur des deutschen Bankensystems erhalten. Auch die Rolle aller Banken bei der externen Finanzierung aller deutschen Unternehmen hat sich weitaus weniger abgeschwächt als die der Großbanken in der Finanzierung der großen Unternehmen (Behr und Schmidt 2016). Sogar Hausbankbeziehungen haben sich erhalten, wenn auch inzwischen nicht mehr wie früher als enge, partnerschaftliche Beziehungen zwischen den privaten Großbanken und den großen privaten Industrieunternehmen, sondern eher mit Sparkassen und Genossenschaftsbanken als den neuen Hausbanken größerer mittelständischer Unternehmen.

Wenn man die Änderungen bei der Corporate Governance im Detail betrachtet, deutet auch hier trotz des Rückzugs der Großbanken wenig auf einen Übergang zum angelsächsischen Modell mit ausgeprägter Kapitalmarktorientierung und einem, wie es Franks und Mayer (1994) nennen, „Outsider Control System" hin. Der Rückzug der Bankenvertreter aus den Aufsichtsräten ist durch eine verstärkte Präsenz ehemaliger Vorstände, also einer anderen Insider-Gruppe ausgeglichen worden. Die maßgeblichen rechtlichen Regelungen wie vor allem das zweite Kapitalmarktförderungsgesetz stellen vielmehr eher eine Stärkung des tradierten deutschen „Insider Control System" dar als einen

Wechsel zu einem „Outsider Control System" wie in Großbritannien und den USA. Vor allem hat sich die rechtliche Struktur der Unternehmensverfassung unverändert erhalten. Nach wie vor schreibt das deutsche Aktiengesetz die strikte Trennung von Aufsichtsrat und Vorstand vor – statt des in angelsächsischen Ländern üblichen „Unitary Board"-Systems – und verpflichtet den Vorstand, sich in seinen Entscheidungen an den Interessen mehrerer Stakeholder-Gruppen und nicht ausschließlich an denen der Aktionäre zu orientieren. Schließlich ist auch die Mitbestimmung auf Unternehmens- und Betriebsebene nach wie vor geltendes Recht und geübte Praxis. Umgekehrt betrachtet hat in Deutschland der Kapitalmarkt bisher faktisch kaum an Bedeutung für die Unternehmenskontrolle gewonnen. Am deutlichsten wird das daran, dass es zwar beginnend mit der Übernahme von Mannesmann durch Vodafone, vereinzelte feindliche Übernahmen gegeben hat, aber daraus ist kein „Market for Corporate Control" entstanden, welcher in Großbritannien und den USA das wohl wichtigste Element der Corporate Governance darstellt.

Vor die Wahl gestellt, ob man die Veränderungen der letzten 20 Jahre eher als strukturellen Umschwung oder als Modernisierung der bisherigen Struktur des bankorientierten Systems deuten soll, würde ich eher der zweiten Alternative zuneigen. Das mag man – je nach politischer Orientierung – bedauern oder begrüßen. Ich enthalte mich hier einer Bewertung, einfach weil sie mir jenseits politischer Bekenntnisse nicht möglich erscheint.

Freilich gibt es noch eine weitere Interpretationsmöglichkeit. Man kann die Veränderungen des deutschen Finanzsystems als die Herausbildung eines Hybridsystem betrachten, das Merkmale bankbasierter und kapitalmarktbasierter Systemen in sich vereinigt, wie es Hardie und Howarth und ihre Koautoren in einem viel beachteten Band (2013) zu zeigen versuchen. Diese Autoren kommen allerdings zu dem sehr skeptischen Schluss, dass das, was sie „Market-Based Banking" nennen, keineswegs eine glückliche Mischung darstellt, sondern im Gegenteil „The Worst of All Worlds"[10].

3.5.2 Verlust der Konsistenz

Wie ich oben erläutert habe, folge ich der Beurteilung von Finanzsystemen danach, ob sie eher bankorientiert oder eher kapitalmarktorientiert sind, nicht. Deshalb erscheint mir auch die recht kritische Bewertung der Hybridsysteme nach Hardie und Howarth zwar höchst interessant, aber letztlich nicht wirklich überzeugend. Mein Bewertungsmaßstab ist ein anderer: die Konsistenz eines Finanzsystems. Wie ist im Lichte dieses Maßstabs die Entwicklung des deutschen Finanzsystems in den letzten 20 Jahren einzuschätzen?

---

[10]Die Kennzeichnung „The Worst of All Worlds" ist Teil der Überschrift über das Kapitel zu Großbritannien und den USA, wo sich nach Meinung der Autoren eine spiegelbildliche Entwicklung zu der in Deutschland abgespielt hat. Die damit ausgedrückte sehr negative Einschätzung gilt allerdings nach Meinung von Hardie, Howarth und ihren Mitautoren für alle Finanzsysteme und damit auch für Deutschland.

Vor nicht allzu langer Zeit war das deutsche Finanzsystem noch konsistent. Die Struktur des Finanzsektors mit der klaren Dominanz der Banken, die Finanzierungsmuster der Unternehmen mit der überragend wichtigen Rolle von Bankkrediten und die Corporate Governance mit ihrer allgemein anerkannten und auch praktizierten Stakeholder-Orientierung passten gut zu einander. Fixiert man jeweils zwei der drei Hauptelemente des Finanzsystems, dann stellt das jeweils dritte die sachgerechte, ökonomisch sinnvolle Ergänzung dar. Das kann man gedanklich für alle möglichen Ausprägungen der Hauptelemente durchspielen. Was wäre beispielsweise eine ökonomisch und gesamtwirtschaftlich vorteilhafte Struktur des Finanzsektors, wenn die (Groß-) Unternehmen sich weitgehend über Bankkredite finanzieren und die (Groß-) Banken in der Corporate Governance eine zentrale Position einnehmen?

Doch inzwischen haben sich Veränderungen vollzogen, die die Konsistenz faktisch beseitigt haben. Das betrifft alle drei diskutierten Hauptelemente des deutschen Finanzsystems.

Der Finanzsektor hat sich verändert, auch wenn sich die Drei-Säulen-Struktur des Bankensystems erhalten hat. Innerhalb des Finanzsektors und speziell innerhalb des Bankensystems ist die Rolle der Großbanken heute jedoch eine ganz andere und weitaus weniger dominante als noch vor 20 Jahren. Die Dresdner Bank ist verschwunden, die Commerzbank hat sich mehr und mehr zu einer „privaten Sparkasse" entwickelt und UniCredit-HVB und Postbank, die in den Jahren nach 2000 in die Gruppe der Großbanken aufgerückt waren, haben nie eine ähnliche Rolle zu spielen versucht wie das frühere Dreigestirn der deutschen Großbanken.

Die verbliebenen Großbanken sind nicht mehr die wichtigsten Kreditgeber der deutschen Unternehmen, namentlich der Großunternehmen. Sie haben sich auch immer mehr aus ihrer früher zentralen Rolle in der Corporate Governance der großen Aktiengesellschaften zurückgezogen und sie sind längst nicht mehr die Herren über den fast gesamten Rest des Finanzsektors. Mit der Börse sind sie nicht mehr als Miteigentümer, sondern nur noch als Kunden verbunden.

Von „den" Großbanken zu sprechen ist in diesem Kontext freilich eine geradezu irreführende Verallgemeinerung. Eine strategisch ähnlich ausgerichtete Gruppe von Großbanken gibt es in Deutschland nicht mehr, auch wenn dieser Begriff in den Statistiken der Bundesbank immer noch auftaucht. Und auch als es sie noch gab, also bis kurz vor der Finanzkrise, waren es nicht alle Großbanken, die die angesprochenen Veränderungen initiiert haben, sondern es war eine von ihnen: die Deutsche Bank. Sie war – zusammen mit der Allianz – das zentrale Element in dem als „Deutschland-AG" bezeichneten Gefüge von Macht und Einfluss; und sie war es, die diese Rolle aufgegeben hat, als sie anstrebte, zu einer internationalen Investmentbank zu werden.

Das passt natürlich als strategische Ausrichtung zusammen. Warum sollte sie, d.h. die frühere Gruppe der drei deutschen Großbanken und speziell die Deutsche Bank, sich weiterhin so wie früher in der Unternehmenskontrolle der großen Aktiengesellschaften engagieren, wenn es die hohen Kreditengagements bei den großen Unternehmen kaum mehr gibt, für deren Absicherung die in Aufsichtsräten zu gewinnenden Informationen und der auf Beteiligungen, Aufsichtsratsmandate und Depotstimmrechte gegründete Einfluss einst unverzichtbar waren? Und umgekehrt: Was könnte die großen Banken bzw. gerade die Deutsche Bank dazu veranlassen, den großen Unternehmen in hohem Umfang Kredite zu gewähren, wenn ihnen der früher privilegierte Zugang zu Informationen und der frühere Einfluss auf Unternehmensführung und Geschäftspolitik abhandengekommen ist? Warum sollten sie sich weiter darum bemühen, weite Teile des übrigen Finanzsektors zu dominieren, nachdem sie die dadurch abzusichernde Position verloren bzw. sogar bewusst aufgegeben haben? Und wenn sie nicht mehr mit den Großbanken als ihren wichtigsten Kreditgeber rechnen bzw. sie nicht mehr als ihre, sie bei Bedarf schützenden Hausbanken betrachten konnten, warum sollten die Unternehmen sich vor allem über deren Kredite finanzieren? Und weshalb sollten die anderen Akteure und die Unternehmen den Großbanken in der Corporate Governance noch eine zentrale – und wie früher oft vermittelnde – Rolle zubilligen, wo sie doch wissen, dass diese gar kein Interesse daran haben, die Rolle im gemeinsamen Interesse gut zu erfüllen?

Zumindest soweit die Großbanken und als ihre Partner die Großunternehmen betroffen sind, hat sich das frühere konsistente System aufgelöst. Wie gesagt: Für die einzige wirklich verbliebene Großbank war ihr Rückzug auf dem angestrebten Weg zur Weltspitze der Investmentbanken konsequent und ihre strategische Umorientierung konsistent. Ob die Umsetzung dieser Strategie gelungen ist und überhaupt hätte gelingen können und ob sie insofern für die Deutsche Bank auch gut war, steht auf einem anderen Blatt – worauf noch zurückzukommen ist. Doch für das deutsche Finanzsystem als Ganzes bedeuten der Rückzug der Deutschen Bank und die Auflösung des früheren Systems der Großbanken mit ihren charakteristischen Beziehungen zu den großen deutschen Unternehmen und den anderen Teilen des deutschen Finanzsektors nur eines: den Verlust von Konsistenz.

Fehlende Konsistenz bedeutet, dass ein Finanzsystem das Potenzial für Wohlfahrt, das aus der Komplementarität seiner Elemente erwachsen kann, nicht ausnutzt. Damit drängt sich das Urteil auf, dass das deutsche Finanzsystem mit seinem Verlust von Konsistenz schlechter geworden ist.

Eine Folge von Inkonsistenz ist, dass ein Finanzsystem – wie jedes andere System komplementärer Elemente – krisenanfällig ist. Die Finanzkrise von 2007/2008 hat gezeigt, wie anfällig das deutsche Finanzsystem war – und es ist dies vermutlich immer noch –, und damit einen indirekten Beleg für die hier entfaltete These geliefert, dass das deutsche Finanzsystem durch die Veränderungen der Jahre zuvor inkonsistent geworden war.[11]

Man kann die Dinge aber auch anders sehen und meinen, dass der Zusammenbruch eines früher konsistenten, damit aber auch gegenüber Reformen resistenten Systems als Voraussetzung für die Entstehung von etwas Neuem und Besserem nötig ist, sobald sich die sogenannten Rahmenbedingungen verändern. Dafür könnte es auch nötig und sogar

---

[11]Mehr dazu in Kotz und Schmidt (2016).

sinnvoll sein, für eine gewisse Zeit Inkonsistenzen in Kauf zu nehmen, wohl wissend, dass dies den Preis temporärer Wohlfahrtsverluste und einer gewissen Instabilität kostet.[12] Das Fragezeichen in der Überschrift dieses Aufsatzes legt nahe, dass ich eine solche eher euphemistische Sicht der Dinge nicht ausschließen möchte. Sie scheint mir nur nicht plausibel, nicht zuletzt weil weder ich noch, soweit ich weiß, sonst jemand eine Vorstellung davon hat, wie unter den zweifellos veränderten Rahmenbedingungen ein neues und besseres Finanzsystem aussehen könnte. Vor einigen Jahren hätte man vielleicht denken können, ein kapitalmarktorientiertes Finanzsystem des angelsächsischen Typs sei ohnehin besser und deshalb sei es sinnvoll, auf dem Weg dahin temporäre Inkonsistenzen in Kauf zu nehmen. Diese früher immerhin plausibel erscheinende Bewertung überzeugt ohnehin nicht, weil es dafür weder eine theoretische noch eine empirische Basis gibt. Doch jetzt nach der großen Finanzkrise ist auch die Plausibilität verschwunden, denn der Ausgangspunkt der Krise war eines der Musterbeispiele eines solchen kapitalmarktorientierten Finanzsystems und dessen Kernelemente waren ursächlich für die Krise. Damit bleibe ich bei meinem Urteil: Die Veränderungen der letzten Jahre im deutschen Finanzsystem haben – ohne Fragezeichen – zum Verlust eines guten Finanzsystems geführt.

3.5.3 Eine kurze kritische Nachbemerkung

Gerade in der Woche, in der dieser Aufsatz zur Drucklegung vorbereitet werden sollte, hat sich etwas ereignet, was der Einbeziehung in diesen Aufsatz bedarf: Der Vorstand der Deutschen Bank hat Anfang Juli eine wirklich fundamentale Kehrtwende der Strategie der Bank verkündet und für diesen Strategiewechsel auch die vermutlich schon lange angestrebte – und vermutlich ebenso lange verweigerte – Zustimmung des Aufsichtsrates bekommen. Die Führung der Bank will die Rolle des Investment Banking im Konzern Deutsche Bank radikal zurückfahren. Gleichzeitig sollen – trotz der unbedingt nötigen Kostenreduktion durch einen massiven Personalabbau – die Unternehmensteile wie namentlich die Kreditvergabe an große deutsche und ausländische Unternehmen gestärkt werden, die noch vor 25 Jahren den Schwerpunkt des Geschäfts gebildet hatten. Alles zusammen sieht wirklich nach einer Rückkehr zu „den Wurzeln der Deutschen Bank" aus, wie es der seit einem Jahr amtierende neue Vorstandsvorsitzende der Bank Christian Sewing gegenüber der Presse formuliert haben soll. Was ist davon zu halten und was bedeutet es für die Hauptthese dieses Beitrags, dass der letzte große Strategieschwenk der Deutschen Bank von vor etwa 25 Jahren hin zum internationalen Investment Banking eine der wesentlichen Ursachen des Verlusts der Konsistenz des

---

[12]Auf die positive Wirkung von Krisen als Auslöser und Voraussetzung von Innovation und anderen positiven Veränderungen haben vor allem Ökonomen der österreichischen Schule wie Schumpeter und von Hayek hingewiesen.

deutschen Finanzsystems gewesen sein dürfte? Bedeutet die Rückkehr der Deutschen Bank zu „ihren Wurzeln" vielleicht sogar eine Wiedergewinnung dieser so wichtigen Konsistenz?

Ob die jetzt verkündete radikale Strategieänderung der Bank erfolgreich sein und den seit Jahren an schwindenden Erträgen, nicht mehr vorhandenen Gewinnen und einem stetig fallenden Aktienkurs und nicht zuletzt einem unglaublichen Ansehensverlust ablesbaren Niedergang einer einst so wichtigen und hoch angesehenen Bank stoppen und sogar umkehren kann, ist fraglich. Vor sechs oder sieben Jahren, nach dem Ausscheiden von Josef Ackermann als Vorstandsvorsitzendem, wäre eine solche Kehrtwende vermutlich aussichtsreich gewesen. Nötig wäre sie schon damals gewesen, und das Beispiel der mindestens ebenso radikalen und letztlich erfolgreichen Umkehr bei der Schweizer Großbank UBS mit einer fast vollständigen Abkehr von den allzu gefährlichen Investment Banking-Aktivitäten[13] lässt vermuten, dass sie damals auch hätte erfolgreich sein können. Doch seinerzeit blieb die strategische Fixierung auf das Investment Banking unter Jain und Fitschen, den Nachfolgern von Ackermann an der Spitze der Deutschen Bank, uneingeschränkt erhalten.

Aus bankstrategischer Sicht scheint mir die gerade beschlossene und verkündete Kehrtwende der Deutschen Bank auch heute noch geboten. Doch das bedeutet keineswegs, dass sie noch gelingen kann. Vielleicht ist die Bank noch immer stark genug, die Wende zu schaffen, aber vielleicht wiegen auch die in den letzten Jahren erlittenen Verluste und die hohen, unvermeidlichen Kosten der nun vorgesehenen Umstrukturierung zu hoch – und vielleicht ist die Demotivierung der Mitarbeiter auf allen Ebenen zu groß.

Natürlich wäre es ein großer Verlust für die deutsche Wirtschaft, wenn es die einzige noch einigermaßen bedeutende deutsche Bank, eben die Deutsche Bank, ebenso aus dem Markt ausscheiden würde wie vor wenigen Jahren die Dresdner Bank. Ein Finanzsystem eines großen Industrielandes, in dem es keine einzige wirklich starke international tätige und international anerkannte nationale Bank gibt, ist jedenfalls schlechter als eines mit einem solchen Institut, zumindest solange es keine echten pan-europäischen Banken gibt. Doch diese direkte Wirkung einer möglichen „Gesundung" der Deutschen Bank ist nicht der Maßstab, den ich in diesem Beitrag an das deutsche Finanzsystem anlegen wollte.

---

[13]Es ist geradezu pikant, dass die umfassende Umstrukturierung der UBS nach einer sehr schweren Krise in Angriff genommen und erfolgreich umgesetzt worden ist, nachdem der frühere Präsident der Deutschen Bundesbank Axel Weber Verwaltungsratspräsidenten der UBS geworden war. Josef Ackermann, der frühere Vorstandsvorsitzende der Deutschen Bank, hätte bekanntlich Weber gern als seinen Nachfolger gesehen. Damit konnte er sich aber nicht durchsetzen und statt Weber gelangte mit Anju Jain der oberste Investment-Banker der Deutschen Bank an die Unternehmensspitze. Dass dies nicht zu einer Einschränkung des Investment Banking führen würde, obwohl diese schon damals die sinnvollste strategische Orientierung der Bank gewesen sein dürfte, konnte man erwarten, zumal auch der Aufsichtsratsvorsitzende der Deutschen Bank, Paul Achleitner allein wegen seiner früheren Tätigkeit als Deutschland-Chef der amerikanischen Investmentbank Goldman Sachs als ein entschiedener Befürworter des Investment Banking einzustufen ist.

Was würde eine erfolgreiche Kehrtwende der Deutschen Bank, die in der Tat darin bestehen soll, genau die Entwicklungen in der Bank rückgängig zu machen, die einst wesentlich dazu beigetragen haben, dass das gesamte deutsche Finanzsystem seine Konsistenz verloren hat, für ebendiese Konsistenz bedeuten? Würde sie wieder entstehen, ja könnte sie überhaupt wieder entstehen?

Der Strategiewechsel der Deutschen Bank um die Jahrtausendwende herum war meiner Einschätzung nach sehr wichtig für den beschriebenen Verlust der Konsistenz des deutschen Finanzsystems. In gewisser Weise war er auch ursächlich. Doch die Beziehung zwischen dem damaligen Strategiewechsel der Deutschen Bank und der – negativen – Veränderung des deutschen Finanzsystems ist nicht so einfach, wie man denken könnte, und dies liegt in den systemischen Zusammenhängen eines Finanzsystems begründet: Die Deutsche Bank hatte früher die zentrale Position im deutschen Finanzsektor und sogar dem ganzen Finanzsystem inne – und diese zentrale Position hat sie verloren bzw. sogar bewusst aufgegeben und damit das ganze früher in sich stimmige deutsche Finanzsystem verändert. Die tendenzielle Abwendung von den deutschen Großunternehmen als ihrer wichtigsten Kundengruppe, die Einschränkung ihrer Kreditvergabe an die Unternehmen, der Rückzug aus ihrer früheren prägenden Rolle im gesamten Finanzsektor und aus der Corporate Governance der großen nicht-finanziellen Unternehmen – all das hat Anpassungsreaktionen im Finanzsektor und im Finanzsystem ausgelöst, deren Bedeutung weit hinaus geht über das, was sich damals bei der Deutschen Bank verändert hat. Es hat die Strukturen im Finanzsystem und die Verhaltensweisen der Akteure verändert, und dies ist selbst dann, wenn er gelänge, durch einen rückwärtsgewandten erneuten Strategieschwenk nicht rückgängig zu machen. Auch wenn sich die Deutsche Bank jetzt weitgehend aus dem Investment Banking zurückzieht, wie sie es angekündigt hat, leben damit natürlich nicht quasi automatisch ihre Hausbankbeziehungen wieder auf. Ihre umfangreichen Unternehmensbeteiligungen, die in dem früheren System eine so wichtige Funktion hatten, können natürlich nicht einfach zurückgekauft werden. Ob die großen deutschen Industrieunternehmen plötzlich wieder freudig auf die möglicherweise demnächst weniger reservierten Kreditangebote der Deutschen Bank eingehen werden, kann man getrost bezweifeln. Das Vertrauen der Kunden und Geschäftspartner erblüht auch nicht einfach wieder, nur weil die Bank verkündet, dass sie sich aus weiten Teilen des Investment Banking zurückzieht. Auch dürfte ihr Strategiewechsel der Deutschen Bank kaum die Chance eröffnen, wieder zur prägenden Kraft im deutschen Finanzsektor zu werden. Kurzum, was sich in den Anfangsjahren des neuen Jahrhunderts verändert hat, dürfte weitgehend unumkehrbar sein.

Selbst wenn es Christian Sewing und seinen Kolleginnen und Kollegen im Vorstand der Deutschen Bank gelingt, das sprichwörtliche Steuer mit Entschlossenheit herumzureißen – was wirklich zu wünschen ist – dann ist damit noch längst nicht die frühere Konsistenz des deutschen Finanzsystems wieder hergestellt. Für die Deutsche Bank, ihre Aktionäre, Kunden und Mitarbeiter ist der Erfolg der jetzt ausgerufenen Rückkehr „zu den Wurzeln der Deutschen Bank" wichtig, für die Qualität des deutschen Finanzsystems – genauer: die Konsistenz als Determinante dieser Qualität – ist er hingegen inzwischen weitgehend belanglos geworden.

3.6 Was hat die Veränderung des deutschen Finanzsystems mit Ethik zu tun?

Was in der großen Finanzkrise und der darauffolgenden Schuldenkrise geschehen ist, hat selbstredend auch mit Ethik zu tun und Finanzkrise bzw. Schuldenkrise sind ebenfalls nicht ohne Bezug auf die Veränderungen in den Finanzsystemen der großen Industrieländer wie den USA, Großbritannien und Deutschland zu begreifen. Die Krise hatte auch massive negative Auswirkungen auf Menschen, die kaum Verbindungen zum Finanzsektor hatten, und möglicherweise hat sie auch zur Fragmentierung der westlichen Industriegesellschaft und deren negativen Konsequenzen geführt, von denen wir jeden Tag hören und lesen.

Man kann auch einen sehr einfachen Zusammenhang zwischen den Veränderungen der Finanzsysteme und der Finanzkrise herstellen: Hätte sich das Finanzsystem der USA in den letzten Jahren nicht massiv verändert und wäre es nicht zu einer Welle von Deregulierung und Liberalisierung gekommen, wäre die große Krise vermutlich überhaupt nicht entstanden. Und hätte sich das deutsche Finanzsystem nicht auch verändert, wäre die Krise nicht so massiv auf Deutschland übergeschwappt.

Diese einleitenden Überlegungen legen nahe, die Veränderungen des deutschen Finanzsystems unter zwei – gewiss ethisch relevanten – Gesichtspunkten zu betrachten. Der erste (mit A bezeichnet) ist, wie sich die Veränderungen auf die Menschen auswirken, insbesondere solche, die nicht oder nur in elementarer Weise mit dem Finanzsektor verbunden sind. Der zweite (mit B bezeichnet) ist, was die Veränderungen für die „Qualität der Gesellschaft" bedeuten, wie es der Nobelpreisträger Robert Shiller mit dem Titel seines Buches „Finance and the Good Society" (2012) anspricht und in dem Buch thematisiert. Beide Beurteilungsmaßstäbe verwende ich in diesem Schlussabschnitt.

Dabei gibt es allerdings eine Schwierigkeit, die durch die vorangegangenen Ausführungen deutlich werden sollte: Wie sind die Veränderungen des deutschen Finanzsystems während der letzten 20 Jahre so auf einen möglichst knappen Nenner zu bringen, dass man fragen kann, wie sie gemäß der Maßstäbe A und B ethisch einzuordnen sind. Ich hatte in den vorangegangenen Abschnitten zeigen wollen, dass man die Veränderungen im deutschen Finanzsystem entweder (1) als graduelle Veränderungen im Sinne einer Hinwendung zu eine stärkeren Kapitalmarktorientierung oder (2) eher als Modernisierung des bankorientierten Finanzsystems oder aber (3) als den Verlust der früheren Konsistenz des Finanzsystems deuten kann. Ich neige zwar eher der mit (2) als der mit (1) bezeichneten Deutung zu und mehr als die Deutungen (1) und (2) scheint mir die unter (3) genannte zuzutreffend, aber darüber kann man streiten. Deshalb will ich bewusst schematisch die beiden genannten Beurteilungsmaßstäbe auf alle drei Einschätzungen der Veränderungen anwenden. Dass dies ein spekulatives Unterfangen ist und nicht frei von subjektiven Wertungen sein kann, versteht sich von selbst.

(1-A) Strukturwandel und die Rolle der Betroffenen: Wie ich im Abschnitt 2a erläutert habe, spricht wenig für die verbreitete Vorstellung, dass ein kapitalmarktorientiertes Finanzsystem gesamtwirtschaftlich und damit auch aus der Sicht von Betroffenen, die nicht Eigentümer von Finanzinstitutionen sind, besser ist. Im Gegenteil würde eine stärkere Kapitalmarktorientierung, wie die Krise gezeigt hat, eine größere Instabilität des Finanzsektors und mehr Unsicherheit für Einkommen und Arbeitsplätze der Menschen bedeuten. Zudem hätte sie vermutlich auch eine größere Ungleichheit von Einkommen und Vermögen zur Folge. Dies sind Effekte, die von vielen betroffenen Menschen aus guten Gründen mindestens als verunsichernd, wenn nicht sogar als bedrohlich wahrgenommen werden. Allein deshalb kann man einem möglichen Strukturwandel des Finanzsystems mit ethischen Vorbehalten begegnen.

(1-B) Strukturwandel und „die gute Gesellschaft": Nach in Deutschland verbreiteten Vorstellungen sind ein geringes Maß an Konflikten, eine gewisse Zurückhaltung bei deren Austragung und alle möglichen Formen partnerschaftlichen Verhaltens Merkmale einer guten Gesellschaft.[14] Ein Wechsel hin zu einem kapitalmarktorientierten System wäre mit diesen tradierten Eigenschaften von Wirtschaft und Gesellschaft in Deutschland kaum vereinbar und sie würden sich deshalb vermutlich auch nicht erhalten. Darüber hinaus ist eine gute Gesellschaft nicht mit den zu erwartenden größeren Einkommens- und Vermögensunterschieden vereinbar, die ein Systemwechsel im Finanzsystem mit sich bringen würde. Eine Entwicklung in diese Richtung hat, wie man aktuell beobachten kann, entsolidarisierende und konfliktverschärfende Effekte, sie würde die Ungleichheit der Verteilung verstärken und somit all die Nachteile mit sich bringen, die Kritiker gegen die „Finanzialisierung" oder den „Finanzmarktkapitalismus" (Windolf 2005) ins Feld führen.

(2-A) Modernisierung und die Rolle der Betroffenen: Wenn man die Veränderungen als Modernisierung deutet, wozu ich eher neige, kann man diese durchaus positiv sehen. Ein gestärkter Kapitalmarkt eröffnet Unternehmen Finanzierungsoptionen und damit größere Wachstums- und Beschäftigungsoptionen und Privatpersonen bessere Möglichkeiten der Vermögensbildung und -erhaltung, auch wenn diese weniger sicher sind. So wie die Veränderungen in Deutschland bisher jedoch abgelaufen sind, steht diesen möglichen Vorteilen ein vermutlich abnehmendes Potenzial der Einflussnahme im Rahmen der Corporate Governance gegenüber, weil der Rückzug der Banken und die stärkere Ausrichtung der Manager am „Shareholder Value" auch einen verringerten Einfluss von Arbeitnehmern auf die Unternehmen mit sich bringen dürfte. Zudem gefährden die fak-

---

[14]Der Gedanke an die von Müller-Armack so bezeichnete „irenische", also friedenstiftende, Funktion der von ihm wohl als erstem so bezeichneten „sozialen Marktwirtschaft" drängt sich hier geradezu auf.

tisch beobachtbaren Veränderungen, auch wenn man sie insgesamt als Modernisierung einzustufen bereit ist, zumindest die Unternehmensfinanzierung und indirekt damit auch Beschäftigung und Einkommen.

(2-B) Modernisierung und „die gute Gesellschaft": Sieht man wie die meisten Menschen in Deutschland die genannten Merkmale wie Konfliktbeschränkung, Partizipation und größere Gleichheit, die der Tendenz nach eher zu einem bankorientierten Finanzsystem passen, als wünschenswert an, wird man eine Modernisierung des Finanzsystems im Prinzip auch als ethisch positiv begrüßen. Hinzu kommt, dass mit einer erfolgreichen Modernisierung auch eine „Entkrustung" starrer und intransparenter Machtstrukturen und eine wachsende Offenheit für alle, also ein gewisses Maß an Demokratisierung einhergehen. Noch wichtiger dürfte allerdings sein, dass sie die Chancen erhöhen könnte, eine insgesamt positiv bewertete Struktur von Wirtschaft und Gesellschaft langfristig zu erhalten. Dafür müssen allerdings zwei Voraussetzungen erfüllt sein: Erstens dürfen bei der Modernisierung nicht zu viele der positiv bewerteten Merkmale verloren gehen und zweitens muss das System als Ganzes funktionsfähig bleiben. Dies leitet zu dem meines Erachtens entscheidenden Punkt über.

(3-A) Verlust der Konsistenz und die Rolle der Betroffenen: Inkonsistenz führt zu Wohlfahrtsverlusten und Instabilität. Die Folgen davon haben auch viele Menschen zu tragen, die nicht eng mit dem Finanzsektor verbunden sind. Ihre Arbeitsplätze, ihre Ersparnisse und ihre Renten und Pensionen geraten in Gefahr, wenn ein Finanzsystem dauerhaft und nicht nur für eine kurze Übergangsphase inkonsistent wird. Inkonsistenz kann zu Krisen führen. Was dies für die betroffenen Menschen bedeutet, haben die letzten Jahre ja hinreichend gezeigt. Allein deshalb sind Veränderungen, die die Konsistenz eines Finanzsystems zerstören oder auch nur gefährden können, allein mit dem Blick auf die Betroffenen auch ethisch bedenklich.

(3-B) Verlust der Konsistenz und „die gute Gesellschaft": Es ist nicht schwer, sich die negativen gesamtgesellschaftlichen Auswirkungen eines dauerhaften Verlustes der Konsistenz eines Finanzsystems auszumalen. Radikaler, rücksichtsloser Egoismus bis hin zu Betrug und anderem strafwürdigem Verhalten, heftige Konflikte, massive Einkommens- und Vermögensverluste, Marginalisierung und pure Existenzangst können zu starken gesellschaftlichen Spannungen mit all ihren negativen Folgen führen. Deshalb gehört es nicht zu einer „Good Society", Politiken und Verhaltensweisen zu fördern, die solche Konsequenzen haben oder auch nur haben könnten. Finanzsysteme sind nicht ethisch neutral.

Literatur

Allen F, Gale D (2000) Comparing financial systems. Cambridge University Press, Cambridge
Allen F, Santomero A (2001) What do financial intermediaries do? J Bank Finance 25:271–294
Behr P, Schmidt RH (2016) The German banking system. In: Beck T, Casu B (Hrsg) The palgrave handbook of European banking. Palgrave-Macmillan, London, S 541–566
Brynjolfsson E, Milgrom P (2013) Complementarities in organizations. In: Gibbons R, Roberts J (Hrsg) Handbook of organizational economics. Princeton University Press, Princeton, S 11–55

Elsas R, Krahnen JP (1998) Is relationship lending special: evidence from credit file data in Germany. J Bank Finance 22:1283–1316

Franks J, Mayer C (1994) Corporate control: a comparison of insider and outsider systems, Working Paper, London Business School

Hackethal A (2000) Banken, Unternehmensfinanzierung und Finanzsysteme. Lang, Frankfurt

Hackethal A, Schmidt RH (2000) Finanzsystem und Komplementarität. Kredit und Kapital, Sonderheft 15 „Finanzmärkte im Umbruch", Berlin, S 53–102

Hackethal A, Schmidt RH (2005) Financing patterns: measurement concepts and empirical results, Goethe-Universität Frankfurt, Working Paper Series: Finance and Accounting, No. 125

Hackethal A, Schmidt RH, Tyrell M (2005) Banks and corporate governance in Germany: on the way to a market-based system? Corporate Governance: An International Journal 13:397–407

Hackethal A, Schmidt RH, Tyrell M (2006) The transformation of German financial system. Revue d'économie politique 117:431–456

Hackethal A, Tyrell M (1999) Complementarity and financial systems, Universität Frankfurt, Working Paper Series: Finance and Accounting No. 10

Hall PA, Soskice D (2001) An introduction to varieties of capitalism. In: Hall PA, Soskice D (Hrsg) Varieties of capitalism: the institutional foundations of comparative advantage. Oxford University Press, Oxford

Hardie I, Howarth D (2013) Market-Based banking and the international financial crisis. Oxford University Press, Oxford

Höpner M (2006) Wer beherrscht die Unternehmen? Shareholder Value, Managerherrschaft und Mitbestimmung in Deutschland. Campus, Frankfurt

Janssen S (2009) British and German banking strategies. Palgrave-MacMillan, Basinstoke

Kotz H-H, Schmidt RH (2016) Corporate governance of banks – a German alternative to the "Standard Model". Zeitschrift für Bankrecht und Bankwirtschaft (ZBB)/Journal of Banking Law and Banking (JBB) 28:427–444 (auch SAFE White Paper 45)

Levine R (1999) Financial development and economic growth: views and agenda. J Econ Lit 35:688–726

Milgrom P, Roberts J (1992) Economics, organization and management. Prentice Hall, Englewood Cliffs

Rieckers O, Spindler G (2004) Corporate governance: legal aspects. In: Krahnen JP, Schmidt RH (Hrsg) The German financial system. Oxford University Press, Oxford, S 350–385

Schmidt RH (2004) Corporate governance: an economic perspective. In: Krahnen JP, Schmidt RH (Hrsg) The German financial system. Oxford University Press, Oxford, S 386–424

Schmidt RH, Hackenthal A, Tyrell M (1999) Disintermediation and the role of banks in Europe: an international comparison. J Fin Intermed 8:36–67

Schmidt RH, Tyrell M (2004) What constitutes a financial system in general and the German financial system in particular? In: Krahnen JP, Schmidt RH (Hrsg) The German financial system. Oxford University Press, Oxford, S 19–67

Shiller RJ (2012) Finance and the good society. Princeton University Press, Princeton

Windolf P (2005) Finanzmarktkapitalismus: Analysen zum Wandel von Produktionsregimen. Kölner Zeitschrift für Soziologie und Sozialpsychologie, Sonderheft 45, VS Verlag, Wiesbaden, S 8–19

Die Revitalisierung der Idee der Sozialen Marktwirtschaft

Ulrich Thielemann

Zusammenfassung

Um das Jahr 1980 herum wurde die überall in den entwickelten Volkswirtschaften der Nachkriegszeit etablierte Soziale Marktwirtschaft von einem neoliberalen Regime abgelöst. Seit dem Ausbruch der Finanzkrise im Jahre 2008 mehren sich heute, mit einiger Verspätung, die Stimmen, die für eine Revitalisierung der Idee der Sozialen Marktwirtschaft plädieren. Eine solche Renaissance bedeutet nicht Restauration, sondern Fortsetzung des lange zuvor begonnenen progressiven Projekts der demokratischen Einbettung, Bändigung und Dienstbarmachung der Marktkräfte. Der Gedanke einer sozialen, ethisch qualifizierten Marktwirtschaft bedarf der fortwährenden Erneuerung und Anpassung. Er basiert im Kern auf drei Pfeilern, die in verschiedenen Graden und Mischungsverhältnissen verwirklicht sein mögen: 1) der Zähmung der Marktdynamik durch Regulierung, 2) der verteilungspolitischen Abmilderung der Folgen des Wettbewerbs sowie 3) der Entwicklung und Pflege einer Wirtschaftskultur der Mäßigung und der Fairness im Umgang miteinander.

4.1 Zur Notwendigkeit einer Revitalisierung der Sozialen Marktwirtschaft

Derzeit scheint die mehr als drei Jahrzehnte währende Hegemonie des Neoliberalismus zumindest zweifelhaft geworden zu sein. Dies zum einen durch die Finanzkrise 2008, mit der „die Illusion von den heilenden freien Märkten implodiert" sei und das Dogma,

U. Thielemann (✉)
MeM – Berliner Denkfabrik für Wirtschaftsethik e. V., Berlin, Deutschland
E-Mail: ulrich.thielemann@mem-wirtschaftsethik.de

„wonach es im Zweifel am besten ist, noch mehr zu deregulieren, zu kürzen und Grenzen zu öffnen", an Überzeugungskraft verloren habe (Fricke 2017a, b). Die Auffassung, dass mit dieser Krise „das Zeitalter des Markttriumphalismus zu Ende gegangen" sei (Sandel 2012, S. 6), ist allerdings durchaus nicht unstrittig. Manche sehen den Neoliberalismus gar stärker als zuvor etabliert.[1]

Zum anderen, und dies ist jüngeren Datums, ist diese Hegemonie durch das Erstarken „rechtspopulistischer", nationalistischer, xenophob-autoritaristischer, also antiuniversalistischer Kräfte, wenn nicht „kollabiert" (Fraser 2017, S. 71), so doch zumindest infrage gestellt worden. Insoweit dies der Fall ist, so weniger, weil die rechtspopulistischen Parteien selbst eine dem Neoliberalismus entgegenstehende Politik betrieben bzw. zu betreiben beabsichtigten. In der Regel trifft das genaue Gegenteil zu.

So hat das Programm der AfD eine dezidiert marktlibertäre Ausrichtung (vgl. Kaufmann 2016). Auch wenn xenophob-autoritäre bzw. rechtspopulistische Parteien überwiegend marktlibertär ausgerichtet sind, so zielen ihre wirtschafts- und sozialpolitischen Programmatiken vereinzelt jedoch auch auf Marktregulierung und Umverteilung ab. Dies gilt vor allem für in Ost- und Südosteuropa beheimatete rechtspopulistische Parteien (vgl. Inglehart und Norris 2016, 19–23). Möglicherweise zeigt sich hier ein Trend bzw. eine sozialpolitische Kehrtwende innerhalb des Lagers der autoritären Rechten: weg vom alten „winning formula" eines antietatistisch motivierten autoritären Neoliberalismus (Kitschelt und McGann 1995) hin zu einem partikularistischen „Wohlfahrts-Chauvinismus" (vgl. Harteveld 2016; Ennenser-Jedenastik 2016).

Die entscheidende Ausnahme von der Allianz zwischen Neoliberalismus und Rechtspopulismus bildet das Feld des Freihandels. Die Administration Trump und ihr Umfeld wie überhaupt die den Republikanern zuneigenden Wähler, die sich in jüngerer Zeit mit weit überwiegender Mehrheit von Befürwortern zu Gegnern des Freihandels gewandelt haben (Pew Research Center 2016, S. 4), scheinen von der Vision beseelt zu sein, dass Marktregulierung, Sozialstaat und Umverteilung, die sie als „Sozialismus" ablehnen, nur darum bestünden, weil ein Freihandelsregime herrscht. Diese Position vertritt etwa der zwischenzeitlich geschasste Trump-Berater Steve Bannon mit seinem Konzept eines „ökonomischen Nationalismus" (vgl. Guilford und Sonnad 2017, S. 57–60), was im Kern der Position der Republikanischen Partei während ihrer langen Hegemonie zwischen 1865 und 1932 entspricht: Ein schwacher Sozialstaat und schwache Gewerkschaften sollten durch hohe Schutzzölle erträglich gemacht werden (vgl. Flechter 2009, S. 136–137)

---

[1]Das Beharrungsvermögen und die tiefe Verwurzelung des neoliberalen Denkens innerhalb der Wirtschaftswissenschaften und im Kreise politischer Experten und Berater hat Philip Mirowski (2013) prägnant herausgearbeitet (vgl. auch Crouch 2011; Butterwegge et al. 2017). Stephan Kaufmann (2015) macht darauf aufmerksam, dass die neoliberale Politik „ausgerechnet durch ihr Scheitern: durch die globale Finanz- und Wirtschaftskrise … radikalisiert" wurde, nämlich durch die Austeritätspolitik der „Troika" im Zusammenhang der Eurokrise, deren Ausbruch wiederum eine direkte Folge jener Krise ist.

> Wenn verhindert werden soll, dass die USA, hervorgerufen durch ihren ökonomischen Niedergang, in einen elenden sozialistischen Sumpf hinabgezogen werden, dann muss der Freihandel sobald wie möglich durch irgendeine Art eines bedächtigen Protektionismus ersetzt werden. (Flechter und Shearer 2012, S. 22)

Trump und die Neue Rechte deuten dies so, dass ein hartes neoliberales Austeritäts- und Deregulierungsregime nach innen dann in besonderem Maße unnachgiebig verfolgt werden darf, wenn im Außenverhältnis vom Freihandel Abstand genommen wird, denn, so ihre simple Logik, allein ausländische Kräfte können es gewesen sein, die „uns unsere Jobs gestohlen" haben.[2]

Vom nationalistischen, xenophoben Furor der Neuen Rechten, der ihnen endlich eine Stimme zu geben scheint, fühlen sich offenbar vor allem mit bestimmten, rechtsaffinen, autoritären Dispositionen ausgestattete „Modernisierungsverlierer" (Wilhelm Heitmeyer)[3] oder „Verbitterte"[4] angesprochen – oder auch jene, die qua verstärkt „unternehmerischer" Lebensführung zwar ihren ökonomischen Status halten, aber alles daran setzten müssen, zu jenen Gruppen nicht zu gehören und sich so gezwungen sehen, „ihr Leben nach ökonomischen Prinzipien auszurichten" (Heitmeyer 2018, S. 201).[5] Eine Stärkung dieser Kräfte durch entsprechende politische Angebote dürfte die Fortsetzung des Regimes offener und weiter zu öffnender Märkte (einschließlich der Absicherung dieser Öffnung zugunsten der Investoren durch Investitionsschiedsverfahren) infrage stellen, nicht nur auf dem Felde der Personenfreizügigkeit. Der Internationale Währungsfonds (IMF 2016, S. 87) plädiert daher für Maßnahmen zur Umverteilung der Marktergebnisse bzw. für „wirtschaftliche Fairness" – allerdings nicht um ihrer selbst willen, sondern „um das soziale Vertrauen wiederherzustellen und die öffentliche Unterstützung für Reformen zu fördern" (Lagarde 2017). Gemeint sind selbstverständlich neoliberale Reformen.

Der Neoliberalismus war angetreten, der Herrschaft des Marktprinzips in allen Lebenslagen und Gesellschaftsdimensionen zum Durchbruch zu verhelfen. Dies betrifft zum einen die Etablierung eines Denkstils, der Vorteilsstreben und Erfolgsmaximierung zum Inbegriff „rationalen" Handelns erhebt und allen entgegenstehenden Vernunftdimensionen ihre Berechtigung nehmen will. Politisch besteht der Neoliberalismus in der Zurückdrängung und Abwicklung des in der Nachkriegszeit (bzw. zuvor schon im New Deal und ansatzweise im Deutschland der Weimarer Zeit) etablierten Modells einer

---

[2]In seiner Rede zur Handelspolitik als Präsidentschaftskandidat sagte Donald Trump: „Our politicians have aggressively pursued a policy of globalization, moving our jobs, our wealth and our factories to Mexico and overseas." Time Staff (2016).
[3]gl. zur Begriffsgeschichte Spier (2010, S. 57).
[4]Bude (2014, S. 58, 2016). Vgl. auch Poutvaara und Steinhardt (2015).
[5]Hilmer et al. (2017) stellen fest, dass AfD-Wähler häufiger als Wähler anderer Parteien von Abstiegsängsten geprägt sind, sich zurückgesetzt fühlen, Kontrollverluste empfinden und angeben, im Vergleich zu ihren Eltern einen sozialen Abstieg erlebt zu haben.

sowohl habituell gemäßigten[6] als auch regulativ gezähmten Marktdynamik, deren Folgen überdies durch Systeme der sozialen Sicherung abgemildert wurden. Für dieses Modell hat sich in Deutschland, jedenfalls im Verständnis breiter Bevölkerungskreise, der Name „Soziale Marktwirtschaft" etabliert.

„Soziale Marktwirtschaft" im neoliberalen Verständnis
Der Begriff „Soziale Marktwirtschaft" wird hingegen häufig so gedeutet, dass eine wahrhaft markt-wettbewerblich ausgerichtete Wirtschaft aus sich heraus bereits „soziale" (faire) Ergebnisse zeitige und damit „gut" funktioniere. Entsprechend stellen Neoliberale, wenn sie beim Werben um „mehr Markt" von „Marktwirtschaft" sprechen, dieser routinehaft das Adjektiv „sozial" voran. Dies war tatsächlich der intendierte Sinn der von den Neo- und Ordoliberalen reklamierten Formel einer „Sozialen Marktwirtschaft", von der daher „verwirrende Signale" ausgingen. Denn nur „der innere Kern ihrer Anhängerschaft wusste, dass damit [lediglich, A. d. V.] die Bindung der Marktwirtschaft an eine staatlich garantierte Ordnung des Wettbewerbs gemeint war." (Abelshauser 2009, S. 21) Staatlich garantiert muss diese sein, weil die Ordoliberalen davon ausgehen, dass der „freie" Wettbewerb sich selbst zerstört, einem „unverfälschten" und (durch Wettbewerbspolitik) unbegrenzt gehaltenen Wettbewerb aber umfassende „segensreiche" und „soziale" Wirkungen zugeschrieben werden (vgl. Thielemann 2010, S. 284–285). Für Ludwig Erhard war das Attribut „sozial" nur eine „Verkaufsformel" für ein streng markt-wettbewerbliches Regime (vgl. Gerhard Schwarz zit. nach Plehwe und Walpen 1999, S. 22.).

Ulrich Busch und Rainer Land (2013) charakterisieren die Nachkriegswirtschaft als „Teilhabekapitalismus", die durch Massenproduktion und Massenkonsum gekennzeichnet war. Historisch ist von dem „Beinahe Goldenen Zeitalter" (Reich 2008, S. 16–18, 28–71) eines regulierten und in marktfremde Gesichtspunkte der Fairness und Sinnhaftigkeit habituell „eingebetteten" (Karl Polanyi, Wilhelm Röpke) Marktes die Rede (vgl. Deutschmann 2015; Streeck 2007) sowie von den „Trente Glorieuses" (Jean Fourastié), die tatsächlich „Wohlstand für alle" (Ludwig Erhard) schufen und dabei, worauf vor allem Thomas Piketty (2014, S. 181–185, 187–199) in jüngerer Zeit aufmerksam gemacht hat, mit einer bislang nie da gewesenen Reduzierung von Einkommens- und Vermögensdisparitäten einhergingen, weshalb auch von einer Ära der „Great Compression" die Rede ist. Angela Merkel forderte nach dem Schock der Finanzkrise 2008 eine Rückbesinnung auf die Ideen einer wahrhaft sozialen Marktwirtschaft, die sie „Menschliche Marktwirtschaft" nannte.[7] Doch möglicherweise ist „die Rhetorik des Wettbewerbs und des Marktes als universeller Problemlösungsinstrumente" bereits allzu fest etabliert, als dass „die von der globalen Finanzkrise erzeugten Zweifel an den nur segensreichen Wirkungen der Umstellung aller gesellschaftlichen Verhältnisse auf Märkte" in Öffentlichkeit und Expertenzirkeln auf eine für einen politischen Paradigmenwechsel

---

[6]Vgl. für die USA Christansen (2015); für Deutschland Hiß (2009).
[7]Vgl. zu Quellen und Einordnung Thielemann (2009, S. 17).

hinreichende Resonanz stießen (Münch 2011, S. 346).[8] Dies liege unter anderem auch daran, dass ein „wirklich überzeugendes neues Leitbild" bislang nicht existiere (Fricke 2017a).

Genauer müsste man wohl sagen: Weil dieses Leitbild nicht mehr präsent ist und durch die seit etwa drei Dekaden herrschende Dominanz des neoliberalen Zeitgeistes zu delegitimieren versucht wurde. Es liegt nämlich mit dem Konzept einer „sozialen", d. h. einer ethisch zu qualifizierenden Marktwirtschaft im Kern bereits vor. Die historisch in der Nachkriegszeit wie unvollständig und unzulänglich auch immer etablierte Soziale Marktwirtschaft wurde allerdings auch nie „aus einem Guss" auf den Weg gebracht und insofern nicht als Leitbild konzise formuliert. Sie ergab sich vielmehr aus dem Zusammenspiel verschiedener gesellschaftlicher Kräfte und fundamental-ökonomischer sowie technischer Entwicklungen. Zu letzteren zählen insbesondere Fordismus und industrielle Massenproduktion.[9] Auf die neo- und ordoliberalen Väter kann man sich dabei, von Müller-Armack abgesehen, nicht berufen, denn das Soziale an der Sozialen Marktwirtschaft wurde durchaus gegen deren Willen etabliert.[10] Es waren, jedenfalls in Deutschland, vor allem Vertreter der katholischen Soziallehre, die das Soziale in die Marktwirtschaft brachten (Emunds 2010). Daher das Diktum Ralf Dahrendorfs (2004, S. 12 f.), „Soziale Marktwirtschaft" sei „Ludwig Erhard plus katholische Soziallehre".[11] Für die Etablierung einer sozial regulierten, auf breite Teilhabe abzielenden Marktwirtschaftsordnung nach dem Zweiten Weltkrieg dürfte auch die Nachkriegssolidarität eine bedeutende Rolle gespielt haben.[12] Überdies war der Marktlibertarismus durch die Erinnerung an die Große Depression weitgehend delegitimiert.

> „Im Jahre 1945 glaubten nur noch wenige an die wundersame Kraft des Marktes." (Judt 2010, S. 55)[13]

Die Leitidee einer Sozialen Marktwirtschaft lässt sich als „Zivilisierung und Zähmung der kapitalistischen Dynamik" fassen (Habermas 2011, S. 102).[14] Soziale Marktwirtschaft ist dabei als ein formales Konzept zu verstehen, nicht als die sich historisch

---

[8]Der skeptischen Auffassung Münchs, dass diese Zweifel damals „sehr wahrscheinlich zu spät" kamen und die Menschheit damit für alle Zeiten als der Marktherrschaft unterworfen vorgestellt werden muss, wird hier allerdings aus systematischen Gründen nicht gefolgt.
[9]Vgl. den Überblick in Huffschmid (2002, S. 108–119).
[10]Vgl. Abelshauser (2009, S. 23–24). Vgl. zur Gegnerschaft der Neo- bzw. Ordoliberalen gegen die von Adenauer 1953 angekündigten „umfassenden Sozialreformen" im Allgemeinen sowie gegen die große Rentenreform von 1957 im Besonderen Hockerts (1980, S. 242–246, 336–351), sowie Hockerts (1977, S. 367–372); vgl. zu den Auseinandersetzungen über die ebenfalls 1957 eingeführten Arbeitslosenhilfe Bollmann (2008).
[11]Vgl. zu weiteren Kräften Katterle (2001, S. 733).
[12]Vgl. für Deutschland Bude (2015, S. 31–32). Für die USA Stiglitz (2015, S. 184).
[13]Vgl. für Deutschland Abelshauser (2011, S. 87).
[14]Vgl. auch Ulrich (2010) mit dem programmatischen Titel „Zivilisierte Marktwirtschaft".

einmal in bestimmter Weise manifestierte Form. Es basiert im Kern auf zwei staatspolitischen Pfeilern und einem kulturellen Pfeiler:

1. Zähmung der Marktdynamik durch Regulierung,
2. verteilungspolitische Abmilderung der Folgen des Wettbewerbs sowie
3. Entwicklung und Pflege einer Wirtschaftskultur der Mäßigung und der Fairness im Umgang miteinander.

Alle drei Pfeiler sind unverzichtbar, können jedoch in verschiedenen Kombinationen ihrer jeweiligen Stärke institutionalisiert werden. Dies ist eine historische bzw., mit Blick auf die Zukunft, eine politische Frage.

Ein vierter Pfeiler ließe sich anführen: die öffentliche Daseinsvorsorge (etwa in den Bereichen Energie, Wasser, Verkehr, Entsorgung, Telekommunikation, Rundfunk, Bildung, Gesundheit usw.). Diese wurde einst deutlich weitergehender als heute (nach diversen Privatisierungsrunden) durch Unternehmen in öffentlicher Hand bereitgestellt. Hierfür sprachen und sprechen nach wie vor drei Gründe (vgl. Schulmeister 2018, S. 318): Erstens wirken hier zumeist Netzwerkeffekte, sodass einem privaten Anbieter aufgrund des damit verbundenen „natürlichen Monopols" erhebliche Markt- und Erpressungsmacht zukäme. Zweitens sind die Kosten in die Errichtung und Wartung der Infrastrukturen sehr hoch, in der Regel zu hoch für private, insbesondere für nicht „geduldige" Investoren. Drittens handelt es sich um Leistungen, die „für die Teilhabe am gesellschaftlichen Leben essenziell" sind. – Gleichwohl wird hier die öffentliche Daseinsvorsorge nicht in die Reihe der für eine Soziale Marktwirtschaft konstitutiven Pfeiler aufgenommen, da nicht vollkommen auszuschließen ist, ob nicht bei entsprechender regulativer Ausgestaltung durch den „Gewährleistungsstaat" die Aufgaben der Daseinsvorsorge nicht auch durch Private gut erfüllt werden können. (Vgl. zu dieser Diskussion Priddat 2009, S. 17–21; skeptisch Engartner 2017). Wobei allerdings auch vorauszusetzen wäre, dass die Leistungserbringer an eben dieser guten Aufgabenerfüllung als Professionals primär intrinsisch orientiert sind, statt allein an höchstmöglichen Gewinnen interessiert zu sein, womit die Tätigkeit selbst zu einem austauschbaren Mittel dafür würde. Dass eine öffentlich bewerkstelligte Daseinsvorsorge nicht zu den konstitutiven Pfeilern einer Sozialen Marktwirtschaft zählt, bedeutet nicht, dass sie in einem Gegensatz zu ihr stünde oder einen Fremdkörper bildete. Sie wird hier lediglich als eine, ggf. notwendige, Ergänzung begriffen.

In diesem zuvor beschriebenen formalen und offenen Verständnis ist eine soziale bzw. sozial-ökologische, eine eingebettete, „zivilisierte" oder „menschliche" Marktwirtschaft ethisch alternativlos. Die eine der beiden einzigen anderen Alternativen, das neoliberale Programm der Transformation der Gesellschaft in eine totale Marktgesellschaft, ist ethisch ebenso wenig tragfähig wie die andere, die buchstäblich unvorstellbare Vision der Abwesenheit von Marktinteraktionen.[15]

---

[15]Vgl. zum letzten Punkt beispielsweise Ulrich (2016, S. 361); Collier (2018, S. 34–35, 38); exemplarisch erhellend Sennett (2008, S. 43–48).

Insofern dieses Konzept der Zivilisierung und Zähmung der Marktkräfte (deren Alternative eine weitere neoliberale Entfesselung derselben wäre) bereits einmal in spezifischer Weise etabliert war (nämlich in der Nachkriegswirtschaft), ließe sich von einer „Rückkehr zur Sozialen Marktwirtschaft" sprechen, für die kürzlich etwa Georg Fahrenschon, damals Präsident des Deutschen Sparkassen- und Giroverbands, plädiert hat.[16] Auch der Koalitionsvertrag zwischen CDU, CSU und SPD (2018) hält fest, dass „die Soziale Marktwirtschaft" einer „Renaissance" bedarf, wobei Soziale Marktwirtschaft charakterisiert wird durch „Unternehmensverantwortung, Sozialpartnerschaft, Mitbestimmung und eine faire Verteilung des erwirtschafteten Wohlstands".

Revitalisierung der Idee und der Prinzipien der – oder einer – Sozialen Marktwirtschaft bedeutet nicht Restauration. Schon weil sich Geschichte nicht wiederholt, kann es nicht um die Restitution einer vergangenen Epoche gehen.[17] Gleichwohl kann ein Blick zurück auch inspirieren und vor allem zeigen, inwiefern die Politik neoliberaler „Reformen" eine Verlustgeschichte war.[18] Es ginge darum, den Reformbegriff aus seiner neoliberalen Umklammerung und Sinnentstellung zu befreien und ihm seinen progressiven Sinn zurückzugeben.

4.2 Was ist (war) die Soziale Marktwirtschaft?

Eine für die Lebensumstände der Bürger eminent wichtige Folge der regulatorisch und sozialpolitisch gezähmten Entfaltung der Markt- und Wettbewerbsdynamik dürfte darin zu erblicken sein, dass die Beschäftigten im „Beinahe Goldenen Zeitalter" (in den USA durch die Maßnahmenbündel des „New Deal" und später der „Great Society" markiert) auch dann, wenn sie bloß über eine mittlere Ausbildung verfügten, gut verdienten.[19] Sie mussten auch nur in beschränktem Maße „lebenslanges Lernen" praktizieren (bzw. sich lebenslang als Investoren in ihr „Humankapital" verstehen). Dies u. a. und möglicherweise vor allem, da der internationale Handel und damit der globale Wettbewerb noch eher schwach ausgebildet war.

---

[16]In seinem Vortrag an der Evangelischen Akademie Tutzing, gehalten am 4. Februar 2017. Zuvor bereits am CSU-Neujahrsempfang 2017, vgl. Schiegl (2017). Weitere Plädoyers finden sich etwa bei Meurer et al. (2014); Collier (2018); Judt (2010).

[17]Dies verbietet allein schon die technokratische, geradezu menschenverachtende Stadt- und Wohnungsbaupolitik der damaligen Zeit (u. a. „autogerechte Stadt"), vgl. Judt (2010, S. 81–84).

[18]Vgl. für Deutschland Jahnke (2014). (Joachim Jahnke war u. a. Ministerialrat im Bundeswirtschaftsministerium unter Karl Schiller.) Vgl. vor allem für die USA Judt (2010).

[19]„Every worker could have a high-wage middle-skilled job." Friedman (2017). Es ist schwer nachvollziehbar, wie Friedman meinen kann, eine Rückkehr zu einer entsprechenden Gesellschafts- und Wirtschaftsordnung würde die Welt in einen „finsteren Ort" verwandeln.

Da das Zollniveau beispielsweise innerhalb der Europäische Wirtschaftsgemeinschaft (EWR) in den 1960er Jahren höher lag als zwischen Deutschland und den USA, wandten sich „Erhard, die FDP und die deutsche Exportindustrie" vehement gegen den EWR, da sie mit ihm einen „protektionistischen Großwirtschaftsraum" heraufziehen sahen (Bellers und Philipp 1994, S. 356). Die Nachkriegswirtschaft war zwar vom Bemühen des Abbaus von „Handelsschranken" begleitet (damals noch vor allem tarifärer Art), startete aber von einem sehr tiefen Niveau des internationalen Güter- und Leistungsaustausches. In den 1950er und 1960er Jahren verblieb das Globalisierungsniveau (Importe+Exporte im Verhältnis zur Weltwirtschaftsleistung) mit konstant etwa 22 % unter dem der Vorkriegszeit und erreichte dieses erst wieder 1980 (mit etwa 30 %). Heute liegt es bei etwa 60 % (Madsen 2009; Ortiz-Ospina et al. 2018). Die Kapitalmobilität der Nachkriegswirtschaft bewegte sich auf historischen Tiefstständen (Reinhart und Rogoff 2008, S. 8). Die „Bestrafung" einer „falschen" Politik durch abwanderndes Kapital oder seine Androhung fand so gut wie nicht statt. „Die Volkswirtschaft war in mancher Hinsicht noch eine Nationalökonomie, die politischer Steuerung zugänglich war – und nicht den raschen Abfluss von Investitionskapital fürchten musste." (Merkel 2019)

Auch war das Tempo der Automatisierung noch eher langsam. Gleichwohl – oder gerade darum – waren die Wachstumsraten mit etwa 8 % in den 1950er Jahren und 4 % in den 1960er Jahren deutlich höher als heute (1–2 %).[20] Die gewährte Beschäftigungssicherheit war hoch,[21] sodass der durch „Innovationen" unvermeidlich entfachte Wettbewerb in nur geringem Maße zu Entlassungen führte, sondern vielmehr dazu, dass die gehaltenen Beschäftigten einen kontinuierlich erneuerten Maschinenpark bedienten. Das Ergebnis war ein tatsächlich „inklusives Wachstum", von dem untere Einkommensgruppen stärker profitierten als Bezieher höherer Einkommen. Der US-amerikanische Historiker Colin Gordon (2015) hat hierfür die Formel eines „Growing Together" geprägt – welches durch ein „Growing Apart" nach der Ende der 1970er Jahre einsetzenden neoliberalen Revolution abgelöst wurde.[22]

---

[20]Damit soll keineswegs nahegelegt werden, es sei wünschbar, zu diesen Wachstumsraten zurückzukehren.

[21]Vgl. für die USA Davis (2009, S. 74, 90). Erlinghagen (2017, S. 3, 36–37) hält es allerdings für einen „Mythos", dass die Wirtschaft der Nachkriegszeit von einer höheren Beschäftigungssicherheit geprägt war. Empirisch-qualitative Daten zur gewährten Beschäftigungssicherheit (die von selbst gewählten Beschäftigungswechseln zu unterscheiden ist) liegen für (West-)Deutschland allerdings erst ab 1985 vor.

[22]Die Situation Nachkriegsdeutschlands muss allerdings differenzierter betrachtet werden (vgl. Alvaredo et al. 2018, S. 155–162; Bartels 2017, S. 13–17). So stieg der Anteil der Top-Ein-Prozent Markteinkommen (Einkommen vor Steuern und Transfers) in der Nachkriegszeit und sank nicht etwa wie in vergleichbaren entwickelten Volkswirtschaften. Auch war er höher als dort. Der Anteil der unteren Hälfte der Einkommensbezieher am Volkseinkommen sank von 1960 bis Mitte der 1970er Jahre deutlich, im Unterschied etwa zu den USA, wo er stieg, oder zu Frankreich, wo

Das Konzept beruhte auf umfangreichen Regulierungen, die heute teilweise leicht exotisch anmuten.[23] Durch diese gebremste Wettbewerbsdynamik erwuchs eine breite Teilhabe am gemeinsam erzeugten, dabei wachsenden Wohlstand. Auf der Ebene der Handlungsorientierungen korrespondierte damit eine „staatsmännische Unternehmensführung", die gar nicht daran dachte, alle Prozesse konsequent auf die Maximierung des – wie man heute sagt – „total return" für die Kapitaleigentümer auszurichten.[24] Frank Abrams, damaliger Chairman von Standard Oil New Jersey (heute ExxonMobil), hielt 1951 fest:

> Die Aufgabe des Managements besteht darin, einen fairen und funktionierenden Ausgleich zwischen den Ansprüchen verschiedener, direkt betroffener Interessengruppen wie Aktionären, Beschäftigten, Kunden und der gesamten Öffentlichkeit herzustellen. (Zit. nach Reich 2008, S. 66)

Eine solche managerialistische, d. h. an einem korrespondierenden Berufsethos statt allein am Shareholder Value orientierte Vision guter Unternehmensführung skizzierten Adolf A. Berle und Gardiner C. Means (1991, S. 212–213) bereits 1932. Die wohlverstandene Aufgabe des Managements als einem „neutralen Technokraten" bestehe darin, „eine Vielzahl von Ansprüchen verschiedener gesellschaftlicher Gruppen auszugleichen und ihnen einen Anteil am Einkommensstrom zuzuweisen, und zwar auf der Basis des Gemeinwohls [public policy], nicht privater Habgier". Das Zeitalter des Managerialismus endete gemäß Davis (2009, S. 63, 72–77) um das Jahr 1980 herum und wurde schleichend vom Shareholderkapitalismus abgelöst.

Das managerialistisch-professionelle Verständnis guter Unternehmensführung korrespondiert in Deutschland mit dem juridischen Verständnis des „Unternehmensinteresses", welches zumeist fehlgedeutet wird und nicht etwa nur einen anderen Namen für Shareholder Value markiert, sondern für einen fairen Ausgleich zwischen divergierenden Interessen am Unternehmen steht (Thielemann und Ulrich 2009, S. 70–75). Auch heute noch weigern sich viele Mittelständler, „den Maximalprofit aus allem herausquetschen" – so jedenfalls exemplarisch Tomislav Bucec, Gründer und Geschäftsführer einer Berliner Druckerei (Loke 2013). Bis in die 1990er Jahre hinein nahmen „die Interessen der Aktionäre keine herausragende, sondern lediglich eine gleichgeordnete Stellung im Spektrum der unternehmenspolitischen Interessengruppen" ein (Eckert 2003, S. 174).

---

er gleichblieb. Allerdings startete die ärmere Hälfte Deutschlands auch von einem deutlich höheren Niveau. Sie erhielt im Jahre 1960 30 % des BIP, in den USA ebenso wie in Frankreich waren es nur 20 %.

[23]Vgl. für die USA Reich (2008, S. 16–18, 38–43).
[24]Vgl. Reich (2008, S. 42–43, 66); Mizruchi und Marshall (2016, S. 146); Christiansen (2015, S. 80, 88, 93).

Auch und wohl vor allem das Arbeitsrecht, welches heute durch die Ausweitung des allein privatrechtlich ausgestalteten Werkvertragsrechts zum Zwecke der „Milderung arbeitsrechtlicher Lasten" zu unterlaufen versucht wird (Rieble 2012, S. 21),[25] wirkt mäßigend und letztlich wettbewerbsbegrenzend. Denn „jede Form der Regulierung verringert den Wettbewerb" (Reich 2008, S. 40). Wer die Arbeitsleistungen eines anderen dauerhaft nutzen möchte, unterliegt gewissen Restriktionen, etwa bezüglich der Arbeitszeit; er muss Urlaubsanspruch, Lohnfortzahlung im Krankheitsfall und einen gewissen Kündigungsschutz gewähren und darf den Beschäftigten nicht nach dem Erfolg (bzw. das „Werk"), sondern muss ihn nach der Zeit vergüten.[26]

Die vielfältigen Regulierungen des Marktverkehrs betrafen in der Nachkriegswirtschaft etwa die Wohnungspolitik. „Im Unterschied zur neoliberalen Politik der staatlich nicht regulierten Märkte hatte die Soziale Marktwirtschaft eines Ludwig Erhard nie auf regulative Leitplanken verzichtet. Es ist heute kaum vorstellbar, dass der Staat die Mieten für Altbauwohnungen bis 1960 regulierte, um die Mieter bei einer absoluten Knappheit von Wohnraum vor der Ausbeutung durch die Hausbesitzer zu schützen." (Kopper 2009). Auch unterlagen beispielsweise Strom- und Gastarife angesichts der „natürlichen" Gebietsmonopole einer staatlichen Genehmigungspflicht (ebd.).

Regulierungen dieser oder ähnlicher Art wirken, auch wenn sie unmittelbar möglicherweise auf anderes abzielen, bereits mäßigend auf die Primärverteilung. Regulierung verändert oder gestaltet originär die „Prädistribution" (Chwalisz und Diamond 2015). Natürlich wirkt auch die Sekundärverteilung einer Polarisierung von Einkommen und sozialen Lagen entgegen. So lagen die Grenzsteuersätze in den USA und in Deutschland in den frühen 1950er Jahren bei über 90 %, in den 1970er Jahren in den USA noch bei 70 %, in Deutschland bei 56 % (Alvaredo et al. 2018, S. 394). Müller-Armack (1976, S. 38), der vermutlich einzige „echte" Vater des Konzepts der Sozialen Marktwirtschaft (unter den offiziellen Vätern), hielt 1976 fest:

> Der Staat hat die unbestrittene Aufgabe, über den Staatshaushalt und die öffentlichen Versicherungen die aus dem Marktprozess resultierenden Einkommensströme umzuleiten und soziale Leistungen ... zu ermöglichen. Das alles gehört zum Wesen dieser Ordnung [der Sozialen Marktwirtschaft], und es wäre eine Farce, nur den unbeeinflussten Marktprozess zu sehen, ohne seine vielfältige Einbettung in unsere staatliche Ordnung zu beachten.

Soziale Sicherungssysteme, die auf eine Absicherung gegen „Marktrisiken" abstellen, führen durch die Etablierung eines sog. „Reservationslohns" zu einer Stärkung der Verhandlungsposition der Beschäftigten und glätten damit zugleich „prädistributiv" die Primärverteilung. Damit tragen sie aus keynesianischer Sicht auch zu einer Stärkung der Gesamtnachfrage bei, die ansonsten durch übermäßige Spekulation und Blasenbildung geschwächt würde.

---

[25]Vgl. auch die interessanten Einblicke von Bognanni und Pennekamp (2011).
[26]Vgl. zum letzten Punkt Thielemann (2015).

4.3 Das Regime des Neoliberalismus

Das neoliberale Programm zielt auf einen Abbau aller nicht marktkonformer Regulierung („Deregulierung"), die Zurückdrängung und letztlich die Abschaffung genuin umverteilender Sozialpolitik, die Privatisierung öffentlich-rechtlich verfasster Organisationen sowie auf offene Märkte für Güter, Dienstleistungen, Arbeit und Kapital.

Zugelassen ist nur mehr eine solche Sozialpolitik, die sich rechnet (für die Nettozahler), zum einen um den „sozialen Frieden" zu sichern bzw. aktuell: um die angesichts des endemischen Wettbewerbsdrucks für wahrscheinlich gehaltene „Rebellion" der Mittelklasse – etwa der „Gelbwesten" in Frankreich (vgl. Thielemann 2018) – aufzuhalten (Baldwin 2018), zum anderen um die (prospektiven) Verlierer im globalen Wettbewerb, der sie überfordert, durch Investitionen in ihr „Humankapital" progressiv fit für den globalen Wettbewerb zu halten (Dabla-Norris et al. 2015, S. 4, 22, 31; kritisch Häring 2017).

Begleitet wird das neoliberale Programm von der Rechtfertigungsideologie des Ökonomismus, der moralische Richtigkeit (Legitimität, Verantwortbarkeit, Gerechtigkeit) durch Markterfolge im (globalen) Wettbewerb als einem „Entdeckungsverfahren" (Hayek 1969) definiert bzw. umdefiniert (vgl. Thielemann 2009, S. 132–149; Ulrich 2016, S. 175–220). Sein Credo lautet: „Wettbewerbliche Märkte sollen herrschen. Das ist (langfristig) gut für alle und zugleich alternativlos." (Ulrich 2016, S. 139)

Unter den Bedingungen offener Märkte und damit des stets abwanderungsbereiten Kapitals wird Politik insgesamt als „Standortpolitik" betrieben, „Wettbewerbsfähigkeit" zum Leitstern aller Politik. Der damit gegebene Wettbewerbsstaat (Hirsch 1998) folgt der neoliberalen Doktrin, die Hans-Werner Sinn 2005 so auf den Punkt gebracht hat:

> Deutschland [wie jedes Land] muss das Unternehmerkapital hofieren, weil nur dadurch Innovationen, Wachstum und Arbeitsplätze gewährleistet sind.

Diese Hofierung besteht unter anderem darin, den Anteil direkter Steuern zugunsten von Massensteuern zu senken und Kapitaleinkommen steuerlich zu privilegieren („Duale Einkommenssteuer"). Die Agenda 2010 sollte den Reservationslohn senken und damit die Fügsamkeit der Beschäftigten gegenüber dem stets abwanderungsbereiten „Unternehmerkapital" erhöhen. Analysten der Deutschen Bank hielten 2005 (S. 58–59, 66) in einer für Investoren bestimmten Studie fest:

> Kapitalmobilität in einer globalisierten Welt bedeutet, dass Arbeitgeber den Beschäftigten glaubwürdig mit der Verlagerung von Arbeitsplätzen drohen können… Die Hartz-Reformen haben die Angst der Beschäftigten vor Arbeitsplatzverlusten erhöht. Dadurch wurde die Verhandlungsposition von Unternehmen in Lohnverhandlungen gestärkt.

Auch wenn Deutschland seit geraumer Zeit als Leistungsbilanzüberschussweltmeister weniger Arbeitsplätze als vielmehr Arbeitslosigkeit exportiert, so ist diese Drohung doch vielfach auch gegenwärtig noch nach wie vor präsent (vgl. Sauer et al. 2018, S. 102–105).

4.4 Die Folgen: Wachsende Einkommensdisparitäten, Ökonomisierung der Lebensverhältnisse, Statusangst

4.4.1 Die Verteilungssituation

Die Folge der neoliberalen Reformen ist eine Polarisierung der Einkommen sowie ein gegenüber der Wirtschaftsleistung überproportionales Anwachsen von Vermögensbeständen, die höchst konzentriert vorliegen. Der Anteil der Markteinkommen der ärmeren Hälfte der Bevölkerung am Volkseinkommen sank von 25 % Mitte der 1990er Jahre auf 17 % im Jahr 2013 (Bartels 2017, S. 16; s. Abb. 4.1).

Die realen Bruttostundenlöhne der unteren 40 % der abhängig Beschäftigten sanken zwischen 1995 und 2014 in Größenordnungen von 4 % bis 7 % (Bundesregierung 2017, S. 60). Das verfügbare Einkommen des untersten Dezils (Markteinkommen nach Steuern und Transfers) sank zwischen 1991 und 2014 um 8 %. Das oberste Dezil steigerte sein verfügbares Jahreseinkommen um durchschnittlich 27 % (Grabka und Goebel 2017; s. Abb. 4.2).

Darin spricht sich nicht nur Lohnspreizung aus, sondern auch ein weit überproportionales Anwachsen von Kapitaleinkommen (Bengtsson und Waldenström 2017), die vor allem den höchsten Einkommensklassen zufließen (OECD 2014, S. 4), weil diese über den weit überwiegenden Anteil der volkswirtschaftlichen Vermögensbestände verfügen, die sich unaufhaltsam und hoch konzentriert zu vermehren scheinen.[27]

Zwar haben sich die Vermögens- und Lohneinkommen seit 2012 nicht noch weiter auseinanderentwickelt (Grabka und Goebel 2017, S. 73); und die Ungleichheit der verfügbaren Einkommen hat seit 2005 nicht mehr wesentlich zugenommen.[28] In der gleichen Zeit wuchs jedoch der Leistungsbilanzüberschuss Deutschlands – auf jährlich etwa 8 % des BIP. Das „Erfolgsmodell" der deutschen Wirtschaft, welches mit einem Einfrieren der zuvor entstandenen Polarisierung der Einkommen einherging (vgl. IMF 2019), erfolgt also offenbar zu Lasten des Auslandes, in das Arbeitslosigkeit exportiert wird und dessen Verschuldung gegenüber inländischen Vermögenden wächst (vgl. Häring 2018).

In den USA sank der Anteil der Markteinkommen der unteren Hälfte der Bevölkerung am BIP von 20 % im Jahre 1980 auf 12 % im Jahre 2015, derjenige des obersten einen Prozents wuchs im gleichen Zeitraum von 11 % auf 20 % (Alvaredo et al. 2018, S. 126).

---

[27]Der Vermögenspreisindex des Flossbach von Storch Instituts weist seit vielen Jahren eine gegenüber dem Wachstum der Wirtschaftsleistung weit überproportionale Steigerung der Marktpreise für Vermögenswerte (Finanz- und Sachvermögen, inkl. Betriebsvermögen) aus. Vgl. https://www.flossbachvonstorch-researchinstitute.com/de/vermoegenspreisindex/deutschland/. Zugegriffen: 7. Juli 2019.

[28]Grabka und Goebel (2017, S. 75–78); Sachverständigenrat (2017, S. 408–425). Vgl. relativierend das abweichende Votum von Peter Bofinger im gleichen Jahresgutachten, S. 426–428.

4 Die Revitalisierung der Idee der Sozialen Marktwirtschaft

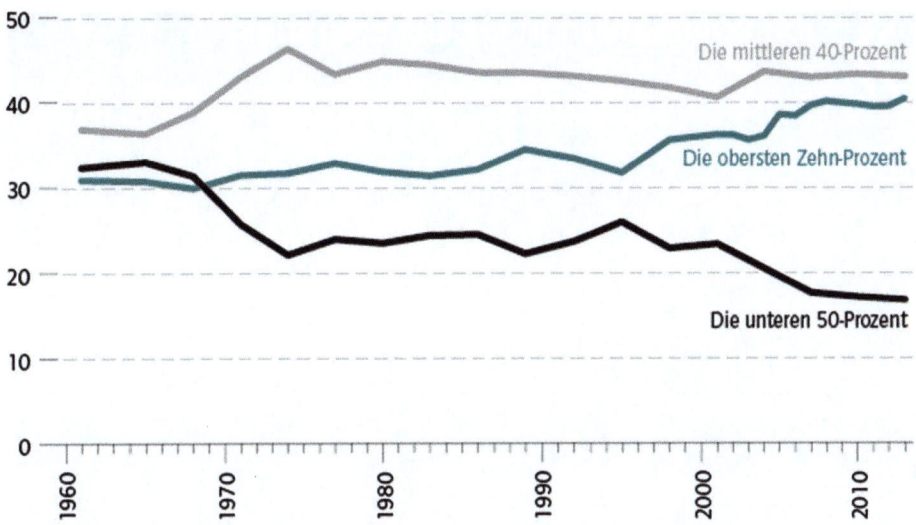

Abb. 4.1 Anteile der Einkommensgruppen am Volkseinkommen in Prozent. (Quelle: DIW Wochenbericht 3, 2018; mit freundlicher Genehmigung des Deutschen Instituts für Wirtschaftsforschung)

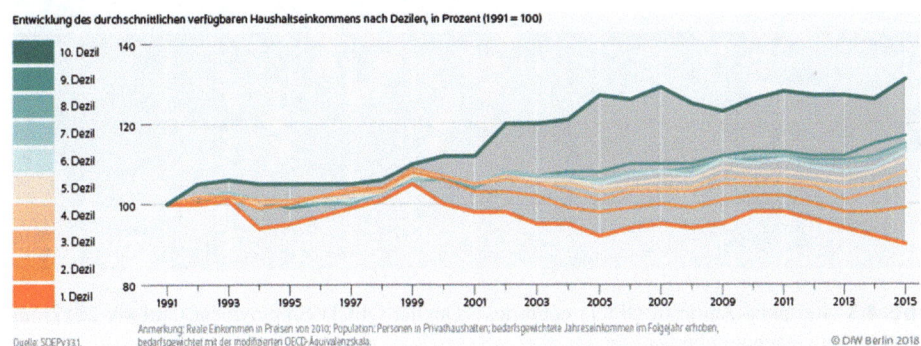

Abb. 4.2 Die Einkommen der Gruppen am unteren Ende der Verteilung sind seit 1991 gesunken. (Quelle: DIW Wochenbericht 21, 2018; mit freundlicher Genehmigung des Deutschen Instituts für Wirtschaftsforschung)

Das oberste eine Prozent erhält also mittlerweile höhere Anteile an der volkswirtschaftlichen Wertschöpfung als die gesamte untere Hälfte der Bevölkerung.

Die Polarisierung der Einkommen bedeutet, dass der Anteil mittlerer Einkommen sinkt (Grabka und Goebel 2017; Dabla-Norris et al. 2015). Es ist ein globales Phänomen (jedenfalls innerhalb der OECD-Staaten, s. Abb. 4.3), dass sowohl die Anteile der niedrig entlohnten als auch die Anteile der hoch entlohnten Beschäftigungen zunehmen, die Lohnspreizung also wächst und die Anteile mittlerer Einkommen abnehmen (OECD 2017, S. 6, 2019).

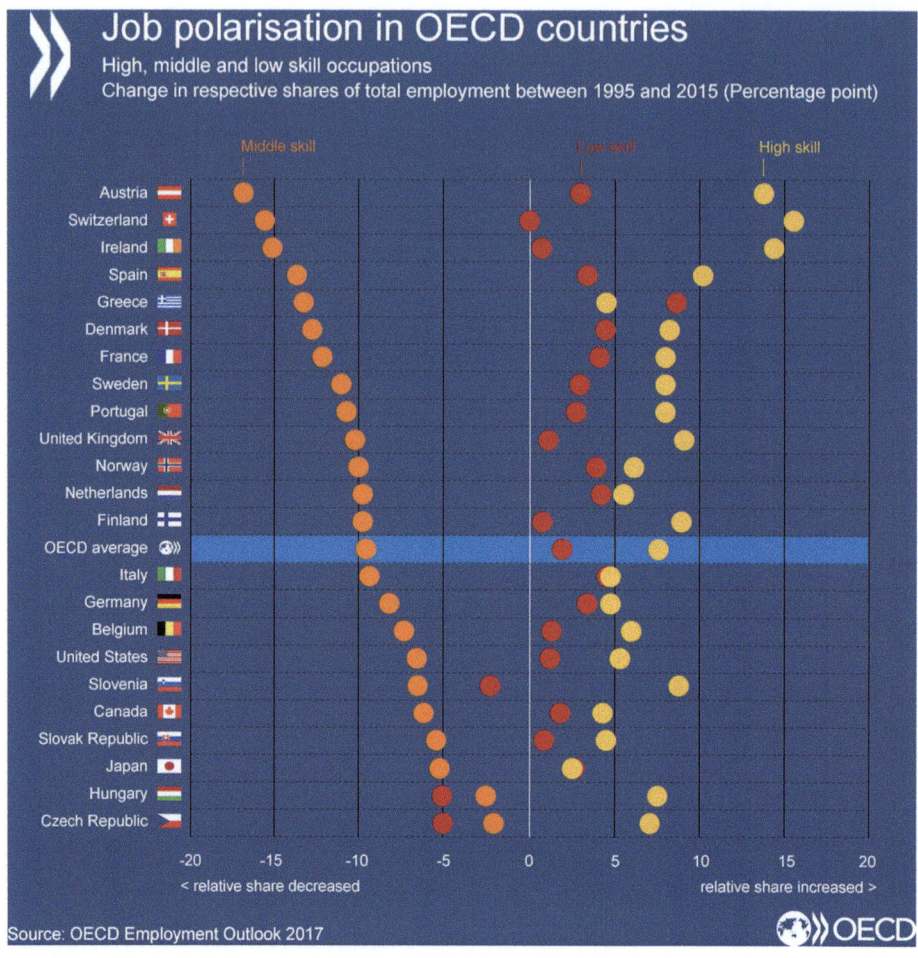

Abb. 4.3 Job polarization in OECD countries. (Quelle: OECD Employment Outlook 2017; mit freundlicher Genehmigung der OECD)

Wer eine neue Stelle findet, verdient also entweder viel, zieht in eine Metropole oder in eine sog. Schwarmstadt (dort sitzen die Konzerne oder die mittelständigen „Champions") und verdrängt die dort ansässige Bevölkerung, oder er verdient wenig, wird tendenziell verdrängt und darf sich ins wachsende Dienstleistungsproletariat (Bude 2014, S. 84–90) einreihen (Collier 2018, S. 177–213). Diese empirischen Zusammenhänge bringen den Abschied von der „Mittelstandsgesellschaft" (Helmut Schelsky) der Nachkriegswirtschaft mit aller Deutlichkeit zum Ausdruck. Das Mittlere, Maßvolle und der gesellschaftliche Zusammenhalt gehen verloren.

> Unsere Marktwirtschaft hat Maß und Mitte verloren, also das, was sie zu einer Sozialen Marktwirtschaft macht. (Heisterhagen 2017)

Was die Vermögensverteilung anbelangt, so ist die etwa ab 1910 einsetzende „Great Compression" der Vermögensdisparitäten bereits in den 1970er Jahren zu einem Ende gekommen (Piketty 2014, S. 465). Der IWF stellt fest:

> In most countries with available data, the share held by the 1 percent wealthiest population is rising at the expense of the bottom 90 percent population. (Dabla-Norris et al. 2015)

Der Vermögensanteil, den das oberste Promille der US-Bevölkerung hält, hat sich von 7 % im Jahre 1978 bis heute mehr als verdreifacht (Alvaredo et al. 2018, S. 325). Auch in Deutschland ist die Vermögenskonzentration, jedenfalls mit Blick auf die OECD-Welt, besonders ausgeprägt. Beim Anteil, den das oberste eine Prozent am Gesamtvermögen hält, rangiert Deutschland nur knapp hinter den USA (Shorrocks et al. 2018, S. 9). Die wohlhabendsten 5 % der deutschen Haushalte halten mehr als die Hälfte aller Nettovermögen (vgl. Bach et al. 2018, S. 19–27). Dabei handelt es sich im Wesentlichen um die Eigner sog. Familienunternehmen (Bach 2015, S. 115). Deren Anteilseigner thesaurieren hohe Anteile ihrer Gewinne (was darauf verweisen dürfte, dass sie konsumtiv weitgehend gesättigt sind), sodass die Vermögenskonzentration unterschätzt werden dürfte, weil die Vermögen dadurch dem Unternehmenssektor, nicht den Privathaushalten zugerechnet werden (Bartels 2018, S. 57). Das aufsummierte Vermögen der reichsten 45 Haushalte ist genauso hoch wie dasjenige der vermögensärmeren Hälfte der Bevölkerung (Diekmann 2018).

4.4.2 Lebenssituation und Befindlichkeiten

Für eine Zähmung der Marktdynamik oder eine verteilungspolitische Abmilderung ihrer Folgen spricht allerdings nicht nur die Verteilungssituation, sondern auch die Lebenssituation vieler nach vielen Jahren der Ökonomisierung der Lebensverhältnisse und der „Entsicherungen" (Heitmeyer 2018, S. 89–117), d. h. der Rücknahme demokratischer Teilhabeversprechen, die soziale Sicherheit gewährleisteten und individuell empfundene Kontrollverluste eindämmten. Die „Verbitterung", die Heinz Bude und die „Kontrollverluste", die Wilhelm Heitmeyer (2018) bei vielen diagnostiziert, rühren weniger aus der Prekarität der Beschäftigungssituationen, sondern vor allem aus der Prekarität der erwarteten Beschäftigungsaussichten. Statusangst geht um (Bude 2014; Nachtwey 2016, S. 147–156; Heitmeyer 2018, S. 122–125). Dazu passt, dass eine Affinität zu rechtspopulistischen Parteien, die ein „autoritäres Durchgreifen" versprechen (Heitmeyer 2018, S. 98), insbesondere bei Industriebeschäftigten festzustellen ist, also bei Personen, die (im Unterschied etwa zum Dienstleistungsproletariat) aktuell nicht einkommensarm sind und also „noch etwas zu verlieren haben" (Spier 2010, S. 262–267).

Georg Fahrenschon begründet sein Plädoyer für eine Rückkehr zur Sozialen Marktwirtschaft unter anderem mit dem Hinweis, dass „die Menschen sich nicht mehr wohlfühlen" (Schiegl 2017). Der allgemeine Wettbewerbsdruck infolge von Globalisierung, fortgesetztem technischen Fortschritt und Rentabilitätsdruck seitens der Kapitalmärkte (oder auch der Firmeneigentümer unmittelbar) führt zu einem Anwachsen von Arbeitsdruck und Stress, etwa durch die verbreitete Strategie der Arbeitsverdichtung. So geben 64 % der abhängig Beschäftigten an, seit Jahren immer mehr in der gleichen Zeit leisten zu müssen (DGB 2012). Die jährlich wachsenden Anforderungen, von denen mehr als die Hälfte der Arbeitnehmer berichten, erschweren zunehmend die Vereinbarkeit von Familie und Beruf (Ernst und Young 2016). Eine Mehrheit der Beschäftigten berichtet von häufigen Zuständen der Müdigkeit und Erschöpfung (BAuA 2016, S. 19).

Eine Ursache dieser Befunde lässt sich in den „arbeitsweltlichen Zuspitzungen" verorten, die sich quer durch alle Branchen und Betriebe zeigen (Sauer et al. 2018, S. 89–117). War es bislang üblich, dass durch Unternehmenskrisen bedingte Zeiten steigenden Drucks, der Anspannung und Unsicherheit mit Phasen der Ruhe und der Kontinuität abwechselten, so sei das Arbeitsleben heute durch „permanente Reorganisation" gekennzeichnet, und zwar auch dann, wenn die Geschäfte an sich florieren. Aber es kann ja stets mehr sein. „Krise ist immer", denn die Rentabilität ist nie hoch genug. Der Imperativ der Leistungssteigerung kennt – seit etwa Mitte der 1990er Jahren – keine Grenzen mehr. „Die Organisation muss jedes Jahr besser, schneller, billiger werden."

Gleichwohl geben die Beschäftigten in Umfragen ein hohes Maß an Zufriedenheit mit ihrer Beschäftigungssituation an (Ernst und Young 2016). Auch hat sich der Anteil der Erwerbstätigen, die angeben, sich vor einem beruflichen Abstieg zu sorgen, seit 2006 auf nunmehr ein Drittel nahezu halbiert – „trotz objektiv weiter existierender Erwerbsrisiken und Ungleichheiten" (Lengfeld 2017, S. 3). Hierbei ist etwa an den Umstand zu denken, dass im Jahre 2016 45 % aller Neueinstellungen befristeter Natur waren (Der Spiegel 2017), sowie generell an den hohen Anteil atypisch Beschäftigter beim deutschen „Beschäftigungswunder" (Jaehrling 2016, S. 3–4).

Standen im Jahre 1970 noch 84 % der Arbeitnehmer in einem Normalarbeitsverhältnis (unbefristete Anstellung mit Kündigungsschutz), so sind es heute nur mehr 68,3 % (Nachtwey 2016, S. 22, 137). In den USA waren 94 % aller Neueinstellungen zwischen 2005 und 2015 atypischer Natur (alternative work arrangements); deren Anteil an der Gesamtbeschäftigung wuchs im gleichen Zeitraum von 10,7 % auf 15,8 % (Katz und Krueger 2016, S. 43). In der Eurozone sind rund 80 % aller Neueinstellungen seit 2012 befristeter Natur oder Teilzeitstellen (Schumann und Simantke 2017).

Die Bekundung der eigenen Zufriedenheit mit dem und die abnehmende Sorge um den eigenen Arbeitsplatz dürfte einerseits auch mit dem, jedenfalls quantitativ, derzeit deutlich entspannteren Arbeitsmarkt zusammenhängen. Andererseits könnten die Beschäftigten einen neuen Umgang mit Unsicherheiten auf dem Arbeitsmarkt erlernt haben,[29] einen eigenverantwortlich-unternehmerischen nämlich, der eine Betriebsbindung gar nicht erst erwartet, jedenfalls nicht fordert.

Dies ist kein neues Phänomen, allerdings eines, welches mit der „kolonialisierenden" Ausweitung der wettbewerblichen Marktlogik in so ziemlich alle gesellschaftliche

---

[29]Vgl. zu diesem Phänomen des „Coping" Lengfeld (2017, S. 8).

Bereiche (Habermas 1981, S. 480–488) und ihrer Intensivierung innerhalb der Wirtschaft an Konturen gewinnt: Es ist der Zwang zum Lebensunternehmertum, die Nötigung, sich zum „unternehmerischen Selbst" (Bröckling 2007) zu entwickeln, die von einem instanzlosen Wettbewerbsprozess ausgeht, der durchaus parteilich wirkt (Ulrich 2016, S. 159–174), dessen Urheberschaften jedoch hinter der „verbergenden Hand des Marktes" (Bhagwati 1996, S. 33) verschwimmen. Darin lässt sich das eigentliche Betriebsgeheimnis des Wachstums erblicken (Thielemann 2009, S. 61–64, 2010, S. 357–369). Da die Wirtschaftsakteure, ob als selbstständig oder abhängig Beschäftigte, einen verantwortlichen Akteur für den Druck, dem sie ausgesetzt sind, aufs Ganze gesehen nicht identifizieren können – der Vorgesetzte, Arbeitgeber usw. steht ja selbst unter Druck, der nicht von Personen, sondern „vom Markt", heute zusätzlich: vom Markt für Unternehmenskontrolle ausgeht –, gerinnt Verantwortung in der „herrenlosen Sklaverei" (Max Weber) des Marktzusammenhangs zur Eigenverantwortung. Diese „Responsibilisierung" (Brown 2015, S. 155–159; Shamir 2008), d. h. die Naturalisierung und Depolitisierung makroökonomischer Interaktionsverhältnisse, wird vielfach akzeptiert, weil sich die Individuen (etwa in Befragungen) als starke Akteure zu verstehen geben wollen, durchaus auch vor sich selbst (vgl. auch Sauer et al. 2018, S. 91; Heitmeyer 2018, S. 105).

Zugleich macht sich, insbesondere bei denjenigen, die dem markinduzierten, sozialpolitisch (etwa durch die Hartz-Reformen) gestützten Ruf zum Lebensunternehmertum nicht folgen wollen oder können, vielfach Wut und Verbitterung breit, die angesichts der „Unsichtbarkeit des Ökonomischen" von den polit-ökonomischen Ursachen abgelenkt und auf identifizierbare andere Personenkreise („Fremde") umgelenkt wird (Spoo 2017; Heitmeyer 2018, S. 140–141, 160).[30] Doch auch wenn solcher sozusagen dysfunktionale Furor ausbleibt, so ist der Freiheitsverlust, der dem instanzlosen Wettbewerbsprozess entspringt, auch selbst ein Problem eigenen Rechts.[31] Es ist der Verlust der Freiheit, ein nicht mit jeder Faser marktkonformes Leben führen zu können, ohne dass der Absturz droht.

4.5 Wege zur Erneuerung der Sozialen Marktwirtschaft

4.5.1 Die Voraussetzung: Abschied vom Ökonomismus

Derzeit gibt es keine starken Hinweise für die Renaissance einer wie auch immer im Einzelnen auszugestaltenden Sozialen Marktwirtschaft, eines „balancierten Kapitalismus" (Mintzberg 2015), einer „Aussöhnung" von „Kapitalismus und Demokratie"

---

[30]Sauer et al. (2018, S. 13–14) machen bei Teilen der Anhängerschaft sog. rechtspopulistischer Parteien eine „adressatenlose Wut" aus.
[31]Die Thematisierung dieses Freiheitsverlustes umtrieb bereits Max Weber zu Beginn des 20sten Jahrhunderts. Vgl. Thielemann (2008a).

(Streeck 2015, S. 102–103). Zwar gibt es innerhalb breiter Bevölkerungskreise eine Art Wechselstimmung, die sich zumeist im rechtspopulistischen Furor (zumeist in einer unheiligen Allianz mit Marktlibertären) oder etwa auch in der Bewegung der Gelbwesten äußert.

Gegensätzliche Motive von Mobilisierenden und Mobilisierten: Das Beispiel Brexit
Die Wählerinnen und Wähler, die den Brexit befürworteten, waren vor allem in Regionen anzutreffen, die besonders stark unter Importkonkurrenz zu leiden hatten und die zugleich durch die nach 2010 einsetzende soziale Kürzungspolitik zugunsten der Banken weiter geschwächt wurden (vgl. Fetzer 2018). Im genauen Gegensatz zu dieser Motivationslage sahen die mehrheitlich der Oberschicht zuzurechnenden Protagonisten des Brexit in diesem ein „Trojanisches Pferd", um in Großbritannien ein ultimativ marktlibertäres Regime zu etablieren, damit die EU in Sachen neoliberaler Ausrichtung zu überbieten, um so „die Arbeit, die Margaret Thatcher begonnen hatte, zu vollenden" (Eaton 2018). Thatcher hatte in ihrer Brügger Rede im Jahre 1988 gesagt: „We have not successfully rolled back the frontiers of the state in Britain, only to see them re-imposed at a European level with a European super-state exercising a new dominance from Brussels."

Doch gibt es für die neoliberalismuskritischen Dimensionen und Grundlagen dieses Protestes praktisch keine Resonanz aufseiten der politischen Entscheidungsträger und der Experten, also dort, wo systematische politische Programmatiken entwickelt und formuliert werden. Dies liegt daran, dass, trotz des Fanals der Weltfinanzkrise 2007/2008, „ökonomische" Argumente nach wie vor hegemonialen Status haben. Der Ökonomismus, die Rechtfertigung der unbedingten Herrschaft des Marktprinzips, ist nach wie vor in den Köpfen, auch wenn allzu simple Bekenntnisse des Glaubens an die „Magie des Marktes" (Ronald Reagan, zit. nach Chen und Hanson 2004, S. 14) weitgehend der Vergangenheit angehören. Sie wurden vom „progressiven Neoliberalismus" abgelöst (Fraser 2017). Dieser verbindet den weiteren Abbau der bislang noch bestehenden Schranken der „freien" Entfaltung der Marktkräfte mit als „progressiv" erscheinenden Grund- und Menschenrechten – etwa mit Blick auf die „Offenheit" der Märkte (und damit die unbeschränkte Herrschaft des Wettbewerbs zwischen allen um alles) – und dürfte damit gegenüber dem „regressiven Neoliberalismus" die innerlich konsequentere Auslegung der unbedingten Herrschaft des Marktprinzips vertreten. Jener lehnt alle redistributive Sozialpolitik und alle nicht marktkonforme Regulierung ab, dieser stellt Sozialpolitik, „richtig" betrieben, in den Dienst der Steigerung der Wettbewerbsfähigkeit „des Standortes".

Die Vorherrschaft eines „progressiven Neoliberalismus" ändert jedoch nichts daran, dass „ökonomische" Argumente nach wie vor die „unhinterfragbare Letztbegründung von richtigen Handlungen" bilden (Stegemann 2017). Als richtig gilt eine Politik, wenn sie „der Effizienz" dient, womit in der schlichteren Version BIP-Wachstum gemeint ist, welches in einer globalisierten Wirtschaft möglichst darauf beruht, Kaufkraft aus dem Ausland abzuziehen (was mit gesamtwirtschaftlichem Wachstum nichts zu tun hat). In der sophistizierteren (paretianischen) Variante bedeutet die Steigerung „der Effizienz", dass alle gewinnen, weshalb „Effizienz" natürlich anzustreben ist.

Pareto-Effizienz

Da der Wettbewerb fortwährend Verlierer schafft (vgl. Thielemann 2009, S. 41–49), ist das Pareto-Kriterium für diesen eigentlich nicht anwendbar, was der ökonomischen Standardtheorie allerdings entgeht, sei es, dass sie die Verluste bloß als „vorübergehend" verharmlost und damit den Zwang zur flexiblen Anpassung und zur progressiven Aneignung „unternehmerischer" Dispositionen negiert, sei es, dass sie bloß das Ergebnis des Wettbewerbs als „Pareto effizient" festhält, den schmerzhaften Weg dorthin aber verschweigt. Die Wettbewerbsverlierer werden allenfalls beim Standortwettbewerb thematisiert, allerdings nicht als zentrale Botschaft, sondern als Abweichung vom Grundsatz, dass der „freie Handel" allen nützt, wobei diese Abweichungen erst in fortgeschrittenen Seminaren, nicht in den Standardlehrbüchern auftauchen (vgl. Rodrik 2011, S. 95–102). In ihrer konsequenten Auslegung deutet die paretianische Ökonomik Verluste, die andere erzeugen, als eine Naturtatsache, die den Ausgangspunkt bildet für (erzwungene) Investitionen, die sich sodann auch für die „Opfer" morgen wieder auszahlen können sollen (vgl. Thielemann 2014, S. 209–210).

Beiden Auslegungen des Effizienzkriteriums ist gemein, dass an die Stelle spezifischer Gerechtigkeitsüberlegungen „die Effizienz" der Interaktionsverhältnisse tritt (Thielemann 2010, S. 291–310). Die Fairness der Verteilung der Wohlstandsgewinne, so diese denn tatsächlich allgemein anfallen, ist ebenso Anathema wie es die lebensweltlichen „Kosten" sind, die die Wettbewerbsverlierer „eigenverantwortlich" aufbringen müssen, „um sich selbst von der Verliererkategorie zur Gewinnerkategorie zu bewegen".[32]

„Effizient" ist insbesondere die Steigerung „der Wettbewerbsfähigkeit", wobei unhinterfragt bleibt, welche Kräfte es sind, die eine Steigerung erzwingen. Zum ökonomistischen Denkschema gehört auch die willfährige Unterwerfung unter die „Sachzwänge" – die man einfach als „die Tatsachen" objektiviert oder als „Anforderungen der Zukunft" (Sachverständigenrat 2016, S. 26), an die man sich anzupassen habe (soweit man sie nicht selbst erzeugt hat). Wer die „Gesetze des Marktes" verletzt, handelt sowohl unmoralisch also auch seinen eigenen langfristigen Interessen zuwider.[33] Die stillschweigende Hintergrundannahme dieses global endemischen Politikverständnisses hat Olaf Scholz (2016) so formuliert: „Kein politischer Wille, sei er noch so kernig formuliert, kommt an den Gesetzmäßigkeiten der Ökonomie vorbei."[34] Aufgabe der Politik ist es dabei, eine Art Umsatzmaximierung zu betreiben (analog zur Gewinnmaximierung der Unternehmen) und dabei möglichst schneller und besser zu sein als die Konkurrenz (andere Länder bzw. „Standorte"), worin sich „Wirtschaftskompetenz" ausspreche. Der „progressive Neoliberalismus" nennt diese möglichst vorausschauend zu betreibende Anpassung keck „Modernisierung". Ohne diese „können wir in einem globalen Wettbewerb nicht mithalten" (Kretschmann 2016).

---

[32]Diese Formulierung findet sich in (Wood 1994, S. 6). Vgl. zu diesen „Kosten" Thielemann (2010, S. 329–357).
[33]Vgl. den Kommentar eines Vertreters des Chinesischen Handelsministeriums zur Politik Trumps (Hua und Stahl 2018).
[34]Vgl. kritisch Séville (2017).

Die Folge ist eine „Neoliberalisierung" der Politik, nach der alle Argumente, auch solche der Gerechtigkeit, in einer „ökonomischen Sprache" gefasst werden müssen (vgl. Brown 2015, S. 32). Wer welches Anliegen auch immer hat, er oder sie meint es zusätzlich mit einem Business Case rechtfertigen zu müssen und zu können, d. h. ein allgemeines „Win-Win" zu behaupten. Der Ausbau der Gesundheitsvorsorge, eine progressive Einkommenssteuer, die Bewältigung des Klimawandels, die Erhöhung des Mindestlohns – jedes dieser progressiven Anliegen formulierte Präsident Obama „im Hinblick darauf, welchen Beitrag es zum Wirtschaftswachstum oder zur Wettbewerbsfähigkeit Amerikas" leistet (Brown 2015, S. 24).

Auf der Ebene des individuellen Handelns, insbesondere der Unternehmen (Management und Investoren), besteht der Ökonomismus darin, alle Gesichtspunkte radikal einem einzigen Prinzip unterzuordnen: dem der Steigerung der Rentabilität. Der Rentabilität entgegenstehende Ansprüche, die einmal um ihrer selbst willen leidlich Berücksichtigung fanden (vgl. Thielemann 2009, S. 7–10, 72–89; Davis 2009; Christiansen 2015), haben nur mehr dann eine Chance, wenn ihre Berücksichtigung dann letztlich doch der Rentabilität dient. Die Diskussion um die Legitimität unbedingter (selbstredend für die Investoren langfristiger) Gewinnmaximierung wird praktisch flächendeckend von einem „Business Case for Ethics" dominiert, der (kontrafaktisch) behauptet, dass diese Chance generell bestehe und es sich also langfristig auszahle, das ethisch Richtige zu tun.[35] An Business Schools wird dem Führungsnachwuchs allein schon dadurch nahegelegt, dass es mit der Orientierung am Gewinnprinzip seine Richtigkeit haben muss, dass nichts anderes gelehrt wird als instrumentelle Rationalität dafür, wie die Gewinne für die Investoren zu maximieren seien.

> Business school education is becoming increasingly homogeneous, almost universally emphasizing the principles and values of economics, such as the maximization of self-interest. (Racko et al. 2017, S. 373; vgl. auch Khurana 2007)

Von all dem müsste man sich verabschieden, soll eine Erneuerung der Sozialen Marktwirtschaft eine Chance haben. Es bedürfte einer Revolution der Denkungsart, einer Art zweiter, „nachholender Aufklärung" (Ulrich 2016, S. 14), um Raum zu schaffen – zunächst für das Stellen von Fragen: „Wie wollen wir leben und zusammenleben?" Statt: „Wie müssen wir leben, um wettbewerbsfähig zu bleiben oder zu werden?" Das Problematische an der Dominanz „ökonomischer" Denk- und Argumentationsmuster ist vor allem, dass „widergelagerten" Ansprüchen kein eigenes Recht zugestanden

---

[35]Vgl. zur empirisch zur Verbreitung dieses Denkens Lohmeyer (2018). Vgl. zur systematischen Kritik Thielemann (2008b). Der Business Case läuft auf eine Ethik des Rechts des Stärkeren hinaus. Gewinnmaximierung bzw. allgemeiner Nutzenmaximierung ist, im Unterschied zum Gewinn- bzw. Nutzenstreben, nicht rechtfertigungsfähig und verletzt das Moralprinzip unmittelbar und frontal. Vgl. Thielemann (2009, S. 66–69); Ulrich (2016, S. 450).

wird.[36] Sie haben nur dann eine Chance auf Berücksichtigung, wenn dies „effizient" ist, also der Wettbewerbsfähigkeit oder der Rentabilität dient. Demgegenüber müssten die „ökonomischen" Argumente eine Stufe zurücktreten, sie wären zu relativieren (nicht zu negieren) und bekämen dadurch, dass sie in eine Reihe mit anderen Gesichtspunkten, Ansprüchen und Interessen gesetzt würden, eine andere, weniger dominante Bedeutung. Der politische Diskurs wäre nicht mehr zugunsten marktkonformer politischer Weichenstellung, die bislang noch generell als Inbegriff von „Fortschritt" gelten, vorentschieden. In ihn würde, mindestens gleichberechtigt, ein anderer Typus von Gründen einziehen. Es ginge um ein Abwägen zwischen durchaus konfligierenden Ansprüchen und Interessen, um das redliche Suchen nach gerechten Lösungen und fairen Kompromissen, statt darum aufzuzeigen, dass die Berücksichtigung dieser Ansprüche und Interessen der Wettbewerbsfähigkeit oder der Rentabilität dient – um dann zu folgern, dass dann, wenn dies nicht der Fall ist, diese Ansprüche unberechtigt sein müssen.

Im Folgenden sollen nur die möglichen Beiträge zweier Politikbereiche für die Revitalisierung einer Sozialen Marktwirtschaft skizziert werden, nämlich der Finanzsektor und die Steuerpolitik. Andere Politikbereiche wie die Sozialpolitik, die Außenhandelspolitik oder die Wissenschaftspolitik bleiben ausgeklammert. Hierzu nur einige sehr knappe Hinweise:

Bei der Sozialpolitik ginge es u. a. um die Erhöhung des Reservationslohns.[37] Dieser wirkt prä- und redistributiv zugleich und hilft darum bei der Herstellung fairer, leistungsgerechter Teilhabechancen.

Bei der Außenhandelspolitik ginge es um eine Abkehr von der Exportorientierung (zuweilen muss man ja von einer Exportfixierung der deutschen Politik sprechen), d. h. von der Strategie, die fehlende, durch neoliberale Reformen vergleichsweise klein gehaltene inländische Nachfrage durch Abzug von Kaufkraft aus dem Ausland zu ersetzen. Damit ginge auch eine Verringerung der Abhängigkeit Deutschlands von der Auslandsnachfrage einher. Eine entsprechende Stärkung der Binnennachfrage hätte unter anderem zur Folge, dass inländische Beschäftigte wieder vermehrt auch als Käufer, statt vorrangig bloß als billige und willige Arbeitskräfte in den Blick gerieten.[38] Dann würde man vielleicht die „großen Entdeckung" zu würdigen wissen, die Sebastian Haffner den

---

[36]Wilhelm Röpke (1946, S. 85) forderte eine „widergelagerte Gesellschaftspolitik" – allerdings um der Erhaltung „der Marktwirtschaft" willen, statt zu fragen: der Ausgestaltung welcher Vision von Marktwirtschaft.
[37]Vgl. den Vorschlag von Peter Bofinger (2017).
[38]Vgl. mit exemplarischem (derzeit teilweise kontrafaktischem) Blick auf China Fletcher (2009, S. 28): „If China had to rely upon domestic demand to drive its economy, locking up its population as factory slaves would not be such a viable strategy." Derzeit zielt China allerdings darauf ab, die Binnennachfrage zu stärken (vgl. Hua und Häring 2018).

politischen Entscheidungsträgern zu Beginn des 20ten Jahrhunderts bescheinigte: „dass die Arbeiter nicht nur Kostenfaktoren darstellen, sondern auch eine Konsumentenmasse" (vgl. Flassbeck und Steinhardt 2018, S. 143–144).

Die Wissenschaftspolitik müsste auf die Pluralisierung der Wirtschaftswissenschaften hinwirken, damit der Einzug eines anderen Geistes in den sachverständig zu führenden politischen Diskurs eine Chance hätte (vgl. Ehnts und Zeddies 2016; Ötsch et al. 2018). Dabei ist auch die Betriebswirtschaftslehre mit einzubeziehen, die sich vom ethisch mindestens fragwürdigen, weil parteilichen Fokus auf die Interessen einer bestimmten Anspruchsgruppe zu verabschieden hätte, was auf eine Entthronung des Gewinns als dem kategorischen Imperativ richtiger Unternehmensführung hinausliefe (vgl. Thielemann 2009, S. 164–178).

„Die politische Einbettung des Kapitalismus ist nicht moralfrei vorzustellen." Sie ist nicht allein als „institutionalistische Makro-, sondern auch als handlungstheoretische Mikrotheorie" zu betreiben, in der „auch moralische Diskurse einen Platz haben." (Streeck 2007, S. 14)

4.5.2 Reform des Finanzsektors

Die Politik der „Hofierung des Kapitals" hat die Vermögensbestände anschwellen lassen. So sind die von Privaten gehaltenen Nettovermögen in den meisten reichen Ländern seit 1970 von 200–350 % des Nationaleinkommens auf heute 400–700 % angeschwollen (Alvaredo et al. 2018, S. 21).[39] Es ist zu viel Kapital in der Welt. Was sich äußerlich und rein verwertungstechnisch betrachtet im endemischen Anlagenotstand manifestiert (vgl. Harris und Schwedel 2012; Vontobel 2011).

Bloß kreislauftheoretisch (und nicht verteilungspolitisch) gedacht, bestünde der Ausweg in einer Plutonomie, in der die Inhaber der Nettovermögenspositionen ihre Gewinne nicht nur reinvestieren (bzw. verspekulieren), sondern verstärkt auch für ihren eigenen Luxuskonsum nutzen bzw., wenn schon investiert werden muss, in die entsprechenden Branchen leiten (vgl. Kapur et al. 2005). Diese wäre allerdings ein vielleicht „ökonomisch" krisenfreier aber alles andere als ein gerechter Ausweg.

Diesen überschießenden Kapitalbeständen korrespondieren Überforderungen aufseiten derjenigen, die die Renditen definitionsgemäß allein erwirtschaften können: die Beschäftigten. Diese Überforderung hat zwei Dimensionen.

Zum einen die der Verschuldungsproblematik. Die angewachsenen, bei sehr wenigen konzentrierten Finanzvermögen, die gleichbedeutend mit Verschuldungsgraden sind (von Staaten, Haushalten und Unternehmen) und derzeit mehr als das Dreifache

---

[39]Vgl. zur Problematisierung des seit der neoliberalen Revolution stark angestiegenen gesamtwirtschaftlichen „Kapital-Einkommens-Verhältnisses" Piketty (2014, S. 217–263).

der Weltwirtschaftsleistung betragen (Institute of International Finance 2019), übersteigen die Zahlungsfähigkeit der Nettoschuldner gegenüber den Nettogläubigern. Dies ist der Kerngedanke der Verschuldungstheorie Michael Hudsons (2016). Die „One Percent" leiten ihre Erträge im Wesentlichen bloß immer weiter in den Erwerb bereits bestehender Vermögenstitel (die ebenfalls im Wesentlichen von den Vermögenden gehalten werden). Mit dieser „Finanzialisierung" der Geldverwendung entziehen sie dem realwirtschaftlichen Wirtschaftskreislauf wirksame Nachfrage, d. h. Kaufkraft. Gerade dadurch aber unterminieren sie die Kapitaldienstfähigkeit der Netto-Schuldner, die sich zunehmend nochmals verschulden, um den Kapitaldienst leisten zu können, was auf einen circulus vitiosus hinausläuft. Wolfgang Streeck (2015, zusammenfassend S. 225–256) vertritt die Ansicht, dass dieser Prozess des Kaufkraftentzugs derzeit nur noch allein durch die Injektionen der Zentralbanken („Quantitative Easing") aufrechterhalten wird.

Nicht berücksichtigt wird dabei allerdings, dass durchaus noch investiert wird (allerdings weitgehend innenfinanziert) und diese Investitionen den (globalen) Wettbewerb selbstverständlich verschärfen (vgl. Thielemann 2012a). Daraus erwächst die zweite Dimension der Überforderung der Beschäftigten durch (relativ zur Wirtschaftsleistung) wachsende Kapitalbestände: Die Investoren stärken die ohnehin schon starken Marktteilnehmer, die so gestärkt den weniger starken Marktteilnehmern im Wettbewerb die Einkommensposition streitig machen.[40] Die neoliberale Revolution bestand darin, die vormals eingebauten regulatorischen und redistributiven Bremsen dieses Prozesses (vor allem: Arbeitsrecht und soziale Sicherung) abzubauen, wenn nicht zu entfernen bzw. ökonomisch-funktional umzuorientieren.

Beide Problembestände verweisen auf die Notwendigkeit einer Politik des kontrollierten Abbaus von Verschuldungsgraden und korrespondierenden Vermögensbeständen, die ohnehin kaum mehr in plausibler Weise als leistungsgerecht zu beurteilen sein dürften. Naheliegend ist die Besteuerungsoption (vgl. unten). Doch auch und vielleicht vor allem eine weniger „kapitalfreundliche" Regulierung würde helfen, etwa die Rücknahme vieler als „beschäftigungsfreundlich" titulierten Reformen, die den ausdrücklichen Sinn haben, „ganz allgemein die Verhandlungsmacht der Gewerkschaften zur Lohnfestsetzung zu mindern".[41] Thomas Piketty (2014, S. 188–194) weist auf die einkommensglättenden,

---

[40]Dies macht sich im zwischenstaatlichen Verhältnis in Leistungsbilanzüberschüssen und -defiziten bemerkbar, d. h. einerseits in der wachsenden Verschuldung derjenigen Länder, die im Wettbewerb verlieren, und andererseits im Aufbau von Vermögenspositionen aufseiten der in den wettbewerbsstarken Ländern beheimateten Nettosparer gegenüber den Wettbewerbsverlierern.

[41]So die Beamten des ehemaligen EU-Wirtschaftskommissars Oli Rehn. Vgl. Schumann und Simantke (2017). Der zynische Begriff der „Beschäftigungsfreundlichkeit" des Abbaus von sozialen Schutzstandards soll die Hinnahme der tatsächlichen oder vermeintlichen Macht der Investoren politisch besiegeln.

prä-distributiven Eigenschaften der deutschen Mitbestimmung und weiterer Institutionen des mittlerweile weitgehend abgewickelten „Rheinischen Kapitalismus" hin.[42]

Die Frage ist, ob eine solche Renaissance der Marktregulierung, die den Geist der grundgesetzlichen Sozialpflichtigkeit des Eigentums stärkt und mit dem Grundsatz der „Shareholder Primacy" (Stout 2004) bricht, dem Kontraproduktivitätsverdikt unterliegt, welches neoklassische Ökonomen gegen alle nicht kapitalkonforme Regulierung gebetsmühlenhaft vorbringen.[43] Bei den Mindestlöhnen war dies offenbar nicht der Fall.[44] Insofern dürften viele der Sachzwangargumente, die den politischen Prozess durch technokratisch-ökonomistische Argumente der Alternativlosigkeit paralysiert haben, Scheinargumente sein.[45] Vermutlich allerdings nicht alle. Dies bedeutet, jedenfalls auf der Basis einer dem Aufklärungsideal demokratischer Selbstbestimmung orientierten, konzeptionell universalistisch statt partikularistisch ausgerichteten Wirtschaftsethik, nicht, die Kontraproduktivität progressiver Reformen als Tatsache hinzunehmen, sondern tiefer anzusetzen. Denn da die Ursachen menschlichen und nicht etwa natürlichen Ursprungs sind, müssen sie, auch wenn sie systemischen Charakters sind, als adressier- und damit als veränderbar vorgestellt werden können. Dies dürfte bedeuten, dass auf ein gewisses Maß globaler wettbewerblicher Waffenstillstandsabkommen weltinnenpolitisch hinzuwirken wäre. Vieles spricht dafür, dass eine Wiederbelebung der Sozialen Marktwirtschaft mit vollständig offenen Märkten, also unter den Bedingungen der „Hyperglobalisierung", nicht zu haben ist.[46]

4.5.3 Paradigmenwechsel in der Steuerpolitik

Das gegenwärtige System der fiskalischen Privilegierung von Kapitaleinkommen und der Ausweitung von Massensteuern an ihrer statt ist weder leistungsgerecht noch hilft es dabei, auf möglichst faire und kontrollierte Weise zum Abbau von Vermögensbeständen beizutragen. Da der Ausgabenbedarf des Staates praktisch unabweisbar ist, dieser ohnehin weiter wachsen dürfte („Wagnersches Gesetz"),[47] bildet diese Privilegierung auch eine wesentliche Ursache für die (nur in Deutschland gerade nicht mehr)

---

[42]Wolfgang Streeck (2011) führt die wachsende Staatsverschuldung, die ab Ende der 1970er Jahre einsetzte, darauf zurück, dass „Forderungen nach sozialer Sicherung und Besserstellung ...nicht mehr innerhalb der Wirtschaft", also nicht prädistributiv, realisiert wurden.

[43]Vgl. Thielemann (2014) und die dort angegebenen Quellen.

[44]„Für die tradierte Wirtschaftswissenschaft ist die Einführung des Mindestlohnes ein wissenschaftliches Waterloo." Heise (2018).

[45]Vgl. beispielsweise Guschanski und Onaran (2018).

[46]Vgl. Rodrik (2011, insbesondere S. 325, 358–359). Vgl. auch Ulrich (2018); Flechter (2009); Wade (2017).

[47]Vgl. Streeck (2013, S. 106); Aldred (2009, S. 76, 238) (ohne Bezug auf Wagner).

wachsende Staatsverschuldung. Dabei ist zu beachten, dass die Staatsquoten seit etwa Mitte der 1970er Jahren kaum gewachsen, tendenziell eher gesunken sind.[48] Statt die hohen Einkommen, die Netto-Sparer und die Inhaber von Nettovermögenspositionen, zu besteuern, hat man sich bei ihnen verschuldet und ihnen damit Anlagemöglichkeiten verschafft, die an sich gar nicht mehr existieren.[49] Dieser Personenkreis, der Einkommen erzielt in einer Höhe, die seinen jedenfalls aktuellen Ausgabenbedarf übersteigt und der also Vermögensaufbau betreibt, muss sich klar machen, dass Einkommenserzielung keine Privatangelegenheit ist. Einkommen werden stets mit anderen (im arbeitsteiligen Produktionsprozess) und gegen andere (im Wettbewerb) erzielt.[50] Und natürlich sind die Einnahmen der einen die Ausgaben der (vielleicht verschuldeten) anderen. Dies sollte zu mehr Demut führen und einen relativierenden Blick auf die eigenen Markterfolge begünstigen sowie die Erkenntnis befördern, dass die Progressivität der Besteuerung, die derzeit zu wünschen übrig lässt,[51] nicht nur der internen Steuergerechtigkeit dient (Prinzip der Besteuerung nach der „Leistungsfähigkeit"), sondern auch einen Beitrag leistet zur fairen Teilhabe aller am gemeinsam Erwirtschafteten. Vielleicht hält man es dann mit Warren Buffett (2010), der weiß, dass sein Milliardenvermögen durch ein Marktsystem ermöglicht wurde, welches „manchmal verzerrte Ergebnisse hervorbringt", denn schließlich seien seine Qualifikation von derjenigen etwa eines Lehrers nicht um Lichtjahre entfernt. Buffett (2011) ruft daher seit langem dazu auf, Superreiche wie ihn nicht länger zu „verhätscheln". Konsequenterweise plädiert er mit der Initiative „Patriotic Millionaires for Fiscal Strength" zusammen mit gleichgesinnten Superreichen für seine eigene und seinesgleichen Höherbesteuerung (vgl. Löpfe 2010).

Einer angemesseneren, mindestens nicht mehr privilegierenden Kapitalbesteuerung steht allerdings der globale Steuerwettbewerb, der praktisch ausschließlich Kapitaleinkommen betrifft, entgegen. Der Adressat einer solchen Politik muss daher, soweit unilaterale Maßnahmen kontraproduktiv sind (was teilweise bestritten wird),[52] nicht nur die nationale, sondern die internationale Politik, letztlich die Weltgemeinschaft sein. Ohne eine breite, international ausgerichtete zivilgesellschaftliche Bewegung, die für faire marktwirtschaftliche Verhältnisse und damit im Kern für eine Revitalisierung und Erneuerung einer Sozialen Marktwirtschaft eintritt, ist ein solcher Politikwechsel nicht

---

[48]Vgl. die fortlaufenden Monatsberichte des Bundesministeriums der Finanzen.
[49]Insofern ist zumindest ein Teil der Finanzvermögensbestände der Vermögenden als „vermiedene Steuerschuld" zu deuten. Vgl. Peukert (2015, S. 18). Vgl. auch Piketty (2014, S. 174, 737, 777); Streeck (2015, S. 104). Vgl. zur Transformation des Steuerstaates in einen Schuldenstaat Streeck (2013, S. 109–113).
[50]Vgl. Thielemann (2012b); Chang (2010, S. 53–54); Flassbeck und Steinhardt (2018, S. 170–171).
[51]Vgl. für Deutschland Bach et al. (2016); für entwickelte Volkswirtschaften IMF (2017).
[52]Vgl. für die Unternehmensbesteuerung Jarass und Obermair (2017) sowie ICRICT (2018, S. 11–12).

zu erwarten.[53] Er müsste dabei auch getragen sein von im Wissenschaftssystem verankerten Intellektuellen, die das neoliberale Regime für ethisch nicht begründbar halten und dies mit wissenschaftlich tragfähigen Argumenten begründen.

Literatur

Abelshauser W (2009) Wandlungen der Sozialen Marktwirtschaft. Des Kaisers neue Kleider? Roman Herzog Institut, Position Nr. 7. München

Abelshauser W (2011) Deutsche Wirtschaftsgeschichte. Von 1945 bis zur Gegenwart. Bundeszentrale für politische Bildung, Bonn

Aldred J (2009) The skeptical economist. Revealing the ethics inside economics. Taylor & Francis, London

Alvaredo F, Chancel L, Piketty T, Saez E, Zucman G (2018) Die weltweite Ungleichheit. World Inequality Report 2018, Beck, München

Bach S (2015) Erbschaftsteuer: Firmenprivilegien begrenzen, Steuerbelastungen strecken. DIW Wochenbericht Nr. 7, Deutsches Institut für Wirtschaftsforschung, Berlin, S 111–121

Bach S, Beznoska M, Steine V (2016) Wer trägt die Steuerlast in Deutschland? DIW-Wochenbericht Nr. 51+52, Deutsches Institut für Wirtschaftsforschung, Berlin, S 1207–1216

Bach S, Thiemann A, Zucco A (2018) Looking for the Missing Rich. Tracing the Top Tail of the Wealth Distribution 2018, DIW Discussion Paper Nr. 1717, Deutsches Institut für Wirtschaftsforschung, Berlin

Baldwin R (2018) Die nächste Phase der Globalisierung, Neue Zürcher Zeitung, 28. Dezember 2018. https://www.nzz.ch/wirtschaft/bei-der-naechsten-phase-der-globalisierung-kann-sich-niemand-verstecken-ld.1446561. Zugegriffen: 7. Juli 2019

Bartels C (2017) Top incomes in Germany, 1871–2013, WID.world Working Paper Series Nr. 2017/18, Dezember 2017. https://wid.world/document/top-incomes-germany-1871-2013-wid-world-working-paper-2017-18. Zugegriffen: 7. Juli 2019

Bartels C (2018) Einkommensverteilung in Deutschland von 1871 bis 2013: Erneut steigende Polarisierung seit der Wiedervereinigung. DIW-Wochenbericht Nr. 3, Deutsches Institut für Wirtschaftsforschung, Berlin, S 51–58

Bellers J, Philipp R (1994) Außenwirtschaftspolitik. In: Tauras O et al. (Hrsg) Politikwissenschaft III: Internationale Politik. Lit, Münster, S 343–378

Bengtsson E, Waldenström D (2017) Capital shares and income inequality. Evidence from the long run, Uppsala University, Uppsala, Januar 2017. http://www.uueconomics.se/danielw/Research_files/BengtssonWaldenstrom_Capitalshares_long.pdf. Zugegriffen: 7. Juli 2019

Berle AA, Means G C (1991) The modern corporation and private property. Transaction Publ., New Brunswick (Erstveröffentlichung 1932)

Bhagwati JN (1996) The demands to reduce domestic diversity among trading nations. In: Bhagwati JN, Hudec RE (Hrsg) Fair trade and harmonization. MIT Press, Cambridge, S 9–40

Bofinger P (2017) Das Märchen um die Agenda 2010. Tagesspiegel, 24. März 2017. https://causa.tagesspiegel.de/politik/braucht-deutschland-eine-reform-der-sozialpolitik/das-maerchen-um-die-agenda-2010.html. Zugegriffen: 7. Juli 2019

---

[53]Ermutigend dürfte diesbezüglich sein, dass eine Mehrheit von 59 % der Amerikaner eine Rückkehr zu Grenzsteuersätzen von 70 %, wie sie bis in die frühen 1980er Jahre für Jahreseinkommen ab 200.000 US$ galten, befürworten. Vgl. Goodkind (2019).

Bognanni M, Pennekamp, J (2011) Werkverträge. Es geht noch billiger, Die Zeit, Nr. 50, 8. Dezember 2011. https://www.zeit.de/2011/50/Leiharbeit-Werkvertraege. Zugegriffen: 7. Juli 2019

Bollmann R (2008) Der Sozialstaat der Konservativen. Berliner Republik, Nr. 6. http://www.b-republik.de/archiv/der-sozialstaat-der-konservativen. Zugegriffen: 7. Juli 2019

Bröckling U (2007) Das unternehmerische Selbst. Soziologie einer Subjektivierungsform. Suhrkamp, Frankfurt a. M.

Brown W (2015) Die schleichende Revolution. Wie der Neoliberalismus die Demokratie zerstört. Suhrkamp, Frankfurt a. M.

Bude H (2014) Gesellschaft der Angst. Hamburger Edition, Hamburg

Bude H (2015) Die Selbstgerechten, die Übergangenen und die Verbitterten. Theater heute, Nr. 3, S. 30–35

Bude H (2016) Aufstand der Verbitterten. Frankfurter Rundschau, 9. November. https://www.fr.de/politik/aufstand-verbitterten-11069016.html. Zugegriffen: 7. Juli 2019

Buffett W (2010) My philanthropic pledge. The GIVING PLEDGE. https://givingpledge.org/Pledger.aspx?id=177. Zugegriffen: 7. Juli 2019

Buffett W (2011) Stop coddling the super-rich. New York Times, 14. August 2011. https://www.nytimes.com/2011/08/15/opinion/stop-coddling-the-super-rich.html. Zugegriffen: 7. Juli 2019

BAuA (2016) Arbeitszeitreport Deutschland 2016. Bundesanstalt für Arbeitsschutz und Arbeitsmedizin, Dortmund

Bundesregierung (2017) Lebenslagen in Deutschland. 5. Armuts- und Reichtumsbericht. http://www.armuts-und-reichtumsbericht.de/SharedDocs/Downloads/Berichte/5-arb-langfassung.pdf. Zugegriffen: 7. Juli 2019

Busch U, Land R (2013) Teilhabekapitalismus. Aufstieg und Niedergang eines Regimes wirtschaftlicher Entwicklung am Fall Deutschland 1950 bis 2010. Books on Demand, Norderstedt

Butterwegge C, Lösch B, Ptak R (2017) Neoliberalismus im Krisenmodus: Entwicklungstendenzen und Zukunftsperspektiven des Marktradikalismus. In: Butterwegge C, Lösch B, Ptak R (Hrsg) Kritik des Neoliberalismus, 3. Aufl. Springer, Wiesbaden, S 259–290

CDU, CSU, SPD (2018) Ein neuer Aufbruch für Europa. Eine neue Dynamik für Deutschland. Ein neuer Zusammenhalt für unser Land, Koalitionsvertrag, 7.2.2018. https://www.cdu.de/system/tdf/media/dokumente/koalitionsvertrag_1_0.pdf. Zugegriffen: 7. Juli 2019

Chang H-J (2010) 23 Lügen, die sie uns über den Kapitalismus erzählen. C. Bertelsmann, München

Chen R, Hanson J (2004) The illusion of law: the legitimating schemas of modern policy and corporate law. Mich Law Rev 103:1–149

Christiansen C (2015) Progressive business, an intellectual history of the role of business in american society. Oxford University Press, Oxford

Chwalisz C, Diamond P (Hrsg) (2015) The predistribution agenda: tackling inequality and supporting sustainable growth. Tauris, London

Collier P (2018) Sozialer Kapitalismus! Mein Manifest gegen den Zerfall der Gesellschaft. Siedler, München

Crouch C (2011) Das befremdliche Überleben des Neoliberalismus. Suhrkamp, Frankfurt a. M.

Dabla-Norris E et al. (2015) Causes and Consequences of Income Inequality: A Global Perspective, IMF Staff Discussion Note, June 2015. https://www.imf.org/external/pubs/ft/sdn/2015/sdn1513.pdf. Zugegriffen: 7. Juli 2019

Dahrendorf R (2004) Wie sozial kann die Soziale Marktwirtschaft noch sein? 3. Ludwig-Erhard-Lecture. 28. Oktober, Chancen für alle – Initiative Neue Soziale Marktwirtschaft, Berlin

Davis GF (2009) Managed by the marktes. How finance re-shaped America. Oxford University Press, Oxford

Der Spiegel (2017) Knapp die Hälfte der Neueinstellungen nur noch befristet. 6.9. http://www.spiegel.de/karriere/nur-jeder-zweite-bekommt-einen-unbefristeten-job-a-1166300.html. Zugegriffen: 7. Juli 2019

Deutsche Bank (2005) ToPPiX – German Strategy. Labour costs in the focus. Deutsche Bank, London

Deutschmann C (2015) Die Entgrenzung der Märkte als Problem der Gesellschaftstheorie. Leviathan 43:539–566

DGB-Index Gute Arbeit (2012) Arbeitshetze – Arbeitsintensivierung – Entgrenzung. DGB-Index Gute Arbeit GmbH, Berlin. https://index-gute-arbeit.dgb.de/veroeffentlichungen/jahresreports/++co++db26d602-d763-11e3-976d-52540023ef1a. Zugegriffen: 7. Juli 2019

Diekmann F (2018) 45 Deutsche besitzen so viel wie die ärmere Hälfte der Bevölkerung. Spiegel online, 23.1.. http://www.spiegel.de/wirtschaft/soziales/vermoegen-45-superreiche-besitzen-so-viel-wie-die-halbe-deutsche-bevoelkerung-a-1189111.html. Zugegriffen: 7. Juli 2019

Eaton G (2018) How the right's Brexit dream died. New Statesman, 20.11.. https://www.newstatesman.com/politics/uk/2018/11/how-right-s-brexit-dream-died. Zugegriffen: 7. Juli 2019

Eckert S (2003) Auf dem Weg zur Aktionärsorientierung. Shareholder Value bei Hoechst. In: Streeck W, Höpner M (Hrsg) Alle Macht dem Markt? Fallstudien zur Abwicklung der Deutschland AG. Campus, Frankfurt a. M., S 169–196

Ehnts D, Zeddies L (2016) Die Krise der VWL und die Vision einer Pluralen Ökonomik. Wirtschaftsdienst 96:769–775

Ennser-Jedenastik L (2016) A welfare state for whom? A group-based account of the Austrian freedom party's social policy profile. Swiss Polit Sci Rev 22:409–427

Erlinghagen M (2017) Langfristige Trends der Arbeitsmarktmobilität, Beschäftigungsstabilität und Beschäftigungssicherheit in Deutschland. Duisburger Beiträge zur soziologischen Forschung 2017-05, Institut für Soziologie, Universität Duisburg-Essen. https://www.uni-due.de/imperia/md/content/soziologie/dbsf_2017_05.pdf. Zugegriffen: 7. Juli 2019

Ernst & Young (2016) EY Jobstudie Arbeitsbelastung/Work-Life-Balance. Ernst & Young, Hamburg

Emunds B (2010) Ungewollte Vaterschaft. Katholische Soziallehre und Soziale Marktwirtschaft. Ethik und Gesellschaft, 1/2010. http://dx.doi.org/10.18156/eug-1-2010-art-8. Zugegriffen: 7. Juli 2019

Engartner T (2017) Privatisierung und Liberalisierung – Strategien zur Selbstentmachtung des öffentlichen Sektors. In: Butterwegge C, Lösch B, Ptak R (Hrsg) Kritik des Neoliberalismus, 3. Aufl. Springer, Wiesbaden, S 79–121

Fetzer T (2018) Did Austerity cause brexit? cesinfo Working Paper Nr. 7159, Munich Society for the Promotion of Economic Research – CESifo GmbH, Juli. https://www.cesifo-group.de/DocDL/cesifo1_wp7159.pdf. Zugegriffen: 7. Juli 2019

Flassbeck H, Steinhardt P (2018) Gescheiterte Globalisierung. Ungleichheit, Geld und die Renaissance des Staates. Suhrkamp, Frankfurt a. M.

Flechter I (2009) Free trade doesn't work. US Business & Industry Council, Washington

Fletcher I, Shearer W (2012) The conservative case against free trade. Createspace Independent Publishing Platform, Wien

Fraser N (2017) Für eine neue Linke oder: Das Ende des progressiven Neoliberalismus. Blätter für deutsche und internationale Politik 62(2):71–76

Fricke T (2017a) Wirres Wahlvolk. Spiegel-online, 20.10. http://www.spiegel.de/wirtschaft/soziales/globalisierung-fuehrt-zu-einem-wirren-wahlvolk-kolumne-a-1173760.html. Zugegriffen: 7.Juli 2019

Fricke T (2017b) Wer braucht denn noch die FDP?, Spiegel-online, 06.01. http://www.spiegel.de/wirtschaft/soziales/fdp-und-die-krise-des-liberalismus-wer-braucht-noch-die-fdp-kolumne-a-1128780.html. Zugegriffen: 7. Juli 2019

Friedman, T L (2017) A concerned citizen's plea to America's business leaders. New York Times, 1.2. https://www.nytimes.com/2017/02/01/opinion/a-concerned-citizens-plea-to-americas-business-leaders.html. Zugegriffen: 7. Juli 2019

Goodkind N (2019) Alexandria Ocasio-Cortez's Plan to Raise Top Tax Rate to 70 Percent Is Supported by Most Americans.Newsweek, 15.1. https://www.newsweek.com/alexandria-ocasio-cortez-tax-rate-70-percent-1293096. Zugegriffen: 7. Juli 2019

Gordon C (2015) Growing apart: a political history of American inequality. J Am Hist 102:500–504 http://scalar.usc.edu/works/growing-apart-a-political-history-of-american-inequality/index. Zugegriffen: 7. Juli 2019

Grabka M, Goebel J (2017) Realeinkommen sind von 1991 bis 2014 im Durchschnitt gestiegen – erste Anzeichen für wieder zunehmende Einkommensungleichheit. DIW Wochenbericht Nr. 4, Deutsches Institut für Wirtschaftsforschung, Berlin, S 71–82

Guilford G, Sonnad N (2017) Der Geist des Trumpismus oder: Was Steve Bannon wirklich will. Blätter für deutsche und internationale Politik 3:55–67

Guschanski A, Onaran Ö (2018) Determinants of the wage share. a cross-country comparison using sectoral data. CESifo Forum 19(2):44–54

Habermas J (1981) Theorie des kommunikativen Handelns, Bd. 2. Suhrkamp, Frankfurt a. M.

Habermas J (2011) Zur Verfassung Europas. Suhrkamp, Frankfurt a. M.

Häring N (2017) Ungleichheit schadet, meint der IWF – die Frage ist nur: Wem?, 16. Oktober 2017. http://norberthaering.de/de/27-german/news/901-ungleichheit-iwf. Zugegriffen: 7. Juli 2019

Häring N (2018) Deutschland – der übermächtige Konkurrent. Handelsblatt, 16.1. http://www.handelsblatt.com/20852196.html. Zugegriffen: 7. Juli 2019

Harris K, Schwedel A (2012) A world awash in money. Capital trends through 2020, Bain & Company, o.O., 14. November 2012. http://www.bain.com/publications/articles/a-world-awash-in-money.aspx. Zugegriffen: 7. Juli 2019

Harteveld E (2016) Winning the "losers" but losing the "winners"? The electoral consequences of the radical right moving to the economic left. Electoral Stud 44:225–234

Heise A (2018) Eine Blamage für die Wissenschaft. Frankfurter Rundschau, 6.12. http://www.fr.de/politik/meinung/gastbeitraege/gastbeitrag-eine-blamage-fuer-die-wissenschaft-a-1633287. Zugegriffen: 7. Juli 2019

Heitmeyer W (2018) Autoritäre Versuchungen. Suhrkamp, Frankfurt a. M.

Heisterhagen N (2017) Die SPD muss wieder zum Anwalt der Arbeiter werden. Frankfurter Allgemeine Zeitung, 22.11. http://www.faz.net/aktuell/politik/die-gegenwart/spd-muss-wieder-zum-anwalt-der-arbeiter-werden-15303153-p2.html. Zugegriffen: 7. Juli 2019

Hilmer R, Kohlrausch B, Müller-Hilmer R, Gagné J (2017) Einstellung und soziale Lebenslage. Eine Spurensuche nach Gründen für rechtspopulistische Orientierung, auch unter Gewerkschaftsmitgliedern. Working Paper Forschungsförderung Nr. 44, Hans-Böckler-Stiftung, Düsseldorf. https://www.boeckler.de/pdf/p_fofoe_WP_044_2017.pdf. Zugegriffen: 7. Juli 2019

Hirsch J (1998) Vom Sicherheits- zum nationalen Wettbewerbsstaat. ID-Verlag, Berlin

Hiß S (2009) Corporate Social Responsibility – Innovation oder Tradition? Zum Wandel der gesellschaftlichen Verantwortung von Unternehmen in Deutschland. Zeitschrift für Wirtschafts- und Unternehmensethik 10:287–303

Hockerts HG (1977) Sozialpolitische Reformbestrebungen in der frühen Bundesrepublik. Zur Sozialreform-Diskussion und Rentengesetzgebung 1953-1957. Vierteljahrshefte für Zeitgeschichte 25:341–372

Hockerts HG (1980) Sozialpolitische Entscheidungen im Nachkriegsdeutschland. Klett-Cotta, Stuttgart

Hua S, Stahlt M (2018) Eskalation im Handelsstreit. Handelsblatt, 19.6. https://www.handelsblatt.com/politik/international/200-milliarden-dollar-eskalation-im-handelsstreit-trump-droht-china-mit-neuen-milliarden-zoellen/22706902.html. Zugegriffen: 7. Juli 2019

Hua S, Häring N (2018) China wächst unbeeindruckt von Handelsstreit weiter. Handelsblatt, 17.4. https://www.handelsblatt.com/politik/international/strafzoelle-china-waechst-unbeeindruckt-von-handelsstreit-weiter/21181684.html. Zugegriffen: 7. Juli 2019

Hudson M (2016) Der Sektor. Warum die globale Finanzwirtschaft uns zerstört. Klett-Cotta, Stuttgart

Huffschmid J (2002) Politische Ökonomie der Finanzmärkte. VSA, Hamburg

ICRICT (Independent Commission for the Reform of International Corporate Taxation) (2018) A roadmap to improve rules for taxing multinationals. A fairer future for global taxation. https://static1.squarespace.com/static/5a0c602bf43b5594845abb81/t/5a78e6909140b73ef-c08eab6/1517872798080/ICRICT+Unitary+Taxation+Eng+Feb2018.pdf. Zugegriffen: 7. Juli 2019

IMF (2016) World Economic Outlook. Subdued Demand. Symptoms and Remedies, Washington, D.C.

IMF (2017) Fiscal Monitor. Tackling Inequality. IMF, Washington, D.C.

IMF (2019) Wealth Inequality and Private Savings in Germany. IMF Country Report No. 19/214, Washington, D.C. https://www.imf.org/~/media/Files/Publications/CR/2019/1DEUEA2019002.ashx. Zugegriffen: 11. Juli 2019

Inglehart RF, Norris P (2016) Tump, Brexit, and the Rise of Populism. Economic Have-Nots and Cultural Backlash, Harvard Kennedy School Faculty Research Working Paper 26, Cambridge

Institute of International Finance (2019) Global Debt Monitor, Januar 2019. https://www.iif.com/Portals/0/Files/Global%20Debt%20Monitor_January_vf.pdf. Zugegriffen: 7. Juli 2019

Jaehrling K (2016) Prekäre Arbeit und sozialer Dialog. IAQ Report 4/2016, Universität Duisburg-Essen. http://www.iaq.uni-due.de/iaq-report/2016/report2016-04.pdf. Zugegriffen: 7. Juli 2019

Jahnke J (2014) Es war einmal eine Soziale Marktwirtschaft. Books on Demand, Norderstedt

Jarass LJ, Obermair GM (2017) Angemessene Unternehmensbesteuerung, 2. Aufl. Books on Demand, Norderstedt

Judt T (2010) Ill fares the land. Penguin Press, New York

Kapur A, Macleod N, Singh N (2005) Plutonomy. Buying Luxury, Explaining Global Imbalances. Citigroup, o. O., 16. Oktober

Katerle S (2001) Buchbesprechung zu Detlef J. Blesgen, Erich Preiser. Wirken und wirtschaftspolitische Wirkungen eines deutschen Nationalökonomen. Gewerkschaftliche Monatshefte 52:731–734

Katz L F, Krueger AB (2016) The Rise and Nature of Alternative Work Arrangements in the United States, 1995–2015, NBER Working Paper No. 22667, September. https://www.nber.org/papers/w22667.pdf. Zugegriffen: 7. Juli 2019

Kaufmann S (2015) Die Frage, die Syriza stellt. Berliner Zeitung, 02.02. https://www.berliner-zeitung.de/1243300. Zugegriffen: 7. Juli 2019

Kaufmann S (2016) Die AfD will ein neues Steuersystem. Berliner Zeitung, 04.03. https://www.berliner-zeitung.de/23669326. Zugegriffen: 7. Juli 2019

Kitschelt H, McGann AJ (1995) The radical right in Western Europe: a comparative analysis. University of Michigan Press, Ann Arbor

Kopper C (2009) Gerechtigkeit und Wirtschaftspolitik. Frankfurter Allgemeine Zeitung, 1.2. https://www.faz.net/aktuell/wirtschaft/wirtschaftswissen/zur-verteilungsdebatte-gerechtigkeit-und-wirtschaftspolitik-1621945.html. Zugegriffen: 7. Juli 2019

Kretschmann W (2016) „Das Erstarken der AfD ist besorgniserregend" (Interview). Berliner Zeitung, 2.3. https://www.berliner-zeitung.de/politik/winfried-kretschmann--das-erstarken-der-afd-ist-besorgniserregend-23654754. Zugegriffen: 7. Juli 2019

Khurana R (2007) From Higher Aims to Hired Hands. The Social Transformation of American Business Schools and the Unfulfilled Promise of Management as a Profession. Princeton University Press, Princeton und Oxford

Lagarde C (2017) Gemeinsam für mehr Ausgleich. Handelsblatt, 5.1., S 48

Lengfeld H (2017) Abstiegsangst in Deutschland auf historischem Tiefstand. Ergebnisse der Auswertung des Sozio-oekonomischen Panels 1991–2016, Arbeitsbericht des Instituts für Soziologie der Universität Leipzig, Nr. 73, Jena, http://sozweb.sozphil.uni-leipzig.de/fileadmin/studie_abstiegsängste_der_deutschen_1991-2016.pdf. Zugegriffen: 7. Juli 2019

Lohmeyer N (2018) „Vocabularies of motive". Eine inhaltsanalytische Langzeituntersuchung von Motiven unternehmerischer Verantwortung in Artikeln des Manager Magazins, 1971–2017. Schmalenbachs Zeitschrift für betriebswirtschaftliche Forschung 70:277–308

Löpfe P (2010) US-Superreiche: Wir zahlen zu wenig Steuern. Tagesanzeiger, 22.11. https://www.tagesanzeiger.ch/wirtschaft/konjunktur/USSuperreiche-Wir-zahlen-zu-wenig-Steuern/story/14510458. Zugegriffen: 7. Juli 2019

Loke M (2013) Chefsessel mit Tomislav Bucec: „Die Raffgier des Kapitalismus ist mir fremd". Berliner Zeitung, 31.12., S 11

Madsen JB (2009) Trade barriers, openness, and economic growth. South Econ J 76:397–418

Merkel W (2019) Aus dem Gleichgewicht. Die Zeit, 17.6. https://www.zeit.de/wirtschaft/2019-04/kapitalismus-finanzialisierung-globalisierung-demokratie-ungleichheit/komplettansicht. Zugegriffen: 7. Juli 2019

Meurer F, Ott J, Sprong P (2014) Rheinischer Kapitalismus. Eine Streitschrift für mehr Gerechtigkeit, Köln

Mintzberg H (2015) Don't call it a scandal: Volkswagen corruption is a syndrome. The Globe and Mail, 22.9. https://www.theglobeandmail.com/report-on-business/rob-commentary/volkswagen-corruption-crisis-isnt-a-scandal-its-a-syndrome/article26479332. Zugegriffen: 7. Juli 2019

Mirowski P (2013) Never let a serious crisis go to waste. How neoliberalism survived the finanzial crisis. Verso, London

Mizruchi MS, Marshall LJII (2016) Corporate CEOs, 1890–2015. Titans, bureaucrats, and saviors. Ann Rev Sociol 42:143–163

Müller-Armack A (1976) Wirtschaftsordnung und Wirtschaftspolitik. Haupt, Bern

Münch R (2011) Akademischer Kapitalismus. Über die politische Ökonomie der Hochschulreform. Suhrkamp, Frankfurt a. M.

Nachtwey O (2016) Die Abstiegsgesellschaft. Über das Aufbegehren in der regressiven Moderne. Suhrkamp, Frankfurt a. M.

OECD (2014) Top incomes and taxation in OECD countries. Paris. http://www.oecd.org/social/OECD2014-FocusOnTopIncomes.pdf. Zugegriffen: 7. Juli 2019

OECD (2017) Beschäftigungsausblick 2017. Paris. https://www.oecd.org/fr/allemagne/Employment-Outlook-Germany-DE.pdf. Zugegriffen: 7. Juli 2019

OECD (2019) Under pressure: the squeezed middle class, Paris, https://www.oecd.org/social/under-pressure-the-squeezed-middle-class-689afed1-en.htm. Zugegriffen: 7. Juli 2019

Ötsch W, Pühringer S, Hirte K (2018) Netzwerke des Marktes. Ordoliberalismus als Politische Ökonomie. Springer, Wiesbaden

Ortiz-Ospina E, Beltekian D, Roser M (2018) Trade and Globalization. Our World in Data. https://ourworldindata.org/trade-and-globalization. Zugegriffen: 7. Juli 2019

Peukert H (2015) Die Finanz- und Staatsschuldenkrise, Vortrag an der Interdisziplinären Ringvorlesung „Zur Krise der Ökonomie", 16.4.2015, Hannover. http://plural-hannover.de/wp-content/uploads/2015/04/Finanz-und-Staatsschuldenkrise.pdf. Zugegriffen: 7. Juli 2019

Pew Research Center (2016) Clinton, trump supporters have starkly different views of a changing nation, 18.8. http://assets.pewresearch.org/wp-content/uploads/sites/5/2016/08/08-18-2016-August-political-release.pdf. Zugegriffen: 7. Juli 2019

Piketty T (2014) Das Kapital im 21. Jahrhundert. Beck, München, S 2014

Plehwe D, Walpen B (1999) Wissenschaftliche und wissenschaftspolitische Produktionsweisen im Neoliberalismus. PROKLA. Zeitschrift für kritische Sozialwissenschaft 29:203–235

Poutvaara P, Steinhardt MF (2015) Bitterness in life and attitudes towards immigration, SOEP Paper Nr. 800. German Socio-Economic Panel, Berlin

Priddat B (2009) Politische Ökonomie. Neue Schnittstellendynamik zwischen Wirtschaft, Gesellschaft und Politik. VS Verlag, Wiesbaden

Racko G, Strauss K, Burchell B (2017) Economics Education and Value Change. The Role of Program-Normative Homogeneity and Peer Influence. Acad Manage Learn Educ 16:373–392

Reich R (2008) Superkapitalismus. Wie die Wirtschaft unsere Demokratie untergräbt. Campus, Frankfurt a. M.

Reinhart CM, Rogoff KS (2008) This Time is Different. A Panoramic View of Eight Centuries of Financial Crisis, NBER Working Paper Nr. 13882, Cambridge

Rieble V (2012) Neue Wettbewerbsbedingungen für die Zeitarbeit. In: Rieble V et al. (Hrsg) Freie Industriedienstleistung als Alternative zur regulierten Zeitarbeit. ZAAR, München, S 15–31

Rodrik D (2011) Das Globalisierungsparadox. Die Demokratie und die Zukunft der Weltwirtschaft. Beck, München

Röpke W (1946) Civitas Humana, 2. Aufl. Eugen Rentsch Verlag, Erlenbach-Zürich

Sachverständigenrat zur Begutachtung der gesamtwirtschaftlichen Entwicklung (2016) Zeit für Reformen. Jahresgutachten 2016/2017, Wiesbaden

Sachverständigenrat zur Begutachtung der gesamtwirtschaftlichen Entwicklung (2017) Für eine zukunftsorientierte Wirtschaftspolitik. Jahresgutachten 2017/2018, Wiesbaden

Sandel MJ (2012) What money can't buy. The moral limits of marktes. Ingram International, New York

Sauer D, Stöger U, Bischoff J, Detje R, Müller B (2018) Rechtspopulismus und Gewerkschaften. Eine arbeitsweltliche Spurensuche. VSA, Hamburg

Sennett R (2008) Handwerk. Berlin Verlag Taschenbuch, Berlin, S 2008

Scholz O (2016) „Wer sagt, dass er nicht will?" (Interview). Der Spiegel, Nr. 23, https://www.spiegel.de/spiegel/print/d-145101313.html. Zugegriffen: 17. Juni 2018

Schulmeister S (2018) Der Weg zur Prosperität. Ecowin, Salzburg

Schumann H, Simantke E (2017) Europas neue Reservearmee. Tagesspiegel, 12.9. http://www.tagesspiegel.de/20301470.html. Zugegriffen: 7. Juli 2019

Schiegl G (2017) Georg Fahrenschon fordert soziale Finanzpolitik. Süddeutsche Zeitung, 9.1. http://www.sueddeutsche.de/muenchen/dachau/karlsfeld-fuer-eine-soziale-finanzpolitik-1.3324394. Zugegriffen: 17. Juni 2018

Séville A (2017) „There is no alternative". Politik zwischen Demokratie und Sachzwang. Campus, Frankfurt a. M.

Shamir R (2008) The age of responsibilization: on market-embedded morality. Econ Soc 37:1–19

Shorrocks J, Davis J, Lluberas R (2018) World wealth report 2018. Credit Suisse Research Institute, Zürich

Sinn H-W (2005) Im Gespräch mit Prof. Hans-Werner Sinn. WSM Nachrichten, 30.10., S 11. http://www.ces-munich.de/de/ifoHome/policy/Staff-Comments-in-the-Media/Interviews-in-print-media/Archive/Interviews_2005/medienecho_1468087_ifointerview-wsm-30-11-05.html. Zugegriffen: 7. Juli 2019

Spier T (2010) Modernisierungsverlierer? Die Wählerschaft rechtspopulistischer Parteien in Westeuropa. Springer, Wiesbaden

Spoo G (2017) Wie weiter gegen Rechts? Der Erfolg der AfD und die Strategien der Linken. Blätter für deutsche und internationale Politik, Dezember, S 67–76

Stegemann B (2017) Political Correctness: „Der Angeklagte ist zugleich der Verurteilte" (Interview), Nachdenkseiten, 21.12. https://www.nachdenkseiten.de/?p=41673. Zugegriffen: 7. Juli 2019

Stiglitz J (2015) Reich und Arm. Die wachsende Ungleichheit in unserer Gesellschaft. Siedler, München

Stout LA (2004) The Toxic Side Effects of Shareholder Primacy. Univ PA Law Rev 161:2003–2023

Streeck W (2007) Wirtschaft und Moral: Facetten eines unvermeidlichen Themas, Forschungsberichte aus dem MPIfG Nr. 3, http://www.mpi-fg-koeln.mpg.de/people/ws/downloads/Wirtschaft_und%20_Moral.pdf. Zugegriffen: 7. Juli 2019

Streeck W (2011) „Das Dopingregime des Pump-Kapitalismus ist lebensgefährlich" (Interview). Zeit online, 28.12. https://www.zeit.de/politik/2011-12/streeck-europa-depression/komplettansicht. Zugegriffen: 7. Juli 2019

Streeck W (2013) Gekaufte Zeit. Die vertagte Krise des demokratischen Kapitalismus. Suhrkamp, Frankfurt a. M.

Streeck W (2015) Wie wird der Kapitalismus enden? Blätter für deutsche und internationale Politik, Nr. 3, S 99–111

Thielemann U (2008a) Der unbemerkte Sachzwang zum Unternehmertum. Zur Aktualität Max Webers im Zeitalter globalen Wettbewerbs. In: Pfleiderer G, Heit A (Hrsg) Wirtschaft und Wertekultur(en). Zur Aktualität von Max Webers „Protestantischer Ethik". TVZ Theologischer Verlag, Zürich, S 75–103

Thielemann U (2008b) Ethik als Erfolgsfaktor? The case against the business case und die Idee verdienter Reputation. In: Scherer AG, Patzer M (Hrsg) Betriebswirtschaftslehre und Unternehmensethik. Springer, Wiesbaden, S 231–255

Thielemann U (2009) System Error. Warum der freie Markt zur Unfreiheit führt. Westend, Frankfurt a. M.

Thielemann U (2010) Wettbewerb als Gerechtigkeitskonzept. Kritik des Neoliberalismus. Metropolis, Marburg

Thielemann U (2012a) Ethik des Finanzmarktes. Die unverstandene Rolle des Kapitals als angeblicher «Diener der Realwirtschaft». In: Zschaler FE, Meck S, Kleine J (Hrsg) Finethikon. Jahrbuch für Finanz- und Organisationsethik, vol 2. Steinbeis-Edition, Stuttgart, S 31–60

Thielemann U (2012b) Die Verteilungsfrage als Fairnessfrage und die Zurückeroberung der Idee der Sozialen Marktwirtschaft. In: Spieker M (Hrsg) Der Sozialstaat. Fundamente und Reformdiskurse. Nomos, Baden-Baden, S 139–162

Thielemann U (2014) Ökonomismuskritische Wirtschaftsethik – Jenseits des Partikularismus des Kontraproduktivitätsparadigmas. In: Schaupp W (Hrsg) Ethik und Empirie. Gegenwärtige Herausforderungen für Moraltheologie und Sozialethik. Academic, Freiburg, S 201–224

Thielemann U (2015) Die Zeit ist ein faires Maß. Mitbestimmung, Januar/Februar, S 25–27

Thielemann U (2018) „Die Revolution der Mittelklasse". Ein aussichtsloses Aufbegehren der Gilet jaunes gegen die Sachzwänge? Denkfabrik für Wirtschaftsethik, Berlin. http://www.mem-wirtschaftsethik.de/blog/blog-einzelseite/article/die-revolut/, 18. Dezember 2018. Zugegriffen: 7. Juli 2019

Thielemann U, Ulrich P (2009) Standards guter Unternehmensführung. Zwölf internationale Initiativen und ihr normativer Orientierungsgehalt. Unter Mitarbeit von Thomas Kuhn. Haupt, Bern

Time Staff (2016) Read Donald Trump's Speech on Trade. Time, 28.6. http://time.com/4386335/donald-trump-trade-speech-transcript. Zugegriffen: 7. Juli 2019

Ulrich P (2010) Zivilisierte Marktwirtschaft. Eine wirtschaftsethische Orientierung. Haupt, Bern

Ulrich P (2016) Integrative Wirtschaftsethik. Grundlagen einer lebensdienlichen Ökonomie, 5. Aufl. Haupt, Bern

Ulrich P (2018) Gedanken zu einer neuen Raumökonomie. Ökonomenstimme, 21.8. http://www.oekonomenstimme.org/artikel/2018/08/gedanken-zu-einer-neuen-raumoekonomie. Zugegriffen: 7. Juli 2019

Vontobel W (2011) Die Mutter aller Finanzkrisen: zu hohe Unternehmensgewinne, 11.3. http://www.oekonomenstimme.org/artikel/2011/03/die-mutter-aller-finanzkrisen-zu-hohe-unternehmensgewinne. Zugegriffen: 7. Juli 2019

von Hayek FA (1969) Der Wettbewerb als Entdeckungsverfahren. In: von Hayek FA (Hrsg) Freiburger Studien. Mohr, Tübingen, S 249–265

Wade RH (2017) Is Trump wrong on trade? A partial defense based on production and employment. Real-World Econ Rev 79:43–63

Wood A (1994) North-South trade, employment and inequality. Changing fortunes in a skill-driven world. Clarendon, Oxford

Steuergerechtigkeit – eine Einführung

Markus Meinzer

Zusammenfassung

Zeiten großer gesellschaftlicher Umbrüche in Richtung ethischen Fortschritts – etwa bei der Abschaffung des Sklavenhandels, der Apartheid oder der Einführung des Umweltschutzes – sind geprägt von einer Diskrepanz zwischen ethischer Deutung und rechtlicher Würdigung ein- und desselben Sachverhalts. Diese Phasen werden begleitet von gesellschaftlichen Auseinandersetzungen und Konflikten, die im Idealfall und in einer Demokratie friedlich ausgetragen werden. Ein solcher Umbruch vollzieht sich zurzeit in Bezug auf den Stellenwert von Steuern, Steuergerechtigkeit und Finanztransparenz. Im Ergebnis werden Steuern anstatt als ausschließlicher Kostenfaktor, den es zu minimieren gilt, zunehmend als Dividende an die Gesellschaft begriffen, deren Zahlungen und Umfang nicht in Bilanzen geschönt oder versteckt, sondern offensiv als essenzieller Bestandteil und Aushängeschild unternehmerischer Verantwortung eines ehrbaren Kaufmanns verstanden und entsprechend detailliert und länderspezifisch veröffentlicht werden. Diese und ähnliche Daten werden am Ende auch dazu dienen, internationale und nationale Reformen durchzusetzen, welche die Kohärenz zwischen fiskalischen, entwicklungs- und außenpolitischen Zielen vorausschauend stärken. Der Weg führt in Richtung unternehmerischer (und staatlicher) sozialer Verantwortung 4.0.

Textteile wurden in anderer Form erstmals veröffentlicht im Beitrag Steuergerechtigkeit – Korruption ans Licht bringen, in Timo Plutschinski (Hrsg.), Der Auftrag – Wenn Christen Politik und Gesellschaft verändern, Brunnen Verlag GmbH, Gießen © 2017, www.brunnen-verlag.de.

M. Meinzer (✉)
Tax Justice Network, Marburg, Deutschland
E-Mail: markus@taxjustice.net

5.1 Die entscheidende Rolle öffentlicher (Steuer)Transparenz für Demokratie und Marktwirtschaft

Apple hat in den fünf Geschäftsjahren bis September 2014 in Deutschland gerade einmal 40 Mio. EUR Ertragssteuern bezahlt. Nach Schätzungen von ZEIT ONLINE hat Apple indes in dem gleichen Zeitraum allein mit dem Verkauf von iPhones an deutsche Kunden einen Bruttogewinn von 4,5 Mrd. Euro erzielen können. Hätte Apple darauf regulär Steuern entrichten müssen, dann wären rund 1,3 Mrd. EUR Steuern fällig geworden – statt nur 40 Mio. EUR (Meinzer 2015c). Weil Apple einen gigantischen Berg unversteuerter Gewinne in Irland aufgehäuft und dafür mit dem irischen Fiskus gegenwärtig als illegal eingestufte Steuerabsprachen getroffen hat, verurteilte die Wettbewerbshüterin der EU-Kommission den Konzern im August 2016 zur Nachzahlung von 13 Mrd. EUR an Ertragssteuern (Meinzer 2016a). In der Begründung der Entscheidung wurde deutlich, dass Apple auch in anderen Ländern Europas, Afrikas, dem Mittleren Osten und in Indien ähnlich aggressiv vorgehen dürfte wie in Deutschland. Deshalb regte die zuständige Kommissarin Steuerprüfungen in diesen Ländern an, um die Praktiken von Apple anzufechten. Der für das Deutschland Geschäft von Apple zuständige bayerische Finanzminister hingegen bezeichnete schon tags darauf die Nachforderungen der EU-Kommission als „überzogen" und sein Ministerium sah es als „unwahrscheinlich, dass Deutschland aufgrund der Entscheidung der EU-Kommission höhere Steuereinnahmen erhalten wird" (Meinzer 2016b).

Diese Episode verdeutlicht einerseits, wie sehr die gegenwärtigen internationalen Steuerpraktiken gegen Grundsätze fairen Marktwettbewerbs verstoßen. Denn anders als die internationale Konkurrenz können sich inländische Firmen der Zahlung von Unternehmenssteuern in Höhe von ca. 30 % vom Ertrag kaum entziehen. Konkret auf die Situation mit Apple angewandt bedeutet dies, dass eine in Deutschland angesiedelte Firma, die smartphones produziert und vertreibt, gegenüber Apple schlechter gestellt ist (z. B. Shift GmbH 2019). Damit werden dem Augenschein nach neben dem Gleichheitsgrundsatz des Grundgesetzes (Art. 3, Art. 19 GG) gleich zwei der grundgesetzlich abgeleiteten Prinzipien des Steuerrechts verletzt, namentlich die Gleichmäßigkeit der Besteuerung und die Besteuerung nach Leistungsfähigkeit (Wersig 2013).

Ganz ähnlich die Situation bei Amazon. An diesem Beispiel lässt sich besonders gut die marktverzerrende und -vernichtende Wirkung des Steuerkriegs analysieren. Denn Amazon verdrängt den inländischen Einzelhandel, insbesondere den Buchhandel, indem der Konzern eine aggressive Strategie zur Steigerung seines Marktanteils fährt, finanziert mit einer Steuerquote außerhalb der USA von 5,3 % (im 5-Jahresmittel) und durch Inkaufnahme konzernweiter Verluste über Hunderte Millionen US-$ (Molla 2017). Das Steuerabkommen mit Luxemburg, das für einen Teil des Problems aus deutscher fiskalischer Sicht verantwortlich zeichnet, wird von der deutschen Politik jedoch nicht an den entscheidenden Punkten überarbeitet. Dies geschieht ausdrücklich mit der Begründung, der deutschen Exportwirtschaft im Umkehrschluss weitgehende Steuerfreiheit in aller Welt sichern zu wollen (Meinzer 2015d, S. 104–109).

Wählerinnen und Wähler, Konsumentinnen und Konsumenten verstehen einerseits intuitiv das eklatante Unrecht dieser beiden geschilderten Beispiele. Im Unterschied dazu aber funktioniert offenbar ein hochkomplexes steuerrechtliches und -praktisches System derart, dass es diese Praktiken bei Steuerprüfungen und mithin vor Finanzgerichten als zulässig toleriert bzw. schützt. Dieser Sichtweise sieht sich denn auch der für Apple zuständige bayerische Finanzminister Söder verpflichtet, indem er jegliche zusätzlichen Steueransprüche des deutschen Fiskus vorsorglich zurückweist. Im gleichen Geiste wehrt sich die irische Politik nun vor Gericht gegen die zwangsweise Erhebung der EUR 13 Mrd. von Apple, eine Summe welche den gesamten jährlichen Kosten für das irische Gesundheitssystem entspricht (Farrell und McDonald 2016).

Dass zweifelhafte steuerliche Praktiken und Ergebnisse wie im Falle Apples vom Finanzamt erfolgreich angefochten werden, ist keineswegs so selten wie uns Konzerne glauben machen wollen. Beispielhafte Einzelfälle aber dringen in Deutschland nur selten an die Öffentlichkeit, gut geschützt vom restriktiv ausgelegten Steuergeheimnis an deutschen Gerichten. Selbst der Cum-Ex Steuerraubzug wird zum Leidwesen von Journalisten und von geprellten Steuerzahlern teils hinter verschlossenen Gerichtstüren verhandelt (Votsmeier 2017, 2019; CORRECTIV 2018). Das Vertrauen der Öffentlichkeit in den Rechtsstaat leidet zunehmend, wenn wie in vielen bekannten Fällen unter dubiosen Umständen gedealt wird und Urteile gegen Geldauflagen bei Steuer- oder Wirtschaftsdelikten erst gar nicht gefällt werden (Meinzer 2015d, S. 186–234; Handelsblatt 2019).

Auch wenn aggressive Steuervermeidungskonstrukte als legal gelten, sind die Versuche von Unternehmensseite, diese als legitim, also ethisch vertretbar, darzustellen, zumeist gescheitert. In dem Maße, wie es in den letzten Jahren gelang, Details über die (fehlenden) Steuerzahlungen vor allem international tätiger Konzerne durch aufwendige Recherchen und/oder Hinweisgeber zu enthüllen, schwindet das Vertrauen der Bevölkerung in die Bedeutung der Standardfloskel jedes Konzerns, dass man sich in allen Ländern an alle (Steuer)Gesetze halte. Fatalerweise schwindet gleichzeitig damit auch das Vertrauen in den Rechtsstaat, in die Demokratie und, vermittelt durch stereotype Narrative wie jenes von den „faulen Griechen", PIGS oder überbordender Brüsseler Bürokratie, in die Europäische Union. Der Historiker Rutger Bregman brachte es 2019 beim Weltwirtschaftsforum in Davos viel zitiert auf den Punkt, als er auf Steuervermeidungspraktiken der Vermögendsten hinwies und deren fairen Steuerbeitrag anmahnte: „Vor zehn Jahren stellte das Weltwirtschaftsforum die Frage: ‚Was muss die Industrie tun, um eine breite gesellschaftliche Gegenreaktion zu verhindern?' Die Antwort ist sehr einfach: Hört auf über Philanthropie zu sprechen, und beginnt über Steuern zu sprechen." (ProductiehuisEU 2019)[1].

Die Politik hat derweil offenbar noch nicht verstanden, dass ihre alten, auf nahezu blindem Vertrauen in die Regierung, Verwaltung und Wirtschaft gegründeten Rezepte, wie etwa die Initiative der OECD zur Bekämpfung von Steuervermeidung (BEPS, *Base Erosion and Profit Shifting*), wenig dazu geeignet sind, das verlorene Vertrauen

---

[1]Eigene Übersetzung aus dem Englischen aus Videoaufnahme, Zeitfenster 0,50 bis 1,06; gesamte Passage mit Kontext zu Steuervermeidung und fairem Steuerbeitrag, in Zeitfenster 0,15–1,50.

zurückzugewinnen – jedenfalls so lange eine unabhängige Überprüfung durch Journalisten, Wissen- und Zivilgesellschaft unmöglich ist. Um die Wirkung der Maßnahmen im Zeitverlauf unabhängig evaluieren zu können, fehlt es nach eigenen Aussagen der OECD an transparenten und robusten Datenquellen (OECD 2015, S. 17). Für diesen Zweck wären die Daten des *country by country reporting,* also länderspezifische Konzernbilanzen, geeignet (OECD 2015, S. 240, 260–262). Ohne auf Leaks angewiesen zu sein könnten fachkundige Beobachter anhand dieser Daten bewerten, wie sehr Konzerne steuerliche Unternehmensverantwortung nicht nur predigen, sondern auch weltweit zu bezahlen bereit sind (Overesch und Wolff 2019). Diese ehrliche Konzernbilanz könnte sowohl das Vertrauen in Politik, Wirtschaft und Recht wieder wachsen lassen, als auch Konsum- und Investitionsentscheidungen ermöglichen, welche die Voraussetzung effizienter Märkte nach vollständiger Information (bzw. Informationssymmetrie) erfüllen. Genau gegen eine Öffentlichkeit dieser Bilanzdaten aber stemmt sich seit Jahren die deutsche Bundesregierung mit aller Macht, entgegen der Vorschläge aus EU-Kommission, dem EU-Parlament und einem guten Teil der Regierungen der EU-Mitgliedsstaaten (Cobham et al. 2018; Meinzer 2019).

Analog zur Konzernsteuervermeidung gibt es wenig Grund zu glauben, dass sich am Ausmaß des Schattenfinanzsumpfes – Stichwort Panama Papers – etwas ändert, so lange nicht Briefkastenfirmen und Trusts genauso wie ihre inländischen Konkurrenten dazu gebracht werden, ihre Hinterleute qua Handelsregister zu veröffentlichen (Meinzer 2016c). Genau dies jedoch lehnte die Bundesregierung mit dem Geldwäschegesetz 2017 unter Verweis auf den Datenschutz sowie Persönlichkeitsrechte ab (Meinzer 2017b). Dabei sind diese Daten zu den Gesellschaftern bzw. Teilhabern für die allermeisten ehrbaren Kaufleute schon längst im Internet verfügbar, bzw. würden von dem Transparenzregister erst gar nicht erfasst.

Die seit 2017 geltende Erfordernis, ein „berechtigtes Interesse" für den Einblick in das neue Register der Offshore-Hintermänner nachzuweisen, dürfte jedoch ab dem 10. Januar 2020 gestrichen werden. Denn der Referentenentwurf vom Mai 2019 zur Umsetzung der 5. Geldwäscherichtlinie der Europäischen Union (European Parliament und Council of the European Union 2018) behebt diesen Missstand zumindest teilweise. Weil die 5. EU Geldwäscherichtlinie einen unbeschränkten Zugriff auf das Register der wirtschaftlich Berechtigten ab 10. Januar 2020 vorschreibt, ist der Spielraum des Gesetzgebers und der Lobbyisten beschränkt, diese Regelung aufzuweichen. Ob die Novellierung allerdings auch das spezifische Schlupfloch für all jene Konstrukte schließt, deren Verschachtelungen sich über mehr als zwei Schattenfinanzplätze hinweg erstrecken, bleibt ungewiss (Meinzer 2017a).

Diese beiden Beispiele zeigen, wie groß die Lücke zwischen Rhetorik und Realität in der deutschen Debatte um Steuergerechtigkeit ist. Die öffentliche Berichterstattung über diese Themen, Erschließung von robusten Datenquellen und eine öffentliche Evaluierung über die Fortschritte werden bisher von der deutschen Politik effektiv behindert. Nicht zuletzt durch den Entzug der Gemeinnützig für die globalisierungskritische Bewegung Attac (Wilmes 2019) erscheint die deutsche Regierung eher daran interessiert, der

Öffentlichkeit wichtige kritische Perspektiven auf ihr Tun und (Unter)Lassen zu verwehren. Das erschwert eine informierte, auf Fakten gründende gesellschaftliche Debatte um Steuergerechtigkeit.

5.2 Warum Steuern für die Zivilisation unverzichtbar sind

Steuern haben gemeinhin vier Funktionen, die man im Englischen leicht mit den vier „R"s zusammenfassen kann (Cobham 2005, S. 4–5, 2019): Revenue (Einnahmen), Redistribution (Umverteilung), Regulation/Repricing (Regulierung/Preiskorrektur) sowie Representation (Teilhabe und Rechenschaftspflicht).

Die erste Funktion, Einnahmen zu generieren, dürfte einleuchten. Als demokratisch verfasste Gesellschaft einigen wir uns darüber, welche gesellschaftlichen Aufgaben gemeinschaftlich-kooperativ über staatliche Organisation erfüllt werden sollen, und welche anderen Bereiche hingegen marktwirtschaftlich organisiert werden sollen. Zur Finanzierung gemeinschaftlicher Aufgaben wie etwa Infrastruktur (Straßen, Gehwege, Fahrradwege), Verkehr (öffentlicher Nahverkehr, Schienenverkehr), Bildung (Kindergärten, Schulen, Universitäten), Sicherheit (Polizei, Rechtssystem), Gesundheit (Krankenversicherung) und anderen werden Ressourcen benötigt, die in Form von Steuern[2] von der Gesellschaft als Ganzer bereitgestellt werden. Dieser gesellschaftlichen Entscheidung kann man sich höchstens dadurch halbwegs legitim entziehen, indem man als Einsiedler abseits dieser öffentlichen Dienstleistungen lebt. Ansonsten beruht das demokratische Gemeinwesen darauf, dass sich alle an Steuergesetze halten, unabhängig davon, ob wir mit einzelnen Staatsausgaben einverstanden sind oder nicht.

Die Umverteilung als zweite Funktion von Steuern scheint ebenfalls naheliegend. Jene, die im materiellen Überfluss leben, sollen in einer Gesellschaft einen größeren anteiligen steuerlichen Beitrag zur Finanzierung des Gemeinwesens leisten als jene, die Mangel leiden. Dadurch kommt es in der Tendenz zu einer Annäherung der Lebensverhältnisse bzw. zu einer langsameren Einkommensspreizung. Im Grundgesetz ist dieses Ziel der Steuern verwurzelt in Artikel 1, wonach die Würde des Menschen unantastbar ist, sowie in Artikel 14, wonach Eigentum verpflichtet und sein Gebrauch zugleich dem Wohle der Allgemeinheit dienen soll. Auch für das jüdisch-christliche Menschen- und Weltbild ist der Auftrag zum wirtschaftlichen Ausgleich zentral. Allein das Gebot der Nächstenliebe (Mt 22,39) zu verwirklichen ist kaum möglich, wenn ich Eigentum verbissen gegen andere Menschen verteidige und nicht gutheiße und zulasse, dass auch andere von meinem Eigentum abbekommen und so selbst zu Eigentümern werden können. Auch in vielen alttestamentarischen Geboten (verstanden als Wegweisungen ins

---

[2]Streng genommen Steuern und Gebühren: letztere sind per Definition immer zweckgebunden, während Steuern dem allgemeinen Staatshaushalt zufließen.

Leben und zu Gott hin) wird dieses Prinzip deutlich, etwa dem Erlass- bzw. Sabbatjahr (Dtn 15,1–14) sowie dem Jubel- bzw. Halljahr (Lev 25,10–17).

Grund und Boden sollte demnach ganz ungeachtet der „Leistung" oder des „Versagens" des ursprünglichen Eigentümers an diesen zurückgegeben werden. Unserem irdischen Gerechtigkeitsempfinden geht diese Umverteilung wohl zu weit, und manch einer dürfte sich sorgen, dass durch Erlass- und Jubeljahr „Sozialschmarotzer" gefördert, „Leistungsträger" aber gestraft würden.[3]

Man kann die materielle Ausgleichsabsicht des Erlass- und Jubeljahres mit der Umverteilungsfunktion der Steuern gut vergleichen. Eine Steuerprogression (wer mehr verdient, gibt einen größeren Anteil seines Einkommens davon ab als jener, der weniger verdient) gibt ähnlich voraussetzungslos wie das Erlassjahr wirtschaftlich Schwachen einen Vorteil. So entscheidet in erster Linie die innere Haltung darüber, ob der Zwangscharakter von Steuern im Vordergrund steht, oder ob sie als eine unter vielen Möglichkeiten, Nächstenliebe auszudrücken, begriffen werden.[4] Interessanterweise belegen jüngere wissenschaftliche Studien, dass auf Umverteilung bzw. einem kleinen Abstand zwischen Arm und Reich Segen für alle liegt. Auf diesen Befund werde ich später noch etwas näher eingehen.

BefürworterInnen eines verabsolutierten Privateigentumbegriffs, wie etwa AnhängerInnen des Libertarismus oder der tea party Bewegung, der in seiner extremsten Form steuerliche Eingriffe ins Eigentum als Raub ablehnt[5], bewegen sich darum nicht mehr auf dem Boden des Grundgesetzes und verlassen die Gemarkung der für Europas Geschichte wesentlichen religiösen Prägung.

Nun zurück zur dritten Funktion der Steuern, die Preiskorrektur- bzw. Regulierungsfunktion. Sie lässt sich gut am Beispiel der Tabak- und Alkoholsteuern veranschaulichen. Unser Wirtschaftssystem und Wohlstand erlauben es, uns eine für unsere Gesundheit schädliche Menge an Tabak und Alkohol zu konsumieren. Deshalb verteuern wir als Gesellschaft diese Produkte, um eine Mäßigung im Konsum zu erreichen. Ähnliches gilt für Mineralölsteuern. Weil die (langfristigen) Kosten der durch Verbrennungsmotoren hervorgerufenen Umweltschäden nicht im Benzinpreis enthalten sind, verteuern wir

---

[3]Dem Gott aber, dessen Religion das christliche Abendland geprägt hat, scheint Gnade jedoch auch im Materiellen vor Recht zu gehen. In diesem Zusammenhang darf man fragen, ob die Sorge vor angeblichen Fehlanreizen durch soziale Sicherung, und die breite Berichterstattung über Einzelfälle des Missbrauchs sozialer Sicherungssysteme, nicht eher Ausdruck von Neid sind als einer gerechten Entrüstung.

[4]Siehe Seite 9, in: Meinzer M (2015d) Steueroase Deutschland. Warum bei uns viele Reiche keine Steuern zahlen. C.H.Beck: München.

[5]Siehe etwa den einflussreichen, libertären US-Thinktank *Center for Freedom and Prosperity* (http://freedomandprosperity.org/; Zugegriffen: 30. Oktober 2012), oder die *tea party*-Bewegung bei den US-Republikanern (https://www.teapartypatriots.org/; Zugegriffen: 30. Oktober 2012). Zum Hintergrund von CFP siehe Shaxson (2011b, S. 194, 205).

dieses über Steuern, bzw. könnten über die Kfz-Steuer sparsame und CO_2-arme Fahrzeuge belohnen.

Die vierte Funktion dürfte am meisten Fragen aufwerfen, ist jedoch eine ganz wesentliche und oft übersehene Funktion von Steuern. Die Teilhabefunktion bzw. Rechenschaftspflicht durch Steuern besagt im Prinzip, dass sich ein Mensch mit einer Gesellschaft eher identifiziert und als Teilhaber empfindet, wenn er Steuern bezahlt, als wenn er keine bezahlen würde. In der Wissenschaft wurde die Dimension guter Regierungsführung („governance") durch die jüngere Forschung um das *State Building in Entwicklungsländern* beleuchtet (Brautigam et al. 2008). Ein Steuerzahler wird eher darauf achten, wie öffentliche Gelder verwendet werden und Rechenschaft von Politikern und Staatsdienern einfordern, als wenn er sich aus seiner Steuerpflicht etwa durch Schwarzgeldkonten im Ausland leicht verabschieden kann und vielleicht gleichzeitig über „korrupte Politiker" schimpft.

Wenn nun also die wohlhabendsten und einflussreichsten Menschen eines Entwicklungslandes nach Belieben Geld ins Ausland schaffen und ihre Steuern darauf hinterziehen können, dann fördert das einen Lebensstil, der mehr der neuesten Mode in Paris oder dem neuesten Sportwagen aus Stuttgart frönt, statt Anreize für diese Eliten zu setzen, unbequeme Fragen über die Verwendung der Steuergelder zu stellen. Wenn die reichsten Bewohner jedoch nicht mehr nach Belieben Steuern hinterziehen könnten (etwa, weil es bessere zwischenstaatliche Kooperation und Transparenz über Firmenkonstrukte gäbe), dann steigt die Chance, dass „Korruption" der politischen Führungsschicht als ein gemeinsames Problem wahrgenommen und konstruktiv nach Lösungen gesucht werden kann. Statt das Geld mit großem Aufwand zu verstecken, würde der Anreiz steigen, etwa eine Zeitung zu gründen und zu finanzieren, die etwa der Regierung gründlich auf die Finger schaut.

5.3 Der Trend seit 1980: Die Steuerlast trifft zunehmend Klein- und Durchschnittsverdiener

Die oben erwähnten vier Funktionen von Steuern verdeutlichen, dass Steuern für das gelingende Zusammenleben in einer zivilisierten und modernen Gesellschaft unvermeidlich scheinen. Die Wirkung verschiedener Steuerarten im Hinblick auf die vier Funktionen ist jedoch unterschiedlich.

Während die Verwendung der Steuergelder Schwerpunkt des politischen Tagesgeschäfts und der Medienberichterstattung ist, wird die Zusammensetzung der Gesamtsteuereinnahmen aus verschiedenen Steuerarten in der öffentlichen politischen Debatte deutlich seltener thematisiert, obgleich sie ebenso bedeutsam ist. Der Steuermix gibt an, welchen Anteil verschiedene Steuern zur Finanzierung des Gemeinwesens leisten. Wesentlich ist die Unterscheidung in Steuern auf Konsum (Mehrwert- und Verbrauchssteuern),

Arbeit (Lohnsteuer) sowie Kapital (Gewinn- und Vermögenssteuern)[6]. Diese drei Steuerarten haben nämlich ganz unterschiedliche Verteilungsimplikationen.

Während Steuern auf Arbeit in der Regel kleine und mittlere Einkommen belasten, werden Steuern auf Kapital in aller Regel vor allem von den Vermögendsten getragen. Konsumsteuern belasten geringe Einkommen überproportional, denn die gleichen Mehrwertsteuersätze gelten für alle Einkommenshöhen. Steigt der Mehrwertsteuersatz bzw. der Anteil des Steueraufkommens aus Konsumsteuern, so müssen kleine und mittlere Verdiener einen größeren Anteil ihres Einkommens für die Mehrwertsteuer ausgeben als Großverdiener, die nur einen kleinen Teil ihres Einkommens für (inländischen) Konsum ausgeben. Steigende Konsumsteuern bedeuten also in der Tendenz eine Beschleunigung der Kluft zwischen Arm und Reich (Genschel 2000; Ganghof 2006; Ganghof und Genschel 2008).

Im Trend der letzten Jahrzehnte ist der Anteil der Konsumsteuern am Bruttoinlandsprodukt (Bach 2018, S. 19–20) sowie am Gesamtsteueraufkommen[7] gestiegen und jener der Gewinn- und Vermögenssteuern trotz steigenden Anteils der Gewinne bzw. Kapitalerträge am Bruttoinlandsprodukt stagniert bzw. rückläufig. Entsprechend hat der Faktor Arbeit in den vergangenen Jahrzehnten immer weniger Anteil vom Bruttonationaleinkommen vereinnahmt (Autor et al. 2017, S. 31). Der seit 1980 stagnierende bzw. fallende Anteil der Unternehmenssteuereinnahmen bei gleichzeitigem Anstieg der Gewinnanteile am Bruttoinlandsprodukt ist in Abb. 5.1 dargestellt.

Weil Gewinn- und Vermögenssteuern vorwiegend von den Wohlhabendsten entrichtet werden, kann man daraus in der Tendenz einen sinkenden Umverteilungs- und Ausgleichseffekt des Steuersystems ableiten (Frese 2016; Shaxson 2016). Das Prinzip, wonach besonders leistungsfähige einen größeren Anteil ihres Einkommens zur Finanzierung des Gemeinwesens abtreten sollen, wird damit geschwächt.

5.4 Ursachensuche: Steuerflucht, Steuerwettbewerb und das Schattenfinanzsystem

Diese steuerliche Entwicklung hat drei miteinander verbundene Hauptursachen. Das ist zum einen die Steuerflucht, dass also Wohlhabende und Konzerne zunehmend ihre Vermögen und Einkünfte zumindest auf dem Papier ins Ausland und in Steueroasen verschieben, um so der Besteuerung zu entgehen – ob legal, illegal oder gar kriminell.

Die Steuertrickserei von Google, Apple, Facebook, Amazon, Ferrero, Starbucks, BASF, Ikea, Vorwerk oder SAP lässt oft ein Bild dreister Zechpreller entstehen, die dem

---

[6] Man kann argumentieren, dass noch weitere Aufteilungen sinnvoll sind. Zum Beispiel wäre in Entwicklungsländern mit Rohstoffvorkommen sicherlich die gesonderte Auflistung der Einnahmen aus Fördergebühren und –lizenzen wesentlich.

[7] Verdi, per Email vom 31.03.2015. Anhand von Daten der Volkswirtschaftlichen Gesamtrechnung, des Statistischen Bundesamtes sowie Berechnungen von Verdi.

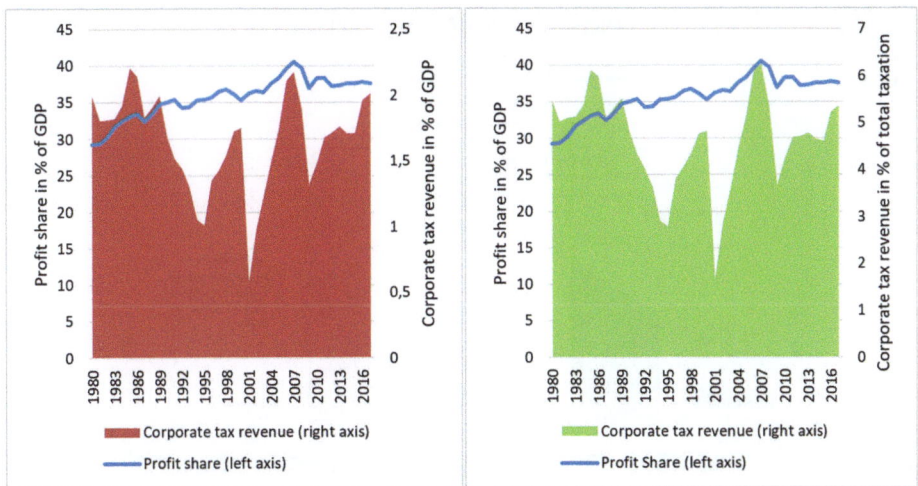

Abb. 5.1 Entwicklung der Unternehmensertragssteuern und der Kapitelertragssteuerquote in Deutschland zwischen 1980 und 2017 (Der Anteil der Kapitaleinkommen am Bruttoinlandsprodukt wurde ausgehend von der Lohnquote des Bruttoinlandsproduktes berechnet und beinhaltet deshalb nicht nur Unternehmenserträge, sondern alle Arten von Kapitaleinkünften. Die Lohnquote ist im Datensatz von AMECO darüber hinaus durch Hinzurechnung von Arbeitseinkommen Selbstständiger bereinigt worden). (Quelle: Eigene Berechnungen auf Grundlage von Daten der OECD (Steuerquoten) und der AMECO-Datenbank der Europäischen Kommission (Bereinigte Lohnquote des Bruttoinlandsprodukts). Mit freundlicher Unterstützung von Sarah Godar)

Schaden der unterlassenen Steuerleistung noch den Hohn über die übrige Gesellschaft hinzufügen, wenn sie ihr Mantra abspulen, überall im Einklang mit den Gesetzen Steuern zu zahlen.

Diese Behauptung stimmt nur zum Teil, wie milliardenschwere Steuerbescheide über zusätzlich zu zahlende Steuern bei den Betriebsprüfungen der Konzerne belegen. Im Jahr 2016 etwa vereinnahmte der deutsche Fiskus über 10 Mrd. EUR an zusätzlichen Steuern, die Großbetriebe in ihrer Steuererklärung nicht veranschlagt hatten (Bundesministerium der Finanzen 2017). Daten der OECD belegen, dass 50 % der abgegeben Steuererklärungen bei einer Prüfung im Jahr 2015 zu Nachzahlungen geführt haben (OECD 2017). Wenn die bei internationalen Konzernen relevanten Verrechnungspreise geprüft werden, klettert der Anteil an fehlerhaften – oder soll man „illegalen" sagen? – Steuererklärungen auf 58 % im Schnitt aller Länder. Die zusätzlichen Steuereinnahmen bei Unternehmenssteuerprüfungen beliefen sich im Schnitt der Länder mit Daten auf 10,7 % des gesamten Unternehmenssteueraufkommens. In Brasilien aber etwa waren Zusatzeinnahmen durch Betriebsprüfungen mit 45 % des gesamten Unternehmenssteueraufkommens gewaltig (Shaxson 2019). Im Schluss (siehe Abb. 5.2) darf man davon ausgehen, dass die Frage nach der Legalität oder Illegalität von Steuervermeidung eine empirisch offene ist, die gesondert von der Frage nach strafrechtlicher bzw. krimineller Relevanz behandelt werden sollte.

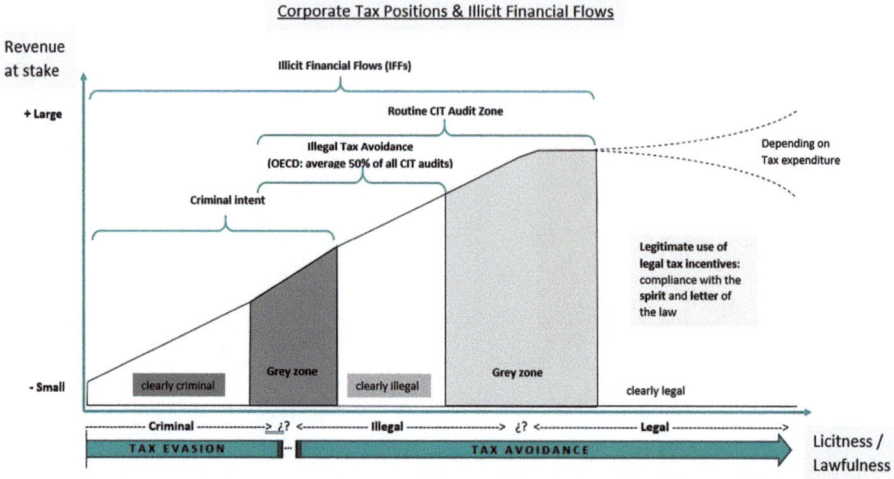

Abb. 5.2 Steuerpositionen von Unternehmen und Illegale Finanzströme. (Quelle: Shaxson 2019)

Dass sich ein Großteil der Steuervermeidungsgeschäfte in einer rechtlichen Grauzone abspielt ist dabei kein Zufall. Global agierende Konzerne leisten sich eine hocheffiziente Lobbymaschine und professionelle Helfer. Eine globalisierte Steuervermeidungsindustrie aus spezialisierten Anwalts- und Wirtschaftsprüfungskanzleien spürt einerseits die Lücken eines nicht-harmonisierten Steuerrechts weltweit auf und verkauft maßgeschneiderte Steuersparmodelle, insofern diese ihrer Einschätzung nach eine 50 %ige Chance haben, vor Gericht Bestand zu haben (House of Commons 2013). Steuerbehörden lassen sich allzu oft auf einen Vergleich mit den Unternehmen ein, um ausufernde Gerichtsauseinandersetzungen um grenzwertige Steuervermeidungsmodelle zu vermeiden. Vergleichszahlungen im hohen Millionenbereich sind nicht selten, aber die Rechtslage wird so nicht nachhaltig geklärt (Manager Magazin 2006; Harari et al. 2012).

Andererseits wirken privilegierte Berufsgruppen wie Steuerberater, Anwälte und Wirtschaftsprüfer oft aktiv an Steuergesetzen mit, und können so Schlupflöcher maßgeschneidert platzieren, die dann in hochkomplexen Steuersparmodellen verknüpft und vermarktet werden.[8] Für Kontext zum Cum-Ex Fall, siehe z. B. Daubenberger et al. 2018 oder Schwarz 2019. In der Folge sind Gesetze oft zu schwammig und unpräzise, als dass illegales oder gar strafbares Verhalten nachgewiesen werden könnte, obwohl die Handlungen und Wirkungen eklatant von der Absicht des Gesetzgebers abweichen. Verschärft wird das Problem mitunter dadurch, dass es keine angemessenen Vorkehrungen gegen direkte Seitenwechsel aus der Steuerverwaltung in die Steuervermeidungsindustrie gibt,

---

[8] So geschehen beispielsweise im Fall des sogenannten „Cum-Ex" Steuerraubzugs. Zum Einfluss der Banken auf die Gesetzgebung, siehe z. B. Schick (2016).

oder problematische Fälle nicht transparent gemacht werden, sodass Vorgaben ungeahndet missachtet werden können (Heitmüller et al. 2018, S. 50–54).

Die zweite Ursache für die Verschiebung im Steuermix wird gewöhnlich als Steuerwettbewerb bezeichnet, also eine Art vorauseilender Gehorsam des Gesetzgebers gegenüber Investoren und Konzernen, die Steuergesetze so anzupassen, dass weniger Steuern auf Kapitaleinkünfte und Vermögen fällig werden. Die ausgesprochene oder implizite Drohung dabei ist immer die der Abwanderung der Produktion und Arbeitsplätze ins Ausland. Diese Argumentation hört man beinahe aus jedem politischen Lager als Begründung für Steuerreformen, die insbesondere hohe Einkommen und Gewinne in den letzten Jahrzehnten entlastet haben. Man habe keine andere Wahl als die Steuersenkung, wolle man nicht im Standortwettbewerb abgehängt werden (Tax Justice Network 2012e). Inzwischen haben diese Entwicklungen dazu geführt, dass beinahe alle Staaten Züge einer Steueroase tragen für jene, die als ausländische Investoren in einem Land Geld verstecken oder investieren wollen (Shaxson 2011b, S. 124–146; Tax Justice Network 2018b).[9] Dabei widersprechen einflussreiche Stimmen und viele Studien etwa des Internationalen Währungsfonds der Behauptung, dass durch Steuergeschenke echte und nachhaltige Direktinvestitionen gefördert würden (International Monetary Fund 2014; United Nations Conference on Trade und Development 2015; Meinzer et al. 2019).[10] Wichtiger sind noch immer eine gute Infrastruktur, gut ausgebildete Arbeitskräfte, politische Stabilität und gute Absatzmärkte – alles Faktoren, die nur mit Steuern bereitzustellen sind.

Die dritte Ursache, warum Gleichbehandlungsgrundsätze durch Steuersysteme zunehmend missachtet werden, liegt im weltumspannenden Schattenfinanzsystem. Schattenfinanzplätze (synonym zu „Steueroase") machen Gesetze, die es Ausländern ermöglichen, Gesetze ihrer Heimatländer zu brechen oder zu umgehen – zum Beispiel Gesetze zur Korruptionsbekämpfung, Geldwäscheregeln zu Drogen-, Waffen- und Menschenhandel, Gesetze gegen Terrorfinanzierung, Marktmissbrauch, Insiderhandel – oder eben Steuergesetze.

Wichtiger als die Steuergesetze in den „Oasen" sind deshalb Geheimhaltungsregeln, wie etwa das Bank- oder Steuergeheimnis. Die Panama-Papiere verdeutlichten,

---

[9]Die Ergebnisse des Schattenfinanzindexes 2018 verdeutlichen dies für 112 Jurisdiktionen (siehe Tax Justice Network 2018a).

[10]Außerdem: Buffett (2012) und Tax Justice Network (2012a, b, c, d). Warren Buffett, der drittreichste Mensch der Welt, sagte 2012 in der New York Times Folgendes: „Between 1951 and 1954, when the capital gains rate was 25 percent and marginal rates on dividends reached 91 percent in extreme cases, I sold securities and did pretty well. In the years from 1956 to 1969, the top marginal rate fell modestly, but was still a lofty 70 percent—and the tax rate on capital gains inched up to 27.5 percent. I was managing funds for investors then. Never did anyone mention taxes as a reason to forget an investment opportunity that I offered. […] So let's forget about the rich and ultrarich going on strike and stuffing their ample funds under their mattresses if—gasp—capital gains rates and ordinary income rates are increased. The ultrarich, including me, will forever pursue investment opportunities." (Buffett 2012).

dass zur Verschleierung eine breite Palette an Instrumenten, wie Briefkastenfirmen, Trusts und Stiftungen dient. Diese werden oft von Vermittlern wie Anwälten, Notaren, Family Offices und Banken für ihre Kunden errichtet und verwaltet. Diese Vermittler, aber auch die verwalteten Vermögenswerte und Bankkonten, befinden sich in allen großen Finanzplätzen der Erde – auch in Frankfurt und Deutschland. Ohne die zumindest stillschweigende Duldung durch diese großen Wirtschaftsräume könnte das Schattenfinanzsystem, könnte die Vermummung von Offshore-Investoren, nicht überleben – die Souveränität Panamas hin oder her.

Im Schatten dieser rechtlich verbrieften Geheimhaltungsinstrumente entsteht ein kriminogenes Klima, in dem dubiose Geschäfte rechenschaftslos abgewickelt werden können. Sie verhindern, dass Ermittler, Fahnder und Steuerbehörden Anhaltspunkte und rechtskräftige Beweismittel über illegale oder steuerpflichtige Aktivitäten sammeln und Gerichtsverfahren führen können. Das ist mit dem Schattenfinanzsystem gemeint: Ein internationales Offshore-Finanzsystem, in dem verschiedene Rechtsräume so ineinandergreifen, dass illegitime und illegale weltumspannende Finanzströme im Verborgenen fließen können – weitgehend ohne Rechenschaftspflichten und außerhalb der Reichweite des Arms der Justiz und der Steuerbehörden.

So wirkt das Schattenfinanzsystem wie ein großer Schutzschirm über einer sich polarisierenden Vermögens- und Einkommensungleichheit, und sorgt außerdem für Straflosigkeit großangelegter Korruption auf höchster Ebene. Es durchtrennt gezielt die Bande der Rechenschaftspflicht zwischen demokratisch verfassten Gesellschaften und Teilen einer wirtschaftlichen und politischen Elite, die sich über dem Gesetz wähnen (Ladipo 2016). Es wird benötigt um illegale Regenwaldabholzung (Galaz et al. 2018) und Kriege zu finanzieren (Obermaier und Obermayer 2016), und Steuern zu hinterziehen (Zucman et al. 2018). Das Schattenfinanzsystem produziert und verkauft organisierte Verantwortungslosigkeit und ist damit eine Bedrohung für Demokratie und Marktwirtschaft weltweit.

Deutschland mischt in diesem System entscheidend mit. So belegt die Bundesrepublik im Schattenfinanzindex 2018 den siebten Rang der weltweit wichtigsten Player im Schattenfinanzsystem. Die hohe Platzierung ergibt sich aus einem Geheimhaltungswert von 59 und einer hohen globalen Gewichtung: auf Deutschland entfallen über 5 % des globalen Marktes für Offshore-Finanzdienstleistungen.[11] Zwar hat Deutschland in den vergangenen Jahren eine Reihe von Reformanstrengungen unternommen. Im Ergebnis weisen diese jedoch eine Reihe von Mängeln und Schlupflöchern auf (Netzwerk Steuergerechtigkeit Deutschland und Tax Justice Network 2018). Die aktuelle Rolle Deutschlands im Geldwäsche- und Steuerfluchtgeschäft wurde jüngst durch Studien zur Geldwäsche im Immobiliensektor sowie zu in Deutschland versteckten gestohlenen Vermögen unterstrichen (Henn 2018; Trautvetter 2019a, b).

---

[11]Die folgenden Absätze enthalten Auszüge aus der Publikation von Netzwerk Steuergerechtigkeit Deutschland und Tax Justice Network 2018, welche von Markus Meinzer mitverfasst wurde.

Ergänzt wird das Schattenfinanzsystem von einem Netzwerk aus Konzernsteuerwüsten, welche Steuervermeidung von Unternehmen in industriellem Ausmaß ermöglichen (Picciotto 1992; Cobham und Janský 2016; Beer und Loeprick 2018; Tørsløv et al. 2018; IMF 2019; Lagarde 2019). Der im Mai 2019 erschienene Index der Konzernsteuerwüsten (engl.: Corporate Tax Haven Index) verdeutlicht, wie tief greifend der Steuersenkungswettlauf die internationale Konzernbesteuerung untergraben hat. In den Top 10 der schädlichsten Konzernsteuerwüsten weltweit werden 40 % der vom IWF ausgewiesenen grenzüberschreitenden Direktinvestitionen (das sind 18 Billionen US-Dollar) mit Körperschaftsteuersätzen von 3 % oder weniger verbucht. In diesen 10 Ländern betragen die niedrigsten Unternehmenssteuersätze durchschnittlich 0,54 %. Weil die Steuersätze dieser Konzernsteuerwüsten oft nur für die größten, international aufgestellten Konzerne gelten, verhindern diese Jurisdiktionen einen fairen Marktwettbewerb (Grossmann 2019). Tab. 5.1 zeigt die 20 schädlichsten Konzernsteuerwüsten.

Dominiert wird das Ranking von einem britischen Netzwerk aus Satelliten-Steuerwüsten (dunkelblaue Hervorhebung in Tab. 5.1). Großbritannien belegt den Platz 13 der schädlichsten Konzernsteuerwüsten, würde aber kombiniert mit dem in London kontrollierten britischen Netzwerk aus abhängigen Überseegebieten und Kronbesitztümern den Index mit Abstand anführen. Diese Gebiete haben sich nach dem Zusammenbruch des britischen Empire in den 1950er und 1960er Jahren dafür entschieden, politisch und institutionell mit Großbritannien verbunden zu bleiben. Großbritannien hat die volle Befugnis, die Gesetzgebung an diesen Orten durchzusetzen oder ein Veto einzulegen. Auch kann Großbritannien wichtige Regierungsbeamte ernennen. Gesetze müssen in London genehmigt werden (Tax Justice Network 2018c). Das Netzwerk der Satelliten-Steuerwüsten ist eine Erweiterung des Finanzzentrums der City of London. Hellblau hervorgeben sind in Tab. 5.1 Gebiete, die zwar nicht direkt von der Londoner Regierung abhängig sind, die aber zum britischen Commonwealth gehören und deren höchstes Berufungsgericht das Judicial Committee of the Privy Council in London ist (Tax Justice Network 2013).

5.5 Entwicklungshemmnis und internationale Dimension

Entwicklungsländer leiden besonders unter dem Schattenfinanzsystem und den Konzernsteuerwüsten. Während wir in Industrienationen in den letzten Jahrzehnten beobachten, dass die Anteile aus Gewinnen und Kapitalerträgen am Gesamtsteueraufkommens oft sinken, wurde in Entwicklungsländern systematisch der Ausbau von Konsumsteuern vorangetrieben, oft durch Auflagen der Weltbank und des Internationalen Währungsfonds im Rahmen von Strukturanpassungsprogrammen und zur Kompensation für den Wegfall von Zolleinnahmen bei Handelsöffnungen (Martorano 2016, S. 2–3). Der Anteil von Einkommenssteuern für natürliche Personen sowie von Gewinn- und Kapitalertragssteuern stagniert auf, oder wächst nur langsam von, einem geringem Niveau aus (Cobham 2005, S. 11–13). Dazu kommt, dass der Steuermix in Entwicklungsländern – auch als Erbe

Tab. 5.1 Top 20 Ranking der schädlichsten Konzernsteuerwüsten 2019. (Tax Justice Network 2019a)

Rank	Jurisdiction	CTHI Value	CTHI Share (%)	Haven Score	Global Scale Weight(%)
1	British Virgin Islands	2769	7,29	100	2,12
2	Bermuda	2653	6,98	100	1,87
3	Cayman Islands	2534	6,67	100	1,63
4	Netherlands	2391	6,29	78	12,77
5	Switzerland	1875	4,94	83	3,41
6	Luxembourg	1795	4,73	72	10,53
7	Jersey	1541	4,06	98	0,43
8	Singapore	1489	3,92	81	2,12
9	Bahamas	1378	3,63	100	0,26
10	Hong Kong	1372	3,61	73	4,38
11	Ireland	1363	3,59	76	3,12
12	United Arab Emirates	1245	3,28	98	0,22
13	United Kingdom	1068	2,81	63	7,30
14	Mauritius	950	2,50	80	0,65
15	Guernsey	891	2,35	98	0,09
16	Belgium	822	2,17	68	1,83
17	Isle of Man	804	2,12	100	0,05
18	Cyprus	698	1,84	71	0,73
19	China	659	1,73	58	3,67
20	Hungary	561	1,48	69	0,49

des Kolonialismus – meist schon immer regressiver (d. h. Ungleichheit verschärfend) ausgestaltet gewesen ist als in den Industrienationen. Statistisch betrachtet ist ein Entwicklungsland umso ärmer (gemessen am Bruttoinlandsprodukt pro Kopf), je geringer die Steuerquote im Entwicklungsland ist (das heißt der Anteil der gesamten Steuern am Bruttoinlandsprodukt; (Moore 2012, S. 469). Die Länder mit geringem Einkommen hatten in den Jahren 2000–2009 eine durchschnittliche Steuerquote von 13,7 %, Länder mittleren Einkommens von 15,9 % und OECD-Länder mit hohem Einkommen eine Quote von 25,5 % (McNabb und LeMay-Boucher 2014, S. 11).[12] Vereinfacht gesprochen könnte das bedeuten, dass ein Entwicklungsland Hunger und Armut aus eigener Kraft

---

[12]Diese Zahlen gelten immer vorbehaltlich statistischer Schwierigkeiten besonders in Entwicklungsländern. Zu den erfolgreichen jüngeren Anstrengungen die Datenqualität zu verbessern, siehe (Prichard et al. 2014).

überwinden kann, wenn es gelingen würde, die Steuerquote auf das Niveau von Industrienationen zu heben. Im Zeitraum nach 2009 hat sich die Steuerquote von Niedrigeinkommensländern weiter erhöht (Lundstøl 2018, S. 9).

Neben den bekannten Problemen in diesen Ländern, die eine Erhöhung der Steuerquote erschweren (dazu zählt die hohe Schattenwirtschaft, Bestechlichkeit, schlechte Regierungsführung usw.), gibt es jedoch auch entscheidende internationale Dimensionen dieses Problems. So kommen viele jüngere Studien zu erstaunlichen – und vielfach kritisierten – Ergebnissen, etwa dass Entwicklungsländer durch illegale Finanzströme („illicit financial flows") ein Vielfaches dessen an Kapital verlieren, was sie durch öffentliche Entwicklungshilfe erhalten (Kar und Cartwright-Smith 2008; Ndikumana und Boyce 2011; Ndikumana 2017). Vorsichtigere Schätzungen gehen davon aus, dass etwa Afrika im Jahr 2014 durch Konzernsteuervermeidung zwischen 33 % und 67 % seiner Entwicklungshilfe durch Konzernsteuervermeidung einbüßt hat (Moore et al. 2018, S. 65). Allein durch eine Art Konzernsteuertrick verlieren Entwicklungsländer jährlich ca. 100 Mrd. US-Dollar an Steuereinnahmen (United Nations Conference on Trade und Development 2015). Der IWF schätzte im Jahr 2015 die Mindereinnahmen der Länder des globalen Südens durch Unternehmenssteuervermeidung auf ca. US$ 200 Mrd. – das ist deutlich mehr als die jährliche staatliche Entwicklungshilfe von 132 Mrd. US-Dollar 2015 (Crivelli et al. 2016; OECD 2016; Cobham und Janskỳ 2017). Weltweit belaufen sich demnach die Steuerverluste auf zwischen USD 500 und 600 Mrd. jährlich (Cobham und Janskỳ 2017).

Dennoch wiegen die Verluste für Entwicklungsländer schwerer, denn diese Verluste machen hier 6–13 % der Steuereinnahmen aus, wohingegen er sich in OECD-Ländern auf ca. 2–3 % beläuft. Die 2013 ins Leben gerufene OECD-Steuerinitiative gegen Unternehmenssteuervermeidung (Base Erosion and Profit Shifting – BEPS) hat dieses Problem nicht gelöst. Der globale Süden wurde größtenteils von den Verhandlungen um die Reformen ausgeschlossen, und die Reformen gelten inzwischen insgesamt als weitgehend gescheitert (BEPS Monitoring Group 2014; Independent Commission for the Reform of International und Corporate Taxation (ICRICT) 2019). Die Vorschläge der OECD beinhalteten vorwiegend sehr komplizierte, kleinteilige und Regelungen, die einen großen Umsetzungs- und Interpretationsspielraum gelassen haben (Tax Justice Network 2019b, S. 133–142).

Das Schattenfinanzsystem sorgt mit intransparenten Bilanzierungsregeln dafür, dass es Unternehmen oft gelingt, das wahre Ausmaß ihrer Gewinnverschiebungen zu verschleiern (Obenland 2010; Cobham et al. 2018). Dennoch gelang es in jüngster Zeit Journalisten und Aktivisten durch akribische Recherchen immer wieder, einzelne Facetten dieses globalen Steuervermeidungsspiels zu beleuchten. So konnten etwa Rohstoffgigant Glencore (Christian Aid 2009, S. 12–13)[13], die australische Rohstofffirma Paladin

---

[13]Siehe auch Obenland W (2012) Afrika – Der ausgeraubte Kontinent. http://steuergerechtigkeit.blogspot.de/2012/11/afrika-der-ausgeraubte-kontinent.html. Zugegriffen: 12. Juli 2019.

oder der Bierbrauer SABMiller (zu den etwa Marken gehören „Grolsch" oder „Miller") in Entwicklungsländern ihre Ertragssteuern drastisch senken, obwohl sie mit Förderung von Rohstoffen und der Produktion und dem Verkauf von Waren große Gewinne erwirtschaften. SABMiller etwa erreicht das, indem eine SABMiller Tochter mit Sitz in Zug/Schweiz den konzerneigenen Brauereien in Afrika überhöhte Rechnungen über teils sogar fiktive Dienstleistungen und Patentgebühren stellt. So schafft SABMiller insgesamt 100 Mio. Schweizer Franken jährlich aus Afrika in Steueroasen, ca. 60 Mio. davon gehen in den Kanton Zug in der Schweiz. Paladin vermied durch ähnliche Steuertricks in Malawi, dem ärmsten Land der Welt, die Zahlung von 43 Mio. US-Dollar über 6 Jahre. Dieses Geld hätte entweder für 431.000 HIV/AIDS Behandlungen, 17.000 Krankenpfleger, 8500 Ärzte oder 39.000 Lehrer ausgereicht (ActionAid 2010).

Ein erster erfolgversprechender Schritt auf dem langen Weg aus diesem ungerechten System sind öffentliche länderspezifische Berichtspflichten (sog. Country by Country Reporting, kurz: CBCR) für Konzerne. Schon in den 1970er Jahren gab es im Rahmen der Vereinten Nationen Versuche, solche länderspezifischen Konzernbilanzen durchzusetzen. Diese wurden jedoch durch forum change gestoppt. Das entsprechende Gremium der Vereinten Nationen wurde durch klassische Kanonenbootdiplomatie der OECD-Staaten 1978 entmachtet und stattdessen weitgehend privatwirtschaftliche Akteure mit der Entwicklung von Rechnungslegungsstandards betraut. Dort blieben diese Vorstöße stecken (Ylonen 2017; Cobham et al. 2018; Meinzer 2019).

Seit 2003 begannen das Tax Justice Network und andere die Offenlegung solcher Konzernbilanzen zu fordern, durch die – für jedes Land gesondert – nachvollzogen werden kann, wo die Konzerne wirtschaftlich aktiv sind, Gewinne erzielen und wo sie ihre Steuern zahlen – oder auch nicht zahlen. Für den Bankensektor gelten in der Europäischen Union bereits entsprechende Transparenzregeln. Die Einführung des öffentlichen CBCRs hat nach einer Studie der Uni Köln zu einer geringeren Nutzung von Steueroasen und zu einem Anstieg der Steuerzahlungen geführt (Overesch und Wolff 2019).

Während der Verhandlungen um BEPS war jedoch der Widerstand etwa aus Deutschland, Japan und den USA so groß, dass aus den öffentlichen Berichtspflichten nur eine Berichtspflicht an den Fiskus im Land der Konzernmutter übriggeblieben ist. Die komplizierten Regeln zum Austausch dieser Daten dürften die Ungleichheit bei der Verteilung globaler Besteuerungsrechte weiter verschärfen (Knobel und Cobham 2016). Hauptverlierer der Regelungen sind am Ende Niedrigeinkommensländer – jene Staatengruppe, die aus nicht-Mitgliedern des OECD-Clubs besteht.

Auch für die Mitgliedsstaaten dürfte das nicht-öffentliche CBCR nicht zu den gewünschten Ergebnissen führen. Zwar könnten Behörden durch diese Daten ihre Steuerprüfungen zielsicherer einsetzen und missbräuchliche Steuergestaltungen öfter aufdecken. Weil Steuerbehörden oft unter politischem Druck stehen, fragwürdige Steuerabsprachen zu treffen und manche großen Firmen nur mit Samthandschuhen anzufassen, und weil Steuerbehörden obendrein personell hoffnungslos unterbesetzt sind, dürfte das nicht-öffentliche CBCR weitaus weniger Wirkung entfalten als die öffentliche Transparenz. Nur durch öffentliche Transparenz könnte das ganze Ausmaß der Steuervermeidung überblickt werden, eine saubere Steuererhebung sichergestellt und Konzerne durch Reputationserwägungen zu einer Änderung ihrer Steuerstrategien bewegt werden (OECD 2015, S. 17, 240, 260–262; Cobham et al. 2017).

Mithilfe dieser Daten könnte dann der Übergang von den veralteten OECD-Steuerregeln vom Beginn des 20. Jahrhunderts zu einem neuen Prinzip der Konzernbesteuerung, die sogenannte „Gesamtkonzernsteuer" (unitary taxation), vorbereitet werden (Picciotto 2012; IMF 2019). Dabei würde der globale Unternehmensgewinn eines Gesamtkonzerns den einzelnen Ländern nach deren Anteilen wirtschaftlicher Aktivität zugeteilt, statt wie heute durch Buchhaltungstricks hochbezahlter Unternehmens- und Steuerberater auf dem Papier beliebig verschoben zu werden. Das sogenannte Fremdvergleichsprinzip, nach dem sich Tochterunternehmen ein- und desselben Konzerns heute gegenseitig für Waren und Dienstleistungen Preise in Rechnung stellen sollen, die am freien Markt erzielt werden würden (sogenannte Verrechnungspreise), könnte damit obsolet werden. Die jüngsten Reformbemühungen der OECD in diese Richtung aber werden von den Nutznießern des Status Quo, darunter Anwaltskanzleien, Wirtschaftsprüfungsgesellschaften und OECD-Regierungen wie die Deutsche und US-Amerikanische, zumeist auf Schärfste bekämpft (Cobham und Nelson 2019).

5.6 Entwicklungsländer gewähren den Reichsten Kredit

Ein zweites großes steuerbezogenes Problem für Entwicklungsländer ist die Verschiebung großer Summen aus Entwicklungsländern in die Finanzmärkte des Westens. Stellen wir uns die Situation in einem Entwicklungsland vor: Man kann davon ausgehen, dass das wohlhabendste Prozent der gesamten Bevölkerung über mehr als 50 % des gesamten Finanzvermögens und -einkommens eines Entwicklungslandes verfügt.[14] Dieses Geld ist freilich nicht im Land selbst angelegt, sondern in aller Regel in den USA oder Europa als Finanzanlagen (etwa Bankkonten) „investiert" (Ndikumana und Boyce 2011). Für Afrika besagen Schätzungen etwa, dass 30 % des Gesamtfinanzvermögens von Afrikanern „Offshore" gehalten wird (Moore et al. 2018, S. 49). In aller Regel werden die Einkünfte aus diesen Anlagen im Herkunftsland verschwiegen und können so nicht besteuert werden (Gaggero et al. 2007, S. 59; Helvea 2009; Meinzer 2018).

---

[14]Für die USA besagen herkömmliche Statistiken zum Beispiel, das das oberste Prozent im Jahr 2009 35,6 % des Gesamtvermögens besaßen (Shaxson et al. 2012, S. 6–7). Für Deutschland kommt Stefan Bach vom DIW für das Jahr 2007 zu einer Vermögenskonzentration beim obersten Prozent von 35,8 % des Gesamtvermögens (Bach et al. 2011, S. 11). Diese Schätzungen der Vermögenskonzentration bei dem obersten Prozent müssen jedoch spätestens seit der jüngsten Forschung über „offshore" in Steueroasen angelegtes Vermögen als viel zu niedrig gelten. Außerdem haben Entwicklungsländer in aller Regel eine deutlich ungleichere Vermögensverteilung als Deutschland oder USA. Deshalb sind 50 % des Vermögens in Händen des obersten Prozent plausibel, insbesondere wenn die Rede allein von (mobilem) Finanzvermögen und -einkommen ist.

Ein wichtiger Grund warum Eliten aus Entwicklungsländern ihr Vermögen im Ausland anlegen ist – neben der Rechtssicherheit – dass sie dabei anonym bleiben können und noch dazu weder im Land der Investition noch zu Hause besteuert werden. Zum Beispiel fördert Deutschland die Finanzanlagen aus dem Ausland mit der Abgeltungssteuer, die bei Zinserträgen nur für in Deutschland wohnhafte Personen gilt. Schwarzgeld eines Steuerausländers kann also steuerfrei auf einem deutschen Konto aufbewahrt werden.

Sorgen um die Entdeckung muss sich in Deutschland kaum jemand machen. Daran ändert auch das neue System zum automatischen Informationsaustausch der OECD – der sogenannte *Common Reporting Standard* – zunächst einmal wenig. Denn dieses System hat viele Schlupflöcher, die es Anlegern weiterhin ermöglichen anonym zu bleiben (Knobel und Meinzer 2014; Shaheen 2014). Außerdem nehmen viele der ärmeren Staaten, die oft den größten Anteil an illegitimen Auslandsvermögen verzeichnen, noch nicht am Austausch teil. Obendrein sind die Strafen selbst bei vorsätzlicher Falschmeldung durch inländische Banker mit einem Bußgeld von höchstens 50.000 EUR äußerst milde ausgestaltet (Meinzer 2018). Darüber hinaus beschränkt Deutschland zum Beispiel die Nutzung der Daten für Geldwäsche- oder Korruptionsermittlungen und hat die Möglichkeiten der grenzüberschreitenden verwaltungsseitigen Steuerauskunft in Deutschland seit 2009 eingeschränkt (Meinzer 2012a; Knobel 2019b). Schließlich verzichtet Deutschland bis heute auf öffentliche statistische Transparenz über die Wirkung des Systems, während andere Länder zumindest bruchstückhafte Statistiken veröffentlichen (Knobel 2019a). Dadurch kann niemand ernsthaft überprüfen, ob und wie das neue System funktioniert.

Was die Strafbarkeit von steuerlich motivierter Geldwäsche inländischer Banken angeht, ist die deutsche Gesetzgebung nah daran, ausländischen Steuerhinterziehern den roten Teppich auszurollen. Weil nur die gewerbs- und bandenmäßige Steuerhinterziehung in Deutschland unter das Geldwäschegesetz fällt, kann ein Banker in Deutschland im Jahr 2019 ohne sich strafbar zu machen Geld aus ausländischer Steuerhinterziehung annehmen. Anders als bei anderen schweren Straftaten ist fraglich, ob eine Geldwäscheverdachtsmeldung selbst im Fall von schwerer Steuerhinterziehung fällig ist (Meinzer 2015d). Das ist in Frankreich, Großbritannien und sogar Singapur anders – dort riskiert ein Banker Gefängnis für diese Art der Geldwäsche (Meinzer 2015b).

Die Ausmaße der grenzüberschreitenden, mutmaßlich steuerlich motivierten Finanzanlagen sind gewaltig. Kontendepots ausländischer Anleger in den USA etwa belaufen sich auf über 3 Billionen US-Dollar, ein Großteil davon sehr wahrscheinlich unversteuert aus Lateinamerika (Shaxson 2011a). Laut Statistiken der Bundesbank befanden sich 2013 zwischen 2,5 und 3 Billionen Euro zinstragender, in Deutschland unbesteuerter Finanzanlagen im deutschen Finanzsystem, davon ca. 11 % aus Schwellen- und Entwicklungsländern – die Dunkelziffer dürfte allerdings viel höher liegen. In einer jüngsten Studie des *Civil Forum for Asset Recovery* vom Juni 2019 wurden 16 Fälle dokumentiert, in denen mutmaßlich aus Entwicklungsländern gestohlene Vermögenswerte in Deutschland angelegt und versteckt sind (Trautvetter 2019b, S. 13). Mindestens elf dieser Fälle beinhalteten Finanzvermögen auf Bankkonten inländischer Banken.

In der Summe führen diese „Offshore"-Finanzanlagen zu einem schockierenden Paradox. Einerseits haben 139 Entwicklungsländer der Welt zwar auf dem Papier gigantische Auslandsschulden von 4,08 Billionen US-Dollar (Henry 2012, S. 6). Rechnet man aber die nicht deklarierten Auslandsfinanzanlagen der Wohlhabendsten sowie Währungsreserven dieser Länder dagegen, dann kommt man zu dem verblüffenden Ergebnis, dass diese Entwicklungsländer Netto-Gläubiger gegenüber dem Rest der Welt sind in der Größenordnung von 10,1–13,1 Billionen US-Dollar (Werte zum Ende 2010; ibid.). Für Afrika gilt analog, dass Afrika zwischen 1970 und 2008 durch illegale Kapitalflucht 944 Mrd. US$ verloren hat, während sich Afrika's offene Auslandsschulden 2008 auf 177 Mrd. US$ beliefen (Ndikumana und Boyce 2011).

5.7 Zusammenhang von Konsum und Finanzintransparenz mit Not in Entwicklungsländern

Die ärmsten Nationen der Welt „leihen" also unter dem Strich der westlichen Welt gigantische Summen und helfen so unseren Wohlstand zu finanzieren. Um es vereinfacht zu sagen: Unser Zweitwagen, iPhone und Espressovollautomat werden durch die Bevölkerungen der Entwicklungsländer mitfinanziert, freilich ohne dass diese befragt würden. Das Problem besteht darin, dass die Schulden von den ganzen Gesellschaften der Entwicklungsländer geschultert werden müssen, die Vermögen auf deutschen, Schweizer und US-Konten hingegen durch wenige extrem Vermögende kontrolliert werden.

Die Auslandsanlagen aus Entwicklungsländern, die zu 80–90 % (auch) steuerlich motiviert sein dürften (Gaggero et al. 2007, S. 59; Helvea 2009, S. 18; Meinzer 2012b, S. 12–14; Zucman et al. 2018) haben makroökonomisch relevante Dimensionen nicht nur für Entwicklungsländer erreicht. Diese Anlagen führen zu einer Aufwertung der Währungen in den Zielländern der illegalen Finanzströme (Wechselkurseffekt). Das hat eine überhöhte Außen-Kaufkraft des Euro, des US-Dollars oder des Schweizer Franken zur Folge. Ohne den Intransparenz-Anreiz für Anlagen etwa in Deutschland ist plausibel anzunehmen, dass es zu einem Rückgang der Finanzanlagen im hiesigen Bankensektor käme, und stattdessen zu einer Zunahme der Finanzanlagen in den Herkunftsländern. Ein Anleger aus Kenia beispielsweise, der bisher gerne sein Geld auf deutschen Konten angelegt hat, weil er auf die Zinsen weder in Deutschland noch zu Hause in Kenia Steuern bezahlt hatte, würde sich bei besserer Transparenz etwa durch routinemäßige Kooperation der deutschen Steuerbehörden mit kenianischen Steuerbehörden überlegen, ob er riskieren möchte aufzufliegen, oder doch lieber sein Geld abzieht und etwa in Kenia anlegt. Wenn dies viele oder alle Schwarzgeldanleger in der EU tun würden, dann könnte im Ergebnis ein Kilo Bananen bei uns 1,50 EUR statt bisher 1 EUR kosten, oder eine Tonne Soja 800 EUR statt wie bisher 500 EUR. Im Ergebnis würden sich importierte Güter verteuern und deren Konsum würde zurückgehen. Im Umkehrschluss aber könnten sich hierzulande wieder einige Industrien lohnen, die zuvor wegen billigeren Importen unrentabel wurden.

Ein zweiter Effekt verstärkter Finanztransparenz und Steuerkooperation bestünde in der Abmilderung des Kreditkosteneffektes großer ausländischer Finanzanlagen (Meinzer 2010). Weil der Zufluss ausländischer Geldanlagen die Kreditkosten der inländischen Banken senkt, könnte ein Abfluss infolge verstärkter Finanztransparenz die Kreditkosten hierzulande erhöhen. In Entwicklungsländern freilich wäre das Gegenteil der Fall, und exorbitante Kreditkosten könnten sich verringern. Außerdem könnten deren Währungen sich in dem Maß stabilisieren, wie Abwertungserwartungen durch geringere Kapitalabflüsse zurückgingen infolge fehlender Steuerhinterziehungsanreize. Die makroökonomischen Bedingungen für wirtschaftliche Entwicklung würden sich verbessern. Weil eine wichtige Fluchtursache der Teufelskreis aus Armut, wirtschaftlicher Stagnation und illegalen Finanzströmen örtlicher Eliten darstellt, könnte auch mittelfristig der Migrationsdruck aus Entwicklungsländern zurückgehen.

Hierzulande würden Kreditkosten im Verhältnis zu den Kosten für Arbeit steigen. Das heißt, dass sich der Trend zum Ersetzen menschlicher Arbeit durch Roboter und Maschinen verlangsamen würde. Ein Laubbläser beispielsweise würde im Verhältnis zu herkömmlicher Straßenreinigung mit Besen selbst unter enggefassten Gesichtspunkten ökonomischer Effizienz in der Tendenz weniger deutlich rentabler sein als bisher. Außerdem würden sich Reparaturen an Maschinen wieder eher lohnen als zuvor. Statt Wegwerf-Elektronik und Wegwerf-Haushaltsgeräte zu produzieren würde Langlebigkeit bei Produkten im Wert steigen und eine Verschiebung der Präferenz zu Qualität statt Quantität unterstützen (Meinzer 2012b).[15] Insgesamt könnten so neue und in der Summe mehr Arbeitsplätze entstehen, bzw. weniger Arbeitsplätze wegfallen. Besonders bei eher niedrig entlohnten Tätigkeiten könnte in der Summe dieser Effekte Arbeits- und Perspektivlosigkeit, und infolge auch politischem Extremismus, vorgebeugt werden.

Ein globales System der tief greifenden Steuerkooperation hätte aber auch andere Vorteile für Staaten der Nordhalbkugel: Wenn wir aus Kapitalerträgen und Gewinnen einen ähnlich großen Anteil des Steueraufkommens wie in den 1970er-Jahren finanzieren würden, dann könnte die Steuerbelastung auf Arbeitseinkünfte deutlich sinken.[16] Insgesamt könnten wir so weniger in der Woche arbeiten bei gleichbleibendem Nettolohn. Für Berufstätige wäre mehr Zeit übrig, um Beziehungen, Kinder, Familie und Freunde zu pflegen – vom Ehrenamt ganz zu schweigen. Die Frage wäre auch, welche anderen positiven Externalitäten eine Verlangsamung oder Verringerung der Technisierung haben könnte. Um zum Beispiel der Laubbläser zurückzukehren, sind in Kosten-Nutzen-Erwägungen üblicherweise nicht die zusätzlichen Belastungen für Umwelt- und

---

[15]Für Details siehe: Meinzer M (2012) Globaler Automatischer Informationsaustausch – Instrument für nachhaltige Entwicklung und Umweltschutz. http://steuergerechtigkeit.blogspot.de/2012/05/globaler-automatischer.html. Zugegriffen: 17. Dezember 2012.

[16]Diese Effekte sind bisher nach Kenntnisstand des Autors nicht quantifiziert worden, bzw. dergleichen Studien wurden bisher nicht veröffentlicht. Die Steuerverluste durch Offshore-Steuerhinterziehung weltweit belaufen sich auf ca. US$ 190 (Henry 2012; Zucman 2013).

Bevölkerung solcher Geräte eingepreist. Die Lärm- sowie Abgasbelästigung für Anwohner und Arbeiter dürften zu nicht vernachlässigbaren Folgekosten im Gesundheitssystem führen, die weniger real nicht deshalb sind, nur weil diese bisher nicht quantifiziert wurden.

Darüber hinaus könnten aufgrund steigender Steuereinnahmen die öffentlichen Dienstleistungen verbessert werden und zu einer Verbesserung der Lebensqualität aller beitragen: Schulklassengrößen könnten sinken und Lehrer wären weniger gestresst; Seminare an den Unis könnten in sinnvoller Größe abgehalten werden und in sozialen Berufen könnte die Überarbeitung zurückgehen. Die Einkommensungleichheit würde sinken und damit statistisch gesehen auch die Kriminalitätsrate sowie viele andere soziale Probleme.

Um diese Veränderungen einzuleiten brauchen wir eine tief greifende zwischenstaatliche Steuerkooperation, die Entwicklungsländer mit einbezieht. Ob der neu beschlossene und viel gefeierte automatische Informationsaustausch am Ende daran etwas ändern wird, ist noch nicht absehbar – es gibt eine Reihe von Schlupflöchern, Auslassungen und sichtbare Zeichen mangelnden Durchsetzungswillens (Meinzer 2015a). Die notwendigen Instrumente werden bisher allein zum eigenen vermeintlichen Vorteil entwickelt, während der Schaden und die wirtschaftlichen Verzerrungen in Kauf genommen werden, den die mangelnde Kooperation offenkundig anrichtet.

5.8 Wachsende wirtschaftliche Ungleichheit erzeugt Probleme auch für „Reiche"

Ein kleinerer Abstand zwischen Arm und Reich aber bringt Segen für alle. Auf diese Einsicht lässt sich vieles im Forschungswerk von Richard Wilkinson und Kate Pickett reduzieren (Wilkinson und Pickett 2010). Die britischen Wissenschaftler haben systematisch untersucht, welchen Einfluss der Gesamtwohlstand sowie die Einkommensungleichheit innerhalb der reichsten Länder auf soziale und Gesundheitsprobleme haben. Sie kommen darin zu dem erstaunlichen Ergebnis, dass bei den 23 untersuchten Hocheinkommensländern nicht der durchschnittliche Reichtum der gesamten Gesellschaft (Bruttoinlandsprodukt pro Kopf) entscheidend ist, sondern das Maß an Einkommensungleichheit.[17] Je ungleicher eine Gesellschaft ist, desto häufiger treten Probleme auf (etwa Kriminalität, Übergewicht, Geisteskrankheiten, Teenagerschwangerschaften, etc.) – unabhängig davon wie reich sie im Durchschnitt ist.

---

[17]Siehe auch Kersting (2010). Die 10 Dimensionen für die sozialen und gesundheitlichen Probleme umfassen Lebenserwartung, Bildung (Analphabetismus), Kindersterblichkeit, Morde, Gefängnisaufenthalte, Teenagergeburten/-schwangerschaften, soziale Desintegration, Übergewicht, Geisteskrankheiten (inklusive Drogen- und Alkoholabhängigkeit) sowie die soziale Mobilität (frei übersetzt nach Folie Nummer 7 von Wilkinson und Pickett (2009)).

Wir leben in einer Zeit drastisch wachsender wirtschaftlicher Ungleichheit (Piketty 2014). Nach einer Studie von Oxfam besaßen 62 Personen im Jahr 2015 eben so viel Vermögen wie die ärmste Hälfte der Weltbevölkerung, 3,6 Mrd. Menschen – 2014 waren es noch 85 Personen, welche ebenso viel Vermögen besaßen, wie die ärmste Hälfte (Oxfam 2016). IWF-Ökonomen hielten Deutschland 2019 für „eines der Länder mit der höchsten Vermögens- und Einkommensungleichheit der Welt" (Tagesschau 2019). Ein Armutsbericht der Bundesregierung unterstreicht auch für Deutschland diese Entwicklung hin zu einer wachsenden Kluft zwischen Arm und Reich (Öchsner 2012). Die OECD berichtet, dass von 18 westlichen reichen Staaten nur drei seit 1985 eine leichte Verbesserung der Ungleichheitsindikatoren vorzuweisen haben, während die restlichen 15 Staaten zum Teil deutliche Verschlechterungen ihrer Einkommensgleichheit zu verzeichnen hatten. Im internationalen Vergleich der OECD-Staaten ist Deutschland eines der Länder, in dem der Abstand zwischen Arm und Reich seit 1990 am schnellsten gewachsen ist (OECD 2011).

Drastisch führen die USA vor Augen, welche Folgen zunehmende Polarisierung der Vermögen und Einkommen im Kontext marktfundamentaler Strategien (Ötsch et al. 2018) haben. So sinkt die durchschnittliche Lebenserwartung in den USA anders als in den weniger polarisierten übrigen OECD-Staaten seit zwei Jahren, unter anderem wegen steigender Selbstmordraten, Drogenmissbrauch und Leberschäden (Saiidi 2019). Die Wahrscheinlichkeit, dass ein heute 15-Jähriger Junge mit 50 Jahren stirbt ist, ist laut Gabriel Zucman heute in den USA höher als in Bangladesch (The Economist 2019; Zucman 2019). Wenn wir in Deutschland eine andere gesellschaftliche Entwicklung wollen, dann sollten wir jegliche wirtschafts- und steuerpolitischen Rezepte – vor allem aus den USA – gründlich auf unbeabsichtigte, und möglicherweise unerwünschte, externe Effekte hin zu analysieren. Es bleibt abzuwarten, ob kommende Bundesregierungen besonders dem Ruf aus Unternehmerkreisen kritisch gegenüberzutreten wagen, wenn diese etwa in Antwort auf die US-Steuerreform eine weitere Senkung der Unternehmensbesteuerung fordern. Ob der Trick mit der alternativlosen Reaktion auf den Steuersenkungswettlauf und den angeblichen Standortwettbewerb für immer ziehen wird? Für das Überleben Demokratie, des fairen Marktwettbewerbs und des Planeten wäre es höchste Zeit, diesen Trick in die Mottenkiste zu verbannen.

Literatur

ActionAid (2010) Calling time. Why SABMiller Should Stop Dodging Taxes in Africa. www.actionaid.org.uk/doc_lib/calling_time_on_tax_avoidance.pdf. Zugegriffen: 1. Jan. 2009

Autor D et al. (2017) The fall of the labor share and the rise of superstar firms. Centre for Economic Performance, LSE.ftp://repec.iza.org/RePEc/Discussionpaper/dp10756.pdf. Zugegriffen: 30. Mai 2017

Bach S (2018) 100 Jahre deutsches Steuersystem: Revolution und Evolution. https://www.diw.de/documents/publikationen/73/diw_01.c.606752.de/dp1767.pdf. Zugegriffen: 9. Juli 2019

Bach S, Beznoska M, Steiner V (2011) A wealth tax on the rich to bring down public debt? Revenue and Distributional Effects of a Capital Levy. www.diw.de/documents/publikationen/73/diw_01.c.378111.de/diw_sp0397.pdf. Zugegriffen: 1. Jan. 1924

Beer S, Loeprick J (2018) The cost and benefits of tax treaties with investment hubs: findings from sub-saharan Africa. IMF Working Paper 18: 1–38

BEPS Monitoring Group (2014) OECD BEPS Scorecard. https://bepsmonitoringgroup.files.wordpress.com/2014/10/oecd-beps-scorecard.pdf. Zugegriffen: 7. Nov. 2014

Brautigam D, Moore M, Fjeldstad O (2008) Taxation and state-building in developing countries: capacity and consent. Cambridge University Press, Cambridge

Buffett, WE (2012) Opinion | a minimum tax for the wealthy. The New York Times. https://www.nytimes.com/2012/11/26/opinion/buffett-a-minimum-tax-for-the-wealthy.html. Zugegriffen: 10. Juli 2019

Bundesministerium der Finanzen (2017) Ergebnisse der steuerlichen Betriebsprüfung 2016. https://www.bundesfinanzministerium.de/Monatsberichte/2017/11/Inhalte/Kapitel-3-Analysen/3-7-Ergebnisse-der-steuerlichen-Betriebspruefung-2016.html. Zugegriffen: 10. Juli 2019

Christian Aid (2009) False profits: robbing the poor to keep the rich tax-free. Christian Aid, London. www.christianaid.org.uk/Images/false-profits.pdf. Zugegriffen: 5. Febr. 2009

Cobham A (2005) Taxation policy and development. Oxford Council on Good Governance: Economy Analysis

Cobham A (2019) The Uncounted. Polity, Cambridge

Cobham A, Janský P (2016) International corporate tax and revenue mobilization in developing countries: re-estimating revenue impact of tax avoidance. UNU-WIDER Working Paper

Cobham A, Janskỳ P (2017) Global distribution of revenue loss from tax avoidance. Re-estimation and country results. https://www.wider.unu.edu/sites/default/files/wp2017-55.pdf. Zugegriffen: 29. Mai 2017

Cobham A, Nelson, L (2019) The greatest opportunity for reallocating taxing rights in a generation: now or never for the OECD. https://www.taxjustice.net/wp-content/uploads/2019/04/The-global-reallocation-of-taxing-rights-Tax-Justice-Network-April-2019.pdf. Zugegriffen: 12. Juli 2019

Cobham A, Gray J, Richard M (2017) What do they pay? www.city.ac.uk/__data/assets/pdf_file/0004/345469/CITYPERC-WPS-201701.pdf. Zugegriffen: 6. Juni 2017

Cobham A, Janský P, Meinzer M (2018) A half-century of resistance to corporate disclosure. Transnational Corporations – Investment And Development 25:1–26

CORRECTIV (2018) The CumEx-Files – How Europe's taxpayers have been swindled of €55 billion. A cross-border investigation. https://cumex-files.com/en/. Zugegriffen: 21. Juni 2019

Crivelli E, Mooij R, Keen M (2016) Base erosion, profit shifting and developing countries. Finanz-Archiv: Public Finance Analysis 72:268–301

Daubenberger M et al. (2018) Cum-Ex: Der Coup des Jahrhunderts. Zeit Online, Oktober 18. https://www.zeit.de/2018/43/cum-ex-steuerbetrug-aktiengeschaeft-europa-finanzpolitik. Zugegriffen: 22. Apr. 2019

European Parliament, und Council of the European Union (2018) Directive (EU) 2018/ of the European Parliament and of the Council of 30 May 2018 amending Directive (EU) 2015/849 on the prevention of the use of the financial system for the purposes of money laundering or terrorist financing, and amending Directives 2009/138/EC and 2013/36/EU

Farrell S, McDonald H (2016) Apple ordered to pay up to €13bn after EU rules Ireland broke state aid laws. The Guardian, August 30. https://www.theguardian.com/business/2016/aug/30/apple-pay-back-taxes-eu-ruling-ireland-state-aid. Zugegriffen: 15. Juli 2019

Frese A (2016) Einkommensverteilung in Deutschland. Gerecht Steuern. http://www.tagesspiegel.de/wirtschaft/einkommensverteilung-in-deutschland-gerecht-steuern/19164686.html. Zugegriffen: 30. Mai 2017

Gaggero J, Casparrino J, Libman E (2007) La fuga de capitales. Historia, presente y perspectivas. http://www.cefid-ar.org.ar/documentos/DTN14LafugadeCapitales.pdf. Zugegriffen: 12. Apr. 2007

Galaz V et al (2018) Tax havens and global environmental degradation. Nat Ecol & Evol 2:1352

Ganghof S (2006) Tax mixes and the size of the welfare state: causal mechanisms and policy implications. J Eur Soc Policy 16:360–373

Ganghof S, Genschel P (2008) Taxation and democracy in the EU. J Eur Pub Policy 15:58–77

Genschel P (2000) Der Wohlfahrtsstaat im Steuerwettbewerb. http://www.mpifg.de/pu/workpap/wp00-5/wp00-5.html. Zugegriffen: 6. Okt. 2006

Grossmann L (2019) Ranking der schädlichsten Unternehmenssteuerwüsten. https://www.blog-steuergerechtigkeit.de/2019/05/ranking-der-schaedlichsten-unternehmenssteuerwuesten/. Zugegriffen: 10. Juli 2019

Handelsblatt (2019) Strafprozess: Geldauflage. HSH-Nordbank-Verfahren gegen letzten Angeklagten eingestellt. https://www.handelsblatt.com/finanzen/banken-versicherungen/strafprozess-geldauflage-hsh-nordbank-verfahren-gegen-letzten-angeklagten-eingestellt/24525152.html. Zugegriffen: 15. Juli 2019

Harari M, Meinzer M, Murphy R (2012) Key data report. Financial Secrecy, Banks and the Big 4 Firms of Accountants. www.taxjustice.net/cms/upload/pdf/FSI2012_BanksBig4.pdf. Zugegriffen: 18. Dez. 2012

Heitmüller F, Harari M, Meinzer M (2018) Tax administrations' capacity in preventing tax evasion and tax avoidance. https://www.taxjustice.net/wp-content/uploads/2018/11/Tax-administrations%E2%80%99-capacity-in-preventing-tax-evasion-and-tax-avoidance.pdf. Zugegriffen: 12. Dez. 2018

Helvea (2009) Swiss Banking Secrecy and Taxation. Paradise Lost? http://www.safehaven.at/wordpress_cms/wp-content/uploads/2010/03/Helvea-Studie.pdf

Henn M (2018) Geldwäsche bei Immobilien in Deutschland. Umfang des Problems und Reformbedarf. Transparency International Deutschland. https://www2.weed-online.org/uploads/studie_geldwaesche_immobilien_deutschland.pdf. Zugegriffen: 10. Juli 2019

Henry JS (2012) The price of offshore revisited. New Estimates for Missing Global Private Wealth, Income, Inequality and Lost Taxes. www.taxjustice.net/cms/upload/pdf/Price_of_Offshore_Revisited_26072012.pdf. Zugegriffen: 12. Nov. 2012

House of Commons (2013) Tax avoidance: the role of large accountancy firms. https://publications.parliament.uk/pa/cm201213/cmselect/cmpubacc/870/870.pdf. Zugegriffen: 5. März 2015

IMF (2019) Corporate taxation in the global economy. https://www.imf.org/en/Publications/Policy-Papers/Issues/2019/03/08/Corporate-Taxation-in-the-Global-Economy-46650. Zugegriffen: 29. März 2019

Independent Commission for the Reform of International, und Corporate Taxation (ICRICT) (2019) The fight against Tax Avoidance – BEPS 2.0: What the OECD BEPS Process has achieved and what real reform should look like. https://static1.squarespace.com/static/5a0c602bf43b5594845abb81/t/5c409495f950b7e303b71a45/1547736215689/thefightagainsttaxavoidance_FINAL.pdf. Zugegriffen: 12. Juli 2019

International Monetary Fund (2014) Spillovers in international corporate taxation. http://www.imf.org/external/np/pp/eng/2014/050914.pdf. Zugegriffen: 26. Juni 2014

Kar DCartwright-Smith D (2008) Illicit financial flows from developing countries: 2002–2006. Global Financial Integrity. http://www.gfintegrity.org/storage/gfip/economist%20-%20final%20version%201-2-09.pdf. Zugegriffen: 16. Mai 2012

Kersting W (2010) Richard Wilkinson und Kate Pickett: Gleichheit ist Glück: Es schwankt das Fundament des Glücks. https://www.faz.net/1.943073. Zugegriffen: 15. Juli 2019

Knobel A (2019a) Statistics on automatic exchange of banking information and the right to hold authorities (and banks) to account. https://www.taxjustice.net/2019/06/21/statistics-on-automatic-exchange-of-banking-information-and-the-right-to-hold-authorities-and-banks-to-account/, https://www.taxjustice.net/2019/06/21/statistics-on-automatic-exchange-of-banking-information-and-the-right-to-hold-authorities-and-banks-to-account/. Zugegriffen: 26. Juni 2019

Knobel A (2019b) The use of banking information to tackle corruption and money laundering: a low-hanging fruit the OECD refuses to harvest. Tax Justice Network. https://www.taxjustice.net/2019/04/30/the-use-of-banking-information-to-tackle-corruption-and-money-laundering-a-low-hanging-fruit-the-oecd-refuses-to-harvest/, https://www.taxjustice.net/2019/04/30/the-use-of-banking-information-to-tackle-corruption-and-money-laundering-a-low-hanging-fruit-the-oecd-refuses-to-harvest/. Zugegriffen: 27. Juni 2019

Knobel A, Cobham A (2016) Country-By-Country reporting: how restricted access exacerbates global inequalities in taxing rights. https://www.taxjustice.net/wp-content/uploads/2016/12/Access-to-CbCR-Dec16-1.pdf. Zugegriffen: 9. Febr. 2017

Knobel A, Meinzer M (2014) "The end of bank secrecy"? Bridging the gap to effective automatic information exchange. An Evaluation of OECD's Common Reporting Standard (CRS) and its alternatives. http://www.taxjustice.net/wp-content/uploads/2013/04/TJN-141124-CRS-AIE-End-of-Banking-Secrecy.pdf. Zugegriffen: 20. März 2015

Ladipo E (2016) Das PR-Desaster in der Downing Street. https://www.welt.de/politik/ausland/article154154454/Das-PR-Desaster-in-der-Downing-Street.html. Zugegriffen: 14. Okt. 2016

Lagarde C (2019) Corporate taxation in the global economy. IMF Blog. https://blogs.imf.org/2019/03/25/corporate-taxation-in-the-global-economy/. Zugegriffen: 29. März 2019

Lundstøl O (2018) Tax in development: towards a strategic aid approach. ICTD Working Paper 39

Manager Magazin (2006) Millionenstrafe für HVB. http://www.manager-magazin.de/unternehmen/artikel/a-401266.html. Zugegriffen: 13. Okt. 2016

Martorano B (2016) WIDER Working Paper 2016/98 – Taxation and inequality in developing countries: Lessons from the recent experience of Latin America. WIDER Working Paper 24

McNabb K, LeMay-Boucher P (2014) Tax structures, economic growth and development. www.ictd.ac/sites/default/files/ICTD%20WP22.pdf. Zugegriffen: 19. Jan. 2015

Meinzer M (2010) Policy paper on automatic tax information exchange between northern and southern countries. Tax Justice Network, London. http://www.taxjustice.net/cms/upload/pdf/AIE_100926_TJN-Briefing-2.pdf. Zugegriffen: 16. Juli 2012

Meinzer M (2012a) Bank account registries in selected countries. Lessons for Registries of Trusts and Foundations and for Improving Automatic Tax Information Exchange. Tax Justice Network, London. www.taxjustice.net/cms/upload/pdf/BAR2012-TJN-Report.pdf. Zugegriffen: 17. Dez. 2012

Meinzer M (2012b) Towards multilateral automatic information exchange. Current Practice of AIE in Selected Countries. London: Tax Justice Network. http://www.taxjustice.net/cms/upload/pdf/AIE2012-TJN-Briefing.pdf. Zugegriffen: 14. Febr. 2013

Meinzer M (2015a) Dringender Nachbesserungsbedarf beim Gesetzentwurf zum automatischen Informationsaustausch. https://www.bundestag.de/resource/blob/393626/6fbc7e93356dc43a2cfb8fe00863413d/09-tjn-data.pdf. Zugegriffen: 12. Jan. 2016

Meinzer M (2015b) GroKo schützt Steueroase Deutschland und zieht automatischem Informationsaustausch die Zähne. https://www.blog-steuergerechtigkeit.de/2015/11/groko-schutzt-steueroase-deutschland/. Zugegriffen: 14.Okt. 2016

Meinzer M (2015c) Steuern: Wie der deutsche Fiskus Apple schützt. Die Zeit, September 23. https://www.zeit.de/wirtschaft/2015-09/apple-steuern-deutschland-steueroase. Zugegriffen: 29. Dez. 2018

Meinzer M (2015d) Steueroase Deutschland. Warum bei uns viele Reiche keine Steuern zahlen. Beck, München

Meinzer M (2016a) Apple: Aufstand gegen das Steuerdiktat der USA. Die Zeit, September 6. https://www.zeit.de/wirtschaft/unternehmen/2016-09/apple-steuern-eu-kommission-transparenz. Zugegriffen: 29. Dez. 2018

Meinzer M (2016b) Apple: Wie der bayerische Finanzminister inländische Firmen schädigt – Blog Netzwerk Steuergerechtigkeit. Blog Steuergerechtigkeit. https://www.blog-steuergerechtigkeit.de/2016/09/apple-wie-der-bayerische-finanzminister/. Zugegriffen: 15. Juli 2019

Meinzer M (2016c) Macht hoch die Tür für anonyme Firmen? Deutsche Richterzeitung 94:175

Meinzer M (2017a) Stellungnahme von Netzwerk Steuergerechtigkeit Deutschland und Tax Justice Network zu dem „Entwurf eines Gesetzes zur Umsetzung der Vierten EU-Geldwäscherichtlinie, zur Ausführung der EU- Geldtransferverordnung und zur Neuorganisation der Zentralstelle für Finanztransaktionsuntersuchungen", BT-Drucksache 18/11555. http://www.bundestag.de/blob/503626/549f0248366374270c293ac20cec95a7/12-data.pdf. Zugegriffen: 1. Aug. 2017

Meinzer M (2017b) Germany rejects beneficial ownership transparency. https://www.taxjustice.net/2017/05/18/germany-rejects-beneficial-ownership-transparency/. Zugegriffen: 24. Mai 2017

Meinzer M (2018) Automatic exchange of information as the new global standard: the end of (Offshore tax evasion) history? In: Ates L, Englisch J (Hrsg) Automatic exchange of information and prospects of Turkish-German cooperation, Turkish-German international tax series. Onikilevha, Istanbul, S 41–77

Meinzer M (2019) Transnationales Lobbying am Beispiel des Country-by-Country-Reportings gegen Steuervermeidung. http://www.bpb.de/politik/wirtschaft/lobbyismus/276827/transnationales-lobbying-in-der-steuerpolitik. Zugegriffen: 9. Juli 2019

Meinzer M et al. (2019) Comparing tax incentives across jurisdictions: a pilot study

Molla, R (2017) Amazon's epic 20-year run as a public company, explained in five charts. Vox. https://www.vox.com/2017/5/15/15610786/amazon-jeff-bezos-public-company-profit-revenue-explained-five-charts. Zugegriffen: 15. Juli 2019

Moore M (2012) The practical political economy of illicit flows. In: Reuter P (Hrsg) Draining development? controlling flows of illicit funds from developing countries. The World Bank, Washington, DC, S 457–482

Moore M, Prichard W, Fjeldstad O (2018) Taxing Africa. coercion, reform and development. Zed, London

Ndikumana L (2017) Curtailing capital flight from Africa. library.fes.de/pdf-files/iez/13311.pdf. Zugegriffen: 31. Mai 2017

Ndikumana L, Boyce JK (2011) Africa's odious debts. How foreign loans and capital flight bled a continent. Zed Books, London

Netzwerk Steuergerechtigkeit Deutschland, und Tax Justice Network (2018) Schattenfinanzindex 2018: Länderbericht Deutschland, die Geschichte einer Steueroase. https://netzwerksteuergerechtigkeit.files.wordpress.com/2018/01/2_lc3a4nderbericht-deutschland.pdf. Zugegriffen: 10. Juli 2019

Obenland W (2010) Der International Accounting Standards Board – privater Standardsetzer der Weltwirtschaft. www.taxjustice.net/cms/upload/pdf/Deutsch/info-steuergerechtigkeit03.pdf. Zugegriffen: 30. März 2015

Obermaier F, Obermayer B (2016) Wie Briefkastenfirmen bei Assads Krieg helfen. Süddeutsche.de https://panamapapers.sueddeutsche.de/articles/570cabf9a1bb8d3c3495ba33/. Zugegriffen: 10. Juli 2019

Öchsner T (2012) Reiche trotz Finanzkrise immer reicher. http://www.sueddeutsche.de/wirtschaft/neuer-armuts-und-reichtumsbericht-der-bundesregierung-reiche-trotz-finanzkrise-immer-reicher-1.1470673. Zugegriffen: 12. Dez. 2012

OECD (2011) Einkommensgleichheit nimmt OECD-weit zu – in Deutschland besonders schnell. http://www.oecd.org/berlin/presse/einkommensungleichheitnimmtoecd-weitzuindeutschlandbesondersschnell.htm: Zugegriffen: 15. Juli 2019

OECD (2015) Measuring and monitoring BEPS, Action 11 – 2015 Final Report. Organisation for Economic Co-operation and Development, Paris

OECD (2016) Aid to developing countries rebounds in 2013 to reach an all-time high – OECD. http://www.oecd.org/newsroom/aid-to-developing-countries-rebounds-in-2013-to-reach-an-all-time-high.htm. Zugegriffen: 10. Febr. 2017

OECD (2017) Tax administration 2017. OECD Publishing, Paris

Ötsch WO, Pühringer S, Hirte K (2018) Netzwerke des Marktes. Ordoliberalismus als Politische Ökonomie. Springer VS, Wiesbaden

Overesch M, Wolff H (2019) Financial transparency to the rescue: effects of country-by-country reporting in the EU banking sector on tax avoidance. https://papers.ssrn.com/abstract=3075784. Zugegriffen: 12. Juli 2019

Oxfam (2016) An economy for the 1 %. https://www.oxfam.org/sites/www.oxfam.org/files/file_attachments/bp210-economy-one-percent-tax-havens-180116-en_0.pdf. Zugegriffen: 14. Okt. 2016

Picciotto S (1992) International Business Taxation. A Study in the Internationalization of Business Regulation. Electronic Re-Publication, Weidenfeld

Picciotto, S (2012) Towards unitary taxation of transnational corporations. www.taxjustice.net/cms/upload/pdf/Towards_Unitary_Taxation_1-1.pdf. Zugegriffen: 14. Dez. 2012

Piketty T (2014) Capital in the twenty-first century. Harvard University Press, Cambridge

Prichard W, Cobham A, Goodall A (2014) The ICTD Government Revenue Dataset

ProductiehuisEU (2019) Davos 2019: Historian Rutger Bregman berates billionaires at World Economic Forum over tax avoidance. https://www.youtube.com/watch?v=r5LtFnmPruU. Zugegriffen: 9. Juli 2019

Saiidi U (2019) US life expectancy has been declining. Here's why. https://www.cnbc.com/2019/07/09/us-life-expectancy-has-been-declining-heres-why.html. Zugegriffen: 12. Juli 2019

Schick G (2016) Gesetz zur Verhinderung von Cum-Ex Geschäften bestärkte betrügerische Finanakteure statt sie zu stoppen.https://gerhardschick.net/2016/06/20/gesetz-zur-verhinderung-von-cum-ex-geschaeften-bestaerkte-betruegerische-finanzakteure-statt-sie-zu-stoppen/. Zugegriffen: 10. Juli 2019

Schwarz Y (2019) Cum-Ex und was daraus folgt – Eine Aufarbeitung des Cum-Ex-Skandals

Shaheen S (2014) EXCLUSIVE: Pascal Saint-Amans defends OECD's Common Reporting Standard despite loopholes identified by TJN. International Tax Review, März 13. https://www.internationaltaxreview.com/Article/3319275/EXCLUSIVE-Pascal-Saint-Amans-defends-OECDs-Common-Reporting-Standard-despite-loopholes-identified-by.html?ArticleId=3319275&edit=true. Zugegriffen: 25. Apr. 2019

Shaxson N (2011a) Tax Haven USA attracts over $3 trillion in foreign dirty money. http://treasureislands.org/tax-haven-usa-attracts-over-3-trillion-in-foreign-dirty-money/. Zugegriffen: 17. Dez. 2012

Shaxson N (2011b) Treasure Islands: uncovering the damage of offshore banking and tax havens, 1. Aufl. Palgrave MacMillan, London

Shaxson, N (2016) Corporate tax: the great incidence hoax. https://www.taxjustice.net/2016/02/25/the-great-tax-incidence-hoax/. Zugegriffen: 15. Juli 2019

Shaxson N (2019) No, corporate tax avoidance is not ‚legal'. https://www.taxjustice.net/2019/05/16/no-corporate-tax-avoidance-is-not-legal/. Zugegriffen: 10. Juli 2019

Shaxson N, Christensen J, Mathiason N (2012) Inequality: you don't know the half of it. London. www.taxjustice.net/cms/upload/pdf/Inequality_120722_You_dont_know_the_half_of_it.pdf. Zugegriffen: 24. Okt. 2012

Shift GmbH (2019) Shift shop I impressum. shiftphones. https://shop.shiftphones.com/impressum/. Zugegriffen: 15. Juli 2019

Tagesschau.de (2019) Exportboom macht Reiche reicher. https://www.tagesschau.de/wirtschaft/boerse/iwf-bericht-103.html. Zugegriffen: 12. Juli 2019

Tax Justice Networfk (2012a) Do low taxes promote growth and prevent crisis? http://taxjustice.blogspot.ch/2012/06/do-low-taxes-promote-growth-and-prevent.html. Zugegriffen: 12. Dez. 2012

Tax Justice Network (2012b) Do low taxes promote growth and prevent crisis? – part 2. http://taxjustice.blogspot.com/2012/06/do-low-taxes-promote-growth-part-2.html. Zugegriffen: 12. Dez. 2012

Tax Justice Network (2012c) ITEP debunks loopy Laffer. Again. http://taxjustice.blogspot.com/2012/02/itep-debunks-loopy-laffer-again.html. Zugegriffen: 12. Dez. 2012

Tax Justice Network (2012d) No obvious link between capital gains tax cuts and growth – research. http://taxjustice.blogspot.com/2012/03/capital-gains-tax-cuts-dont-produce.html. Zugegriffen: 12. Dez. 2012

Tax Justice Network (2012e) Memo to the UK: the only way to win a race to the bottom is not to play. http://taxjustice.blogspot.de/2012/10/memo-to-uk-only-way-to-win-race-to.html. Zugegriffen: 12. Dez. 2012

Tax Justice Network (2013) British secrecy jurisdictions and the Privy Council. http://www.taxjustice.net/cms/upload/pdf/Privy_Council_and_Secrecy_Scores.pdf. Zugegriffen: 15. Juli 2019

Tax Justice Network (2018a) The financial secrecy index. http://www.financialsecrecyindex.com/. Zugegriffen: 10. Juli 2019

Tax Justice Network (2018b) Financial secrecy index 2018 – methodology. https://www.financialsecrecyindex.com/PDF/FSI-Methodology.pdf. Zugegriffen: 14. Febr. 2018

Tax Justice Network (2018c) Narrative report on the united kingdom. Tax Justice Network. https://www.financialsecrecyindex.com/PDF/UnitedKingdom.pdf. Zugegriffen: 13. Juni 2019

Tax Justice Network (2019a) Corporate tax haven index. https://www.corporatetaxhavenindex.org/EXCEL/CTHI2019.xlsx. Zugegriffen: 10. Juli 2019

Tax Justice Network (2019b) Corporate tax haven index (CTHI) 2019 methodology. https://www.corporatetaxhavenindex.org/PDF/CTHI-Methodology.pdf. Zugegriffen: 4. Juni 2019

The Economist (2019) The UN revises down its population forecasts. The Economist, Juni 22 https://www.economist.com/graphic-detail/2019/06/22/the-un-revises-down-its-population-forecasts?fsrc=scn/tw/te/bl/ed/theunrevisesdownitspopulationforecastsdemography. Zugegriffen: 12. Juli 2019

Tørsløv TR, Wier LS, Zucman G (2018) The missing profits of nations. National Bureau of Economic Research. http://www.nber.org/papers/w24701. Zugegriffen: 30. Aug. 2018

Trautvetter C (2019a) Ein effektiver Kampf gegen Geldwäsche in Deutschland – genauso wichtig wie Entwicklungshilfe?! – Blog Netzwerk Steuergerechtigkeit. Blog Steuergerechtigkeit. https://www.blog-steuergerechtigkeit.de/2019/06/ein-effektiver-kampf-gegen-geldwaesche-in-deutschland-genauso-wichtig-wie-entwicklungshilfe/. Zugegriffen: 27. Juni 2019

Trautvetter C (2019b) Stolen asset recovery between Germany and developing countries. CIFAR, Berlin. https://cifar.eu/wp-content/uploads/2019/06/1.-English-Report-2019-Asset-recovery-Germany.pdf. Zugegriffen: 12. Juli 2019

United Nations Conference on Trade and Development (2015) FDI, tax and development. The fiscal role of multinational enterprises: towards guidelines for Coherent International Tax and Investment Policies. Geneva. investmentpolicyhub.unctad.org/Upload/Documents/FDI%2C%20Tax%20and%20Development.pdf. Zugegriffen: 30. März 2015

Votsmeier V (2017) Schwerer Rückschlag für Steuer-Trickser. https://www.handelsblatt.com/finanzen/banken-versicherungen/cum-ex/cum-ex-prozess-schwerer-rueckschlag-fuer-steuer-trickser/20023058-all.html. Zugegriffen: 9. Juli 2019

Votsmeier V (2019) https://twitter.com/VolkerVotsmeier/status/1140515056272183296. Zugegriffen: 09. Juli 2019

Wersig M (2013) (Gerechtigkeits-)Prinzipien des deutschen Steuersystems | APuZ. bpb.de. http://www.bpb.de/apuz/155703/gerechtigkeits-prinzipien-des-deutschen-steuersystems. Zugegriffen: 15. Juli 2019

Wilkinson R, Pickett K (2009) The spirit level. https://www.dur.ac.uk/resources/wolfson.institute/events/Wilkinson372010.pdf. Zugegriffen: 24. Aug. 2015

Wilkinson R, Pickett K (2010) The spirit level. Why equality is better for everyone. Penguin, London

Wilmes A (2019) Attac-Urteil: Bedrohung für die Zivilgesellschaft? https://www.deutschlandfunk.de/gemeinnuetzigkeit-attac-urteil-bedrohung-fuer-die.724.de.html?dram:article_id=446863 Zugegriffen: 9. Juli 2019

Ylonen M (2017) Back from oblivion? The rise and fall of the early initiatives against corporate tax avoidance from the 1960s to the 1980s. Transnational Corporations 23:32–65

Zucman G (2013) The missing wealth of nations: are Europe and the U.S. net debtors or net creditors? Q J Econ 128(3):1321–1364

Zucman G (2019) https://twitter.com/gabriel_zucman/status/1142721479378948096. Zugegriffen: 12. Juli 2019

Zucman G, Johannesen N, Alstadsaeter A (2018) Tax evasion and inequality. http://gabriel-zucman.eu/files/AJZ2017.pdf. Zugegriffen: 8. Aug. 2018

Steuergerechtigkeit – eine Unternehmerperspektive

Christoph Trautvetter

> **Zusammenfassung**
>
> Unternehmenssteuern leisten einen wichtigen Beitrag zur Finanzierung gesamtgesellschaftlicher Aufgaben. Eine faire Beteiligung aller Steuerzahler an dieser Finanzierung ist ein wesentlicher Faktor für eine funktionierende Gesellschaft. Faire Steuerpraktiken sollten deswegen wichtiger Bestandteil der Unternehmensverantwortung sein, spielen dabei jedoch bis jetzt nur eine kleine, wenn auch wachsende Rolle. Mittelständische Unternehmer sind oft noch in ihrer Heimat verankert, machen ihre deutschen Steuerzahlungen als rein nationale Unternehmen im Jahresabschluss transparent und engagieren sich vereinzelt für Steuergerechtigkeit. Im Gegensatz dazu veröffentlichen große multinationale Unternehmen meistens keine länderspezifischen Informationen über ihre Steuerzahlungen und nutzen teilweise internationale Steuervermeidungsstrategien. Eine Zertifizierung von fairen Steuerzahlern kann helfen engagierte Unternehmer zu mobilisieren und faire und loyale Steuerzahler sichtbar zu machen.

6.1 Einleitung

Spektakuläre Enthüllungen durch mutige Whistleblower und die Presse – von Steuer-CDs über LuxLeaks bis zu den Panama und Paradise Papers – belegen, dass vor allem die Reichen und die multinationalen Unternehmer in großem Umfang Steuern hinterziehen und vermeiden. Beim kürzlich aufgedeckten Cum-Ex Skandal gingen die beteiligten Investmentbanken, Anwälte, Berater und Investoren sogar noch einen

C. Trautvetter (✉)
Berlin, Deutschland
E-Mail: ctrautvetter@posteo.de

© Springer Fachmedien Wiesbaden GmbH, ein Teil von Springer Nature 2020
M. Meinzer und M. Pohl (Hrsg.), *Finanzethik und Steuergerechtigkeit*,
https://doi.org/10.1007/978-3-658-27783-3_6

Schritt weiter und raubten Steuern, die andere gezahlt hatten. Und während vielerorts Immobilienpreise und Mieten explodieren, bleiben zweifelhafte Investoren die in Deutschland allem Anschein nach ihr Geld waschen völlig unbehelligt. Allen diesen Fällen ist gemein, dass die Verwaltung offensichtlich nicht gut genug ausgestattet und mit den richtigen Prioritäten und Möglichkeiten versehen ist um gegen kriminelle Energie dieses Ausmaßes vorzugehen. Sie ist mit der Verfolgung schlichtweg überfordert. Auch die Politik handelt viel zu unentschlossen, schließt Gesetzeslücken viel zu langsam und geht zu inkonsequent gegen die Probleme vor. Viel zu oft verwässern oder verhindern Lobbyisten wirksame Gegenmaßnahmen, beauftragen namhafte Wissenschaftler Studien in ihrem Interesse zu erstellen und beeinflussen über verzerrte Berichterstattung in der Presse die öffentliche Meinung.

Wenn offensichtliche Ungerechtigkeit bei der Unternehmensbesteuerung und mafiöse Strukturen in der Finanzwirtschaft über so lange Zeit unbestraft und ungehindert bestehen können, bezweifeln viele Bürger zu Recht ob die von ihnen gewählten Vertreter in ihrem Interesse und nicht entsprechend der Wünsche von Finanzwirtschaft und großen Konzernen handeln. Eine größer werdende Zahl an Bürgern hat den Eindruck, dass sie mit ihrer Stimmenabgabe bei Wahlen bei weitem nicht den Einfluss hat, den die Besitzer des großen Geldes über die von ihnen bezahlten Lobbyisten, Wissenschaftlern und Presseberichterstattung auf unsere Politik haben. Sie halten ihre Stimmabgabe für wertlos und schließen sich deshalb resigniert aus dem politischen Leben aus oder werden empfänglich für populistische Botschaften. So sorgen Steuervermeidung und Steuerhinterziehung nicht nur für eine ungerechte Lastenverteilung und bedrohen die angemessene Finanzierung unserer Infrastruktur, sondern sie diskreditieren Politik und Politiker genauso wie Unternehmen und die wirtschaftliche Elite und gefährden unsere Demokratie.

Trotz aller Hiobsbotschaften über verfallende Brücken, unzureichende Sanitäranlagen in den Schulen und Fehlinvestitionen des Staates auch durch Korruption, profitieren wir heute alle noch von im internationalen Vergleich relativ großer Sicherheit und öffentlicher Ordnung, verlässlicher Hygienevorschriften und sauberen Flüssen in denen man zum Teil wieder schwimmen kann und von einer Infrastruktur, in die in der Zukunft wieder wesentlich mehr investiert werden muss. Gleiches gilt für die Ausbildung unserer Bevölkerung, die Deutschland zu einem der wettbewerbsfähigsten Staaten der Welt gemacht haben und wo es speziell in dem neuen digitalen Zeitalter gilt, diesen Status zu erhalten. Angesichts der Herausforderungen unserer Zeit – von Klimawandel und Bevölkerungsexplosion über rasanten technischen Fortschritt und die Umwälzungen der Arbeits- und Lebenswelt bis hin zu Terrorismus und globalen Krisen – sind wir mehr denn je auf eine belastbare Gesellschaft angewiesen. Dieses Gemeinwesen kann aber nur richtig funktionieren und auch aufrechterhalten werden, wenn jeder dafür einsteht und den Staat befähigt, seine Aufgaben zu erfüllen. Deswegen zahlt die Mehrheit der Bevölkerung und der Unternehmen mehr oder weniger frei- und bereitwillig Steuern und leistet oft in der Freizeit noch einen ehrenamtlichen Beitrag. Mittelständische Unternehmen und die in ihrer Heimat verankerten und ihren Mitarbeiter*innen verpflichteten

Unternehmer spielen dabei eine besondere Rolle. Mit ihren Steuerbeiträgen finanzieren sie die Infrastruktur, die Bildung und das Lebensumfeld, von denen ihr Erfolg abhängt, und nehmen oft eine wichtige Rolle in der lokalen Gesellschaft ein. Wenn sich große, multinationale Unternehmen durch aggressive Steuervermeidung einen unfairen Wettbewerbsvorteil verschaffen, gefährden sie die Existenz ehrlicher und lokaler Unternehmer und damit auch deren Beitrag zum Gemeinwohl. Wenn sich einige wenige Reiche der angemessenen Besteuerung entziehen, gefährden sie den grundlegenden Konsens auf dem unsere Gesellschaft und unsere Demokratie aufgebaut ist. Deswegen ist Steuergerechtigkeit eines der wichtigsten Themen unserer Zeit.

6.2 Steuern als Unternehmensverantwortung

Rutger Bregman, ein 30-jähriger Historiker und Buchautor aus den Niederlanden, hat mit seiner kurzen Rede auf dem Weltwirtschaftsforum in Davos anscheinend einen Nerv getroffen. Seine simple Aufforderung zuerst über „Tax, Tax, Tax", also über Steuern und die Steuervermeidung durch multinationale Konzerne und die Reichen zu sprechen, wurde im Internet hunderttausendfach angesehen. In mehreren Interviews verdeutlichte er seine Enttäuschung darüber, dass auf dem Weltwirtschaftsforum über viele der globalen Probleme und vielfältige Lösungsvorschläge von Philanthropen, Innovatoren und Konzernlenkern, aber viel zu wenig über die wirklich nachhaltigen Lösungen wie Steuergerechtigkeit gesprochen wurde. (Baumann 2019)[1]

In der Tat erstellen viele große und multinationale Unternehmen seit vielen Jahren umfangreiche Berichte über ihre unternehmerische Verantwortung, aber mit wenigen Ausnahmen spielen Steuern global und in Deutschland bis jetzt jedoch nur eine untergeordnete Rolle sowohl bei der externen Bewertung als auch in der Außendarstellung der Unternehmen. Eine Metastudie zur Relevanz von Steuerpraktiken im Rahmen von Corporate-Social-Responsibility-Maßnahmen weltweit, einschließlich in Deutschland hat ergeben, dass Firmen, die sich, zum Beispiel durch einen CSR-Bericht zu diesen Maßnahmen bekennen, sich nicht durch (positive) Steuerpraktiken von anderen unterscheiden. In den Verhaltenskodizes fanden sich nur wenige Aussagen zu Steuern (Stephenson und Vracheva 2015) und auch mittelständische Unternehmen, nutzen die Chance noch nicht, dort ihre vorschriftsmäßigen Steuerzahlungen und ihr Wertverständnis diesbezüglich offen zu legen.

In sogenannten Nachhaltigkeitsrankings, die die Unternehmensverantwortung bewerten, setzt sich – auch angesichts der öffentlichkeitswirksamen Skandale – langsam die Erkenntnis durch, dass eine zu aggressive Steuerstrategie aufgrund von Reputations- und Geschäftsrisiken nicht nachhaltig ist. Ein Zusammenschluss institutioneller

---

[1]Interview mit Rutger Bregman vom 09.02.2019: https://www.fr.de/wirtschaft/wir-muessen-biest-kapitalismus-zaehmen-11746721.html.

Investoren hat in Partnerschaft mit dem UN-Umweltprogramm (UNEP) und dem Globalen Pakt der Vereinten Nationen (UN Global Compact) für die Principles on Responsible Investment einen umfangreichen Fragenkatalog in Bezug auf Steuern aufgestellt[2] und einzelne Investoren wie der norwegische Öl-Staatsfonds NBIM[3] (2017) haben in jüngster Zeit angefangen, mehr Transparenz über die Steuerstrategie von den Unternehmen zu fordern, in die sie investieren (eine Übersicht dazu findet sich in Tab. 6.1). Da Steuern auch hier nach wie vor eine untergeordnete Rolle spielen, muss an diesen Indikatoren gearbeitet werden, um die wahre Bedeutung der Steuereinnahmen für das Gemeinwesen herauszustellen.[4]

Unternehmen und ihre Eigentümer zahlen Steuern auf den von ihnen geschaffenen Mehrwert (Umsatzsteuer), auf ihre Gewinne (Körperschafts- und Gewerbesteuer) und schließlich auf die persönlichen Erträge aus Unternehmensbeteiligungen (Einkommensteuer). Während der Großteil der Steuereinnahmen annähernd hälftig zwischen Bund und Land geteilt wird, verbleiben der größte Teil der Gewerbesteuer und ein Teil der Einkommens- und Umsatzsteuer in den Gemeinden. Im Jahr 2017 betrugen die Steuereinnahmen aus der Körperschafts- und Gewerbesteuer in Deutschland rund 83 Mrd. EUR von insgesamt 735 Mrd. EUR und damit etwas mehr als 11 %. Mit 53 Mrd. EUR stammt der größere Teil davon aus der Gewerbesteuer. Nach Schätzungen des ifo-Instituts leisteten die kleinen und mittelständischen Unternehmen bis zu einem Umsatz von 300 Mio. EUR mit 61 % den größten Beitrag zu den inländischen Ertragssteuern während die 500 größten Familienunternehmen und die 27 nicht familiengeführten DAX Unternehmen jeweils 19 % des Aufkommens trugen (Stiftung Familienunternehmen 2016).

Die Schätzungen darüber, wie viele Steuereinnahmen Deutschland wegen aggressiver Steuervermeidung verloren gehen, gehen naturgemäß weit auseinander. Eine Metastudie von 2008 schätzte den Verlust durch Steuervermeidung multinationaler Unternehmen in Deutschland auf rund 30 Mrd. EUR (Heckemeyer und Spengel 2008). Laut einer unveröffentlichten Studie des Zentrums für Europäische Wirtschaftsforschung (ZEW) von 2014 zahlen multinationale Großkonzerne im Durchschnitt 20 bis 30 % weniger Steuern als andere Unternehmen (Fuest 2014). Gebhardt und Siemers bestätigten diesen Befund

---

[2]UN PRI (2015): Investors' Recommendations on Corporate Income Tax Disclosure. https://www.unpri.org/download_report/28015.

[3]NBIM (2017) Tax and Transparency: Expectations towards Companies, Norges Bank Investment Management. https://www.nbim.no/contentassets/48b3ea4218e44caab5f2a1f56992f67e/expectations-document---tax-andtransparency---norges-bank-investment-management.pdf.

[4]Im Dow Jones Sustainability Index machen Steuern beispielsweise je nach Branche 0 bis 4 % der Bewertung aus, Vigeo Eiris bewertet den Umfang der Berichterstattung über Steuerzahlungen als Teil seiner 330 Indikatoren und in der Gemeinwohlbilanz wurden Steuern 2017 als einer von zwanzig Indikatoren hinzugefügt. Für mehr Details siehe: https://www.otto-brenner-stiftung.de/wissenschaftsportal/informationsseiten-zu-studien/studien-2018/unternehmensteuern-in-deutschland/.

Tab. 6.1 Steuern in den wichtigsten Nachhaltigkeitsindizes. (Quelle: Eigene Darstellung)

Dow Jones Sustainability Index (RobecoSAM 2017)	US-amerikanische Agentur für Nachhaltigkeitsratings	• Öffentlich zugängliche Steuerstrategie • Öffentliche Berichterstattung über Steuerzahlungen in den für das Unternehmen wichtigsten Ländern • Regelmäßige Behandlung des Themas im Aufsichtsrat • Umgang mit Krisen	0–4 % (je nach Branche)
Vigeo Eiris	Europäische Agentur für Nachhaltigkeitsrating	Gewichtung und Ausgestaltung der 330 Indikatoren ist nicht veröffentlicht. Ein Vergleich ausgewählter Unternehmen aus 2017 bezieht sich auf den „Umfang der Berichterstattung über Steuerzahlungen"	
Oekom[a]	Deutsche Agentur für Nachhaltigkeitsratings	Transparenz – keine Details verfügbar	Kleiner Teil der Kategorie Social & Governance
Global Reporting Initiative[b]	Umweltprogramm der VN und Netzwerk Ceres (Non-Profit-Organisationen im Bereich Soziales und Umwelt)	• Veröffentlichung von Steuern als Teil der Wertschöpfung auf Länderebene • Veröffentlichung von empfangene Beihilfen zum Beispiel in Form von Steuern	Regel 201–1 und Regel 201–4
Gemeinwohl-bilanz	Vereins zur Förderung der Gemeinwohl-Ökonomie (2017)	Vergleich von Abgabenquote (Steuern auf den Gewinn und auf Löhne) mit der Quote für unselbstständige Angestellte • Beschränkung auf rückzahlbare Beihilfen • Verzicht auf Niederlassungen in Steueroasen • länderbezogene Berichterstattung vorschreibt	1 von insgesamt 20 Indikatoren (neu seit 2017)

[a]Siehe http://www.oekom-research.com/index.php?content=kriterien
[b]Die Kriterien finden sich unter: https://www.globalreporting.org/standards/gri-standards-download-center

in 2017 mittels einer Analyse der Handelsbilanzen von Unternehmen und zeigten, dass große und kleine Unternehmen prozentual weniger Steuern zahlen als mittelgroße (Gebhardt und Siemers 2017). Laut eines Vergleichs der volkswirtschaftlichen Gehälter mit den Gewinnen und Steuerzahlungen und einer Auswertung der grenzüberschreitenden Handels- und Kapitalströme verlor Deutschland 2015 mehr als 30 % Steuereinnahmen durch Gewinnverschiebung und liegt damit EU-weit an der Spitze. Nach diesen Schätzungen verschieben multinationale Unternehmen – einschließlich der deutschen – im Schnitt 45 % ihrer Auslandsgewinne in Steueroasen (im Vergleich zu 63 % bei US-Konzernen). Auf dem Papier waren Luxemburger Angestellte demnach achtmal profitabler als Deutsche. Dabei erhielt Luxemburg hohe Zins- und Lizenzeinnahmen aus dem Ausland überwies sie aber – meistens unversteuert – direkt weiter (Zucman et al. 2017). Eine weitere Metastudie aus dem Jahr 2018 von Wissenschaftlern des Internationalen Währungsfonds in Zusammenarbeit mit dem deutschen ifo-Institut kommt schließlich zu dem Ergebnis, dass es einen weitgehenden wissenschaftlichen Konsens darüber gibt, dass Tochtergesellschaften von multinationalen Unternehmen systematisch ihre Gewinne dort ausweisen, wo die Steuern niedriger sind, ohne ihre Aktivitäten entsprechend zu verlagern (Beer et al. 2018). Zu den sechs wichtigsten Wegen, dies zu erreichen, gehören:

1. Missbrauch oder aggressive Optimierung beim Festlegen von Preisen für firmeninterne Transfers und die Geschäftsbeziehungen zwischen Tochtergesellschaften in Ländern mit hohen und solchen mit niedrigen Steuern;
2. Verlagerung von Markennamen, Patenten und anderem intellektuellem Eigentum von den Ländern, in denen die Forschung und Entwicklung stattfindet, in Steueroasen und entsprechende Lizenzzahlungen;
3. Firmeninterne Kredite;
4. Planung von Auslandsinvestitionen über Zwischenstationen, die es dank der dort geltenden Doppelbesteuerungsabkommen erlauben, die Erträge ohne Quellenbesteuerung von einem Land in das nächste zu verschieben;
5. Vermeidung von Besteuerung im Heimatland durch dauerhafte Reinvestition der ausländischen Gewinne im Ausland;
6. Verlagerung des Hauptsitzes.

Mit der Gewinnverschiebung in Länder mit niedrigeren Steuersätzen und/oder nicht-kooperativen Steuerbehörden, gekoppelt mit Versprechungen und Drohungen, spielen die großen Unternehmen und die von ihnen kontrollierten Wirtschaftsverbände die Länder gegeneinander aus und treiben sie in einen Wettbewerb um immer größere Zugeständnisse, bei dem sich am Ende die Länder gegenseitig ihre Steuerbasis zerstören und bei dem vor allem die großen und multinationalen Unternehmen gewinnen, die die Möglichkeiten und die moralische Flexibilität haben, diesen internationalen Zerstörungswettbewerb für sich zu nutzen. Die großen Wirtschaftsprüfungsgesellschaften arbeiten als Prüfer, Standardsetzer und Regierungsberater und beraten gleichzeitig bei der Umsetzung von aggressiven Steuervermeidungsmodellen, helfen bei der Optimierung der Transferpreise, handeln mit Steuerbehörden vorteilhafte Absprachen aus. Rein nationale, kleine und mittelgroße und ihrer Heimat verbundene Unternehmen sowie Unternehmen, die ihr Geschäft an den Werten des Gemeinwohls orientieren, haben hier das Nachsehen, insbesondere, weil über Einzelfälle hinaus weder das negative Verhalten großer Firmen, noch das Positive der fairen und loyalen Steuerzahler veröffentlicht, beziehungsweise öffentlich bewusstgemacht werden.

Rein national tätige Mittelständler veröffentlichen bereits jetzt in ihrem Abschluss ganz automatisch, wie viel Gewinn sie in Deutschland erwirtschaften, wie viele Mitarbeiter sie hier haben, wie hoch ihre Investitionen in Produktionsmittel sind und wie viel Steuern sie in Deutschland zahlen. Auf internationaler Ebene weigern sich die großen und multinationalen Unternehmen dagegen, die gleichen Informationen für jedes Land in dem sie tätig sind in einer sogenannten länderbezogenen Berichterstattung zu veröffentlichen, weil dann ihre Gewinnverschiebung deutlich sichtbar würde. Viele mittelständische Unternehmen verzichten darüber hinaus freiwillig darauf, teure Steuerberater dafür zu bezahlen, ihnen komplexe Firmenstrukturen mit Niederlassungen in Steueroasen und optimierten Preisen für firmeninterne Transfers zu bauen und richten ihre Struktur an ihren moralischen Werten und an den wirtschaftlichen Aktivitäten aus. Um – gegen den Widerstand der großen multinationalen Unternehmen – für ein gerechteres Steuersystem zu sorgen, können sie jetzt beginnen, geschlossen aufzutreten und Reformen von der Politik einfordern. Dafür gibt es international erste Vorbilder.

6.3 Mittelständische Unternehmer als Steuerrebellen

Angesichts der in der medialen Berichterstattung präsenten Skandale über die Steuertricks der großen multinationalen Unternehmen, schlossen sich 2016 und 2017 unabhängig voneinander zwei Gruppen lokaler Unternehmer zusammen, um – mit Hilfe von Steuerberatern – die Steuervermeidungstricks der Großen demonstrativ für sich zu kopieren. Begleitet von der BBC versuchten Unternehmer aus der walisischen Kleinstadt Crickhowell zunächst auf der Isle of Man – einer Insel in der Irischen See in britischem Kronbesitz und als Steueroase bekannt – eine Dachorganisation für ihre Stadt zu gründen. Dort wollten sie die Markenrechte für Werbemaßnahmen bündeln und mit den darauf fälligen Lizenzgebühren einen Teil ihres britischen Gewinns steuerfrei auf die Isle of Man verschieben (Prowse 2016).[5] Ein Jahr später versuchte eine Gruppe deutscher Unternehmer mit Unterstützung des WDR ihr Glück mit einem ganz ähnlichen Modell in Malta (WDR 2017).[6] Während die Unternehmer aus Großbritannien noch darauf war-

---

[5] Mehr Details unter https://www.bbc.co.uk/programmes/p03fyyp7.
[6] Mehr Details unter https://programm.ard.de/TV/wdrfernsehen/ab-ins-steuerparadies-/eid_28111122621091.

ten, ob die Steuerbehörde ihr Steuervermeidungsmodell anerkennt, verweigerten die Finanzämter in Deutschland eine verbindliche Auskunft und beendeten damit den Versuch der deutschen Unternehmer, Steuervermeidungsmodelle legalisiert zu bekommen. Das Risiko, ohne Rechtssicherheit mit solchen Modellen zu arbeiten, war den kleineren unter ihnen zu hoch; von den großen Unternehmen, die sich teure Beratung leisten können, wird es dagegen meistens in Kauf genommen. Beide Projekte illustrieren, was Steuerlücken und Steuervermeidungstricks ausmacht. Zum einen zeigen sie, dass multinationale Unternehmen mit hoher Komplexität und komplexen firmeninternen Beziehungen sehr viel mehr Möglichkeiten haben, Steuern zu vermeiden, als kleine und rein nationale Unternehmen. Zum anderen zeigen die Projekte, dass Steuerlücken meistens im Graubereich entstehen, also da wo die Auslegung der Gesetze nicht eindeutig oder abschließend geklärt ist, und dass diese deswegen weder illegal noch legal, sondern schlichtweg rechtlich zweideutig und unentschieden sind. Ob ein Steuervermeidungsmodell am Ende von den Finanzbehörden anerkannt wird, ist also eine Einzelfallentscheidung, die stark von den individuellen Umständen abhängt und davon, ob die Grenze des Akzeptablen aus Sicht der Behörden lediglich ausgereizt oder überschritten ist. Steuervermeidung ist damit also fast immer auch eine Frage der Risikobereitschaft und der Moral. Das bestätigt letztlich auch eine Umfrage unter Steuerabteilungsleiter*innen großer deutscher Unternehmen aus dem Jahr 2017. Die Mehrheit von ihnen sieht die Höhe ihrer Steuerzahlungen nicht mehr als eine Frage von legal oder illegal sondern als Frage der Interpretationsmöglichkeiten (Feller et al. 2017). Aber nicht alles, was in einem ungerechten und durch den gegenseitigen Steuerbasiszerstörungswettbewerb der Staaten und intensives Lobbying verzerrten Steuersystem legal oder zumindest nicht eindeutig illegal ist, ist auch legitim.

6.4 Aggressive Steuervermeider und faire Steuerzahler

Vergleicht man die Steuerstrategien und Steuerzahlungen von deutschen Mittelständlern mit denen von international operierenden Großkonzernen, zeigt sich, dass es große Unterschiede beim strukturellen Risiko für Steuervermeidung und eine unterschiedliche Bereitschaft für riskante Modelle gibt. Gleichzeitig gibt es aber auch in Deutschland sowohl große mittelständische als auch international operierende Großkonzerne, die von den Steuervermeidungsmöglichkeiten allem Anschein nach Gebrauch machen.

Osiander vs. Amazon
Osiander ist ein 1956 in Tübingen gegründetes Familienunternehmen mit über 700 Mitarbeitern, 60 Buchhandlungen vorwiegend in Süddeutschland und einem Jahresumsatz von knapp 80 Mio. EUR in 2017. Die Selbstdarstellung zur Unternehmensverantwortung betont: „OSIANDER leistet nicht nur mit hohen Ertragssteuern und dem Lohnsteueraufkommen der Mitarbeiterinnen und Mitarbeiter einen wichtigen Beitrag für die lokale und regionale Infrastruktur, sondern fördert darüber hinaus mit rund 50.000 EUR pro Jahr

gesellschaftliche, soziale und kulturelle Projekte." (Osiander o. J.) Mit einem Steuersatz von 36 % liegt Osiander über dem nominal gültigen Steuersatz, vor allem wegen der Hinzurechnung der Mieteinnahmen bei der Gewerbesteuer. Osiander weist seine fast ausschließlich deutschen Gewinne und Steuerzahlungen transparent aus und hat keine Niederlassungen in Steueroasen.

Im Vergleich dazu verschob bzw. verschiebt Amazon Berichten zufolge einen großen Teil seiner deutschen Gewinne nach Luxemburg und minimiert seine Steuerzahlungen aggressiv. So wurde Amazon zum Beispiel in der Wirtschaftswoche (Eisert und Hohensee 2013) und Spiegel Online (Böcking und Hecking 2017) vorgeworfen, über mehrere Jahre einen besonders niedrigen Mehrwertsteuersatz auf E-Books in Luxemburg (3 %) auch für Verkäufe nach Deutschland missbraucht zu haben und Händler, die auf dem Amazon-Marktplatz Güter verkaufen, ohne darauf Mehrwertsteuer zu zahlen, nicht ausreichend überwacht zu haben[7]. Auch die Verschiebung der Gewinne nach Luxemburg war Gegenstand mehrerer offizielle Untersuchungen – darunter durch die US-Steuerbehörde und ein US-Steuergericht, durch die Europäische Kommission im Rahmen der Ermittlungen zu den LuxLeaks sowie die Steuerbehörden in Frankreich (Amazon 2018, S. 67).

Unter dem Codenamen „Goldcrest" (dem Namen des luxemburgischen Nationalvogels) gründete Amazon 2004 eine europäische Zentrale bestehend aus einer luxemburgischen Holding ohne eigenes Büro oder Angestellte, die in Luxemburg nicht steuerpflichtig war und weiteren luxemburgischen Gesellschaften, die selbst operativ tätig und an weiteren Tochtergesellschaften in verschiedenen europäischen Ländern beteiligt waren. Die Holding erhielt gegen eine Gebühr die Rechte an der in den USA entwickelten Software hinter den Websites, dem Markennamen und den Kundendaten. Der von Amazon für die interne Übertragung dieser Rechte angesetzte Preis – sogenannte Verrechnungspreise – war Gegenstand eines Gerichtsprozesses gegen Amazon in den USA. Basierend auf einem Gutachten der Wirtschaftsprüfungsgesellschaft Deloitte schätzte Amazon den Preis für die Übertragung auf 254 Mio. US$. Die Schätzung der im Prozess geladenen Experten variierte zwischen 284 und 412 Mio. US$ (Amazons Experten) und 3,469 Mrd. US$ (Experten der Steuerbehörde). Nach einer ersten Entscheidung im März 2017[8] entscheidet das Gericht zurzeit über die im April 2019 vorgebrachten Argumente im Berufungsverfahren.[9] Auch die andere Seite

---

[7]Mehrwertsteuerbetrug, unter anderem auf dem Amazon Marktplatz, war auch Gegenstand einer Untersuchung des britischen Parlaments: House of Commons Committee of Public Accounts (2017).

[8]Für eine Zusammenfassung der Argumentation vergleiche https://appellatetax.com/2019/05/01/both-parties-face-tough-questions-in-amazon-com-ninth-circuit-argument/ (in Englisch).

[9]Das Urteil findet sich unter https://www.ustaxcourt.gov/UstcInOp/OpinionViewer.aspx?ID=11148. Ein guter Überblick findet sich unter https://www.reuters.com/article/us-amazon-com-irs/amazon-com-wins-1-5-billion-tax-dispute-over-irs-idUSKBN16U369.

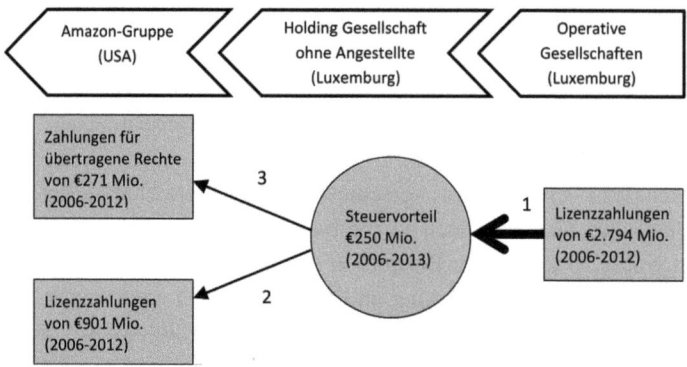

Abb. 6.1 Amazons Steuervermeidungsmodell. (Quelle: Europäische Kommission 2018)

1. Die operativ tätigen luxemburgischen Gesellschaften leisteten laut Europäischer Kommission überhöhte Zahlungen und reduzierten damit künstlich ihren Gewinn

2. Der Empfänger der Zahlungen – die zunächst steuerfreie Holdinggesellschaft ebenfalls in Luxemburg – überwies einen zu niedrigen Betrag an die Muttergesellschaft und schuf damit ohne MitarbeiterInnen oder Büro einen Profit

3. Die luxemburgische Holdinggesellschaft erhält die Rechte zu einem laut amerikanischen Steuerbehörden zu niedrigen Preis. Dadurch verringert sich der Gewinn der US-amerikanischen Gesellschaft

des Projektes „Goldcrest" – die Vereinbarung von Amazon mit dem luxemburgischen Finanzministerium, die die Höhe der Zahlungen der operativ tätigen Gesellschaften an die in Luxemburg steuerbefreite Holding regelte – war Gegenstand eines Verfahrens, diesmal durch die EU-Kommission. Die Vereinbarung basiert auf dem von Amazons Beratern ausgearbeiteten Verrechnungspreismodell und weist den operativen Gesellschaften in Luxemburg für ihre „routinemäßigen" Verwaltungsfunktionen einen kleinen prozentualen Aufschlag auf die Kosten als Gewinn zu. Die restlichen Überschüsse flossen demnach als Lizenzgebühren für die „einzigartigen und wertvollen" Funktionen an die steuerbefreite Holding ohne Angestellte.[10] Den daraus entstandenen Schaden für die Jahre 2006 bis 2014 beziffert die EU-Kommission auf 250 Mio. EUR[11]. Am 22. Mai 2018 legte Amazon beim Europäischen Gerichtshof Widerspruch gegen diese Entscheidung ein.[12] Eine Übersicht zu dem von der Europäischen Kommission beschriebenen Steuervermeidungsmodell findet sich in Abb. 6.1.

Die Holding-Gesellschaft, die Gegenstand der Untersuchungen in den USA und der EU war, wurde laut luxemburgischen Firmenregister am 11. Juni 2016 mit einer

---

[10] https://eur-lex.europa.eu/legal-content/DE/TXT/HTML/?uri=CELEX:32018D0859&from=EN
[11] https://eur-lex.europa.eu/legal-content/EN/TXT/?uri=uriserv:OJ.L_.2018.153.01.0001.01.ENG
[12] https://eur-lex.europa.eu/legal-content/EN/TXT/?uri=uriserv:OJ.C_.2018.276.01.0051.01.ENG&toc=OJ:C:2018:276:FULL

der operativen luxemburgischen Tochtergesellschaften – der Amazon Europe Core S.a.r.l – verschmolzen. Diese Tochtergesellschaft wies für 2016 einen Gewinn von 220 Mio. EUR und eine Steuerquote von 9 % aus. Laut Die Zeit (2015) erklärte Amazon außerdem im Mai 2015, Gewinne aus Verkäufen in Deutschland auch über eine deutsche Betriebsstätte zu buchen. Welcher Teil der in Luxemburg ausgewiesenen Gewinne und Steuerzahlungen Deutschland zugeordnet ist, lässt sich aus den öffentlich zugänglichen Finanzberichten nicht entnehmen. Details zu den Verfahren in Großbritannien und in Frankreich sind nicht bekannt, allerdings fordert Frankreich laut Jahresabschluss von Amazon 196 Mio. EUR für die Jahre 2006 bis 2010 einschließlich Zinsen bis 2012. In den USA zahlte Amazon Berichten zufolge 2017 und 2018 keine Steuern trotz Gewinnen von 5,6 Mrd. US$ bzw. 11,2 Mrd. US$.[13]

New Yorker vs. Inditex
New Yorker ist ein deutscher Textilhändler mit Sitz in Braunschweig. New Yorker erwirtschaftete 2015 etwa ein Drittel seines Umsatzes von insgesamt rund 1,6 Mrd. EUR in Deutschland und verbuchte 47,6 Mio. EUR Steuern auf einen Gewinn von rund 201 Mio. EUR (eine Quote von 24 %). Industria de Diseño Textil S.A (kurz: „Inditex") ist die spanische Muttergesellschaft verschiedener auch in Deutschland vertretener Textilhändler, darunter z. B. Zara, Bershka und Pull&Bear. Inditex erwirtschaftete 2015 etwa 20 % seines Umsatzes von insgesamt rund 23 Mrd. EUR in Spanien und verbuchte 917 Mio. EUR Steuern auf einen Gewinn von rund 4 Mrd. EUR (eine Quote von 22 %). Trotz der vergleichbaren Steuerquote unterscheiden sich beide Unternehmen unterscheiden nicht nur in Bezug auf die Größe, sondern auch in ihrer Steuerstrategie.

New Yorker SE hat ihren Konzernsitz in Deutschland. In der Beteiligungsliste finden sich insgesamt 38 inländische sowie 54 ausländische Unternehmen. Die ausländischen Tochtergesellschaften entsprechen größtenteils den Ländern in denen New Yorker Bekleidung verkauft – darunter auch die in vielen Listen als Steueroasen geführten Niederlande, die Schweiz und Luxemburg – ohne dass jedoch aus den Abschlüssen eine künstliche Verlagerung von Funktionen und oder Gewinnen in diese Länder erkennbar ist. Insgesamt verbucht New Yorker in ihrer Konzernbilanz 47,6 Mio. EUR Steuern auf einen Gewinn von rund 201 Mio. EUR (eine Quote von 24 %). Welcher Teil davon auf Deutschland entfällt, lässt sich anhand der verfügbaren Informationen nicht nachvollziehen, da New Yorker in der Konzernbilanz nur die Umsätze, nicht aber die Gewinne, getrennt nach Inland und Ausland ausweist und die deutschen Gesellschaften keine Einzelbilanzen erstellen. Aus der Überleitungsrechnung ist jedoch ersichtlich, dass der gewichtete Konzernsteuersatz 23,7 % und damit fast exakt den tatsächlich gebuchten Steuern entspricht. Die Steuerzahlungen von 47,6 Mio. EUR ergeben sich laut

---

[13]https://itep.org/amazon-in-its-prime-doubles-profits-pays-0-in-federal-income-taxes/ (in Englisch). Eine deutsche Zusammenfassung findet sich zum Beispiel hier: https://www.wiwo.de/unternehmen/dienstleister/unternehmenssteuern-in-den-usa-amazon-bekommt-steuern-zurueck-/24007498.html.

Überleitungsrechnung im Konzernabschluss nach Hinzurechnung von 6,1 Mio. EUR, u. a. aus Gewerbesteuereffekten und dem Abzug von 5,3 Mio. EUR nicht näher erläuterter Sondereffekte. Es ist also insgesamt davon auszugehen, dass New Yorker in Deutschland eine Steuerquote entsprechend oder über dem Nominalsteuersatz ausweist.

Inditex hat laut Schätzungen einer Untersuchung im Auftrag der Grünen/EFA im Europaparlament (Tataret 2016) in den Jahren 2011 bis 2014 durch aggressive Steuervermeidung mindestens 585 Mio. EUR Steuern gespart hat. Während die lokalen Verkaufsgesellschaften laut Studie oft Verluste oder nur sehr kleine Gewinne machen, fällt der Großteil der Gewinne bei den für Wareneinkauf, Finanzierung, Rechteverwaltung, Online-Handel und Versicherung zuständigen Tochtergesellschaften an – der Großteil davon in Steueroasen, zum Beispiel:

- **Niederlande:** Eine als Beispiel ausgewählte italienische Tochtergesellschaft zahlte 5 % ihres Umsatzes als Lizenzgebühren für Markenrechte und Shopkonzept an eine niederländische Gesellschaft. Anders als in Spanien können diese Rechte in den Niederlanden abgeschrieben werden und verringern damit den zu besteuernden Gewinn zusätzlich zum ohnehin niedrigeren Steuersatz der niederländischen Tochter von nur 15 %. Insgesamt wurden laut Studie so in den Jahren 2011–2014 Gewinne in Höhe von 1,95 Mrd. EUR zu niedrig versteuert und es entstand ein Schaden von 295 Mio. EUR.
- **Irland:** In Irland unterhält Inditex Tochtergesellschaften für E-Commerce, firmeninterne Versicherungen und Finanzierung und spart dadurch dank des niedrigen Steuersatzes von maximal 12,5 % geschätzt 58,91 Mio. EUR.
- **Schweiz:** Eine Holding in der Schweiz, deren Tochtergesellschaften u. a. den Einkauf der Waren von den Produzenten verantworten, spart dank des niedrigen Steuersatzes von bis zu 7,8 % schätzungsweise 149,03 Mio. EUR.[14]

Für Deutschland schätzt die Studie den Schaden alleine aus den Lizenzzahlungen an die niederländische Gesellschaft auf 25 Mio. EUR. Inditex berichtet in seinem Governance Report auch über Aktivitäten in Steueroasen, allerdings scheinen die Niederlande, Irland und die Schweiz nicht unter die verwendete Definition zu fallen und es werden lediglich Monaco und Macao als Niedrigsteuerländer erwähnt, in denen Inditex jedoch nach eigenen Angaben lediglich das normale Ladengeschäft betreibt.

Die Tatsache, dass Inditex eine ähnliche Steuerquote ausweist wie New Yorker obwohl New Yorker im Vergleich mit der Zara Tochtergesellschaft in Deutschland wahrscheinlich im Vergleich zum Umsatz mehr Steuern zahlt, weist daraufhin, dass Steuervermeidung bei ausländischen Tochtergesellschaften – sowohl von deutschen

---

[14]Für die Schweiz liegen die Geschäftszahlen nur teilweise und indirekt über die niederländischen Muttergesellschaften vor.

Unternehmen im Ausland als auch von ausländischen Unternehmen in Deutschland – ein größeres Problem sein dürfte. Eine rein nationale Betrachtungsweise, die Auslandsaktivitäten deutscher Unternehmen außen vorlässt ist also nicht ausreichend. Dass auch deutsche Unternehmen das internationale Steuersystem zur Steuervermeidung ausnutzen legen mehrere Beispiele näher. Eine Untersuchung im Auftrag der Grünen/EFA im Europaparlament (Auerbach 2016) zeigt beispielsweise wie BASF Auslandsgewinne über Zwischengesellschaften in Ländern mit niedrigem Steuersatz leitet. Reuters berichtete bereits 2013 dass SAP, ähnlich wie die US Technologie Konzerne einen überproportionalen Teil seiner Gewinn nach Irland verschob und so seine Steuerzahlungen verringerte (Bergin 2013) und auch der deutsche Hausgerätehersteller Vorwerk nutzte laut einem Bericht der ARD (Röder und Hartnagel 2017) ein fragwürdiges Steuermodell in der Schweiz um seine Gewinne in Deutschland und Frankreich klein zu rechnen. Schließlich zeigt WEED (Henn 2017), dass fast alle großen deutschen Unternehmen Tochtergesellschaften in Niedrigsteuerländern haben und darüber Investitionen strukturieren.

6.5 Ein Siegel für faire und loyale Steuerzahler

Wie die Beispiele aus dem vorherigen Kapitel zeigen, ist es keine leichte Aufgabe, den Unterschied zwischen aggressiver Steuervermeidung und fairer Steuerplanung umfassend und allgemeingültig festzuschreiben. Trotzdem entstand zwischen 2013 und 2014 in Großbritannien ein Kriterienkatalog für faire Steuerzahler. Er basiert auf der Erkenntnis, dass aggressive Steuervermeidung aus einer Kombination von strukturellen Risikofaktoren – grenzüberschreitende Geschäfte; leicht zu verlagernde Patente und Kredite; Abwicklung von Geschäften über Länder mit niedrigen Steuersätzen – sowie der unternehmerischen und moralischen (in diesem Fall unmoralischen) Entscheidung, diese auch zu nutzen, resultiert. Anhand des Kriterienkatalogs sollen Unternehmen identifiziert werden, die aus einem sozialen Selbstverständnis heraus stolz auf ihren finanziellen Beitrag zum Gemeinwesen sind, die transparent und detailliert über ihre Steuerzahlungen berichten anstatt sie trickreich in der Bilanz zu verstecken und die auf Strukturen verzichten, die aggressive Steuervermeidung ermöglichen.

Im vierten Jahr seines Bestehens hat das britische Fair Tax Mark aktuell mehr als 50 britische Unternehmen zertifiziert, deren Geschäfte sich über ganz Großbritannien verteilen[15]. Das Siegel gibt Konsument*innen, Mitarbeiter*innen und der interessierten Öffentlichkeit einen wichtigen Anhaltspunkt für die Beurteilung von Unternehmen jenseits der öffentlichkeitswirksamen Skandale, ohne dass es die detaillierte Überprüfung durch die Steuerbehörden ersetzen kann. Das Fair Tax Mark leistet einen wichtigen

---

[15]Siehe www.fairtaxmark.net.

und sichtbaren Beitrag zur gesellschaftlichen Debatte über Steuergerechtigkeit. Es hilft dabei, den Staat und die Öffentlichkeit darauf aufmerksam machen, dass der Großteil der Unternehmen fair und loyal Steuern zahlt und von den verfügbaren Schlupflöchern keinen Gebrauch macht und stellt damit diejenigen, die aggressive Steuern vermeiden, mit einem positiven Gegenbeispiel bloß. Seit 2017 verpflichtet ein Gesetz große Unternehmen aus Großbritannien zur jährlichen Veröffentlichung einer Steuerstrategie. Eine Analyse des Fair Tax Mark (2017) zeigt aber, dass dieses Gesetz ohne ausreichend Druck nur unzureichend umgesetzt wurde.

Auch in Deutschland steigt inzwischen die Sensibilisierung für den sozialen Mehrwert von fairen Steuerpraktiken für Unternehmen bzw. die Schäden von aggressiver Steuervermeidung. Ein Laborexperiment mit deutschen Student*innen zeigte schon 2014, dass die Proband*innen zwar generell nicht bereit sind, für Produkte von fairen Steuerzahler*innen mehr zu zahlen (anders als für Fair Trade oder Bioprodukte), dass sie aber unfaire Steuerzahler*innen mit geringerer Kaufneigung bestrafen (Hardeck und Hertl 2014). Mehrere Beispiele wie der Boykott von Starbucks wegen niedrigen Steuerzahlungen in Großbritannien, der dazu geführt hat, dass Starbucks seine Europazentrale aus den Niederlanden dorthin verlegt hat, oder der Druck auf Apple durch mehrere öffentlichkeitswirksame Protestaktionen in Deutschland zeigen, dass Steuern für Konsumenten eine wichtige Rolle spielen können. Die internationale Erfahrung zeigt auch, dass selbst große multinationale Unternehmen aus Deutschland mit entsprechendem Druck zu Zugeständnissen bereit sind – Siemens und Aldi beteiligen sich beispielsweise in Australien an einer freiwilligen Transparenzinitiative (Australian Government o. J. a) und erklären ihre Steuerstrategie dort sehr viel transparenter als in Deutschland seitdem die australischen Steuerbehörden ihren Steuerbeitrag veröffentlichen (Australian Government o. J. b).

Basierend auf dem britischen Kriterienkatalog wurden inzwischen mehrere auf den deutschen Kontext und die verschiedenen Unternehmenstypen und Größenklassen angepasste Bewertungsschemata entwickelt.

Faire und loyale Steuerzahler verpflichten sich nach diesen Kriterien:

1. **Die fälligen Steuern zur rechten Zeit und am Ort der wirtschaftlichen Aktivität zu entrichten,**
    - …durch Befolgung der Steuergesetze im Einklang mit den damit verbundenen gesellschaftlichen Moralvorstellungen und den Intentionen der GesetzgeberInnen, …durch den Verzicht auf Steueroasen sowie geheime, nicht allgemeingültige oder nicht mit der wirtschaftlichen Aktivität vor Ort in Verbindung stehende Steueranreize,
    - … durch den Verzicht auf den Missbrauch von Regelungslücken und auf aggressive Steuervermeidung,
    - Umgekehrt gilt: allgemein gültige Steuerersparnisse und Steueranreize, die mit der wirtschaftlichen Aktivität vor Ort in eindeutiger Verbindung stehen, können jederzeit genutzt werden;

2. **Einen neuen Standard für Transparenz zu etablieren,**
   - ... durch die Veröffentlichung vollständiger Abschlüsse (auch ohne rechtliche Pflicht),
   - ...durch die klare Erläuterung von Steuerinformationen und
   - ...durch Aussagen zu Gewinnen und Steuern in den Ländern in denen sie wirtschaftlich aktiv sind,
   - Diese letzte Aussage kann auch ausschließlich vertraulich dem prüfenden Steuerbüro zur Verfügung gestellt werden und wäre damit von einer generellen Veröffentlichung ausgenommen.
3. **Vorreiter in Sachen fairer Steuerzahlung und Verantwortung zu sein**
   - ...durch die öffentliche Verpflichtung zu verantwortungsvollen Steuerpraktiken und der Umsetzung dieser Verpflichtung in den eigenen Management-Systemen.

Die Kernfrage dieser Kriterienliste – also was ist aggressive Steuervermeidung, gekennzeichnet durch das künstliche Verschieben von Gewinnen in Steueroasen und wo beginnt faire Steuerplanung, die Gewinne entsprechend der wirtschaftlichen Aktivität verteilt – ist Gegenstand intensiver Diskussionen in der EU und nicht zuletzt auch im aktuell laufenden Verhandlungsprozess der OECD zu einer internationalen Steuerreform unter dem Stichwort BEPS 2.0.

Was ist aggressive Steuervermeidung?
Eine Gesetzesinitiative der Europäischen Kommission (2017a, Anhang IV) für eine Anzeigepflicht für aggressive Steuergestaltung enthält beispielsweise eine Reihe allgemeiner und spezifischer Kennzeichen, um aggressive Vermeidungsmodelle zu identifizieren. Dabei spielen Steueroasen eine wichtige Rolle. Ein Gutachten des Max-Planck-Instituts für Steuerrecht und öffentliche Finanzen im Auftrag des Bundesfinanzministeriums empfiehlt aggressive Steuervermeidung möglichst breit und anhand allgemeiner Kennzeichen zu definieren, anstatt sich auf spezifische und abschließende Kriterien zu einigen (MPI 2016).

Was ist eine Steueroase?
Innerhalb der EU. Für die sogenannte schwarze Liste nicht kooperativer Drittländer analysiert die Europäische Kommission seit 2016 insgesamt 92 anhand ihres potenziellen Risikos ausgewählte Staaten und Territorien außerhalb der EU nach ihrer Bereitschaft zum Informationsaustausch, nach schädlichen Steuerpraktiken und der Existenz von Unternehmensbesteuerung.[16] Einen ähnlichen Ansatz verfolgt der im Mai 2019

---

[16]Mehr Informationen unter: https://ec.europa.eu/taxation_customs/tax-common-eu-list_en.

veröffentlichte Index der Unternehmenssteuerwüsten vom Tax Justice Network. Er bezieht jedoch auch EU-Mitgliedsstaaten mit ein und bewertet zwanzig Indikatoren (TJN o. J.).[17]

Wo ist der Ort der wirtschaftlichen Aktivität?
Ein weiterer, bereits mehrmals von der Europäischen Kommission eingebrachter Vorschlag sieht schließlich vor, Gewinne nicht mehr in jedem Land und für jede Tochtergesellschaft einzeln sondern anhand von gemeinsamen Regeln auf Ebene des Konzerns zu berechnen und anhand einer festen Formel auf die Staaten zu verteilen in denen die Umsätze erzielt werden, also Produkte verkauft werden, in denen das Produktionskapital, also zum Beispiel die Fabriken, beheimatet sind und wo die Angestellten des Unternehmens arbeiten (Europäische Kommission o. J.).[18]

Was ist BEPS 2.0?
Im Kampf gegen die Erosion der Steuerbasis und Gewinnverschiebung (Englisch: Base Erosion and Profit Shifting, kurz BEPS) hat die OECD 2015 bereits einen umfangreichen Maßnahmenkatalog vorgelegt, der seitdem schrittweise umgesetzt wird. Bis 2020 soll die OECD jetzt weitergehende Maßnahmen ausarbeiten um unter anderem Digitalkonzerne fair zu besteuern und die weiterhin bestehenden Lücken im internationalen Steuersystem zu schließen. Die dabei diskutierten Vorschläge reichen von einer effektiven Mindestbesteuerung, mit der sichergestellt werden soll, dass Unternehmen unabhängig von ihrer Struktur und ihrer Gewinnaufteilung nirgends weniger als dieses international abgestimmte Minimum zahlen können, bis hin zu einer formelhaften Aufteilung der global gemessenen Gewinne auf die Produktions- und Absatzländer.[19]

Genauso wie sich die gesetzlichen Rahmenbedingungen und die darauf aufbauenden Vermeidungsmodelle laufend ändern, muss die Abgrenzung von fairer Steuerplanung sich schrittweise weiterentwickeln und gesetzliche Vorschriften, moralische Überlegungen sowie gute Unternehmenspraxis pragmatisch kombinieren. Ein Steuersiegel für Deutschland

Um auch in Deutschland dafür zu sorgen, dass Steuern einen ihrer Bedeutung entsprechenden Platz in der Unternehmensverantwortung erhalten und dass Unternehmer, die ihrer Verantwortung gegenüber der Gesellschaft diesbezüglich gerecht werden, leichter

---

[17]Eine deutsche Zusammenfassung findet sich unter https://netzwerk-steuergerechtigkeit.de/steuerwuesten/.

[18]Der ursprüngliche Vorschlag von 2011 und die 2016 neu eingebrachte Version finden sich unter: https://ec.europa.eu/taxation_customs/business/company-tax/common-consolidated-corporate-tax-base-ccctb_en Weitere Informationen zum Konzept unter https://netzwerksteuergerechtigkeit.files.wordpress.com/2014/06/info-steuergerechtigkeit-14_gesamtkonzernsteuer1.pdf.

[19]Siehe OECD (2019) unter http://www.oecd.org/tax/beps/programme-of-work-to-develop-a-consensus-solution-to-the-tax-challenges-arising-from-the-digitalisation-of-the-economy.htm.

zu erkennen sind, soll auch in Deutschland ein Siegel für faire und loyale Steuerzahler ins Leben gerufen werden. In Zusammenarbeit mit einem Institut, das sich bereits mit der Zertifizierung von nachhaltigen Unternehmungen einen guten Namen gemacht hat, wurden die Bewertungsprozesse in einem großen mittelständischen und multinationalen Unternehmen und weiteren Unternehmen verschiedener Größenklassen erprobt und weiterentwickelt. Der Prozess ist dabei möglichst einfach und effektiv strukturiert:

a) Kontaktaufnahme und Erstgespräch: Die interessierte Firma bespricht mit der Zertifizierungsstelle die notwendigen Daten- und Dokumentlieferungen. Über die bestehenden Regelungen hinaus können ferner Vertraulichkeitsvereinbarungen geschlossen werden.

b) Erstprüfung und Feedback: Die Zertifizierungsstelle führt die Prüfung auf Basis der gelieferten Unterlagen durch, trifft erste Ableitungen und klärt in einem Telefongespräch offene Fragen. Hiervon wird ein Protokoll erstellt und die weiteren Aktivitäten abgeleitet.

c) Lieferung der Ergebnisse und Zertifizierung: Die Zertifizierungsstelle schickt die finalen Ergebnisse inklusive Hinweisen auf Verbesserungspotenzialen.

d) Bei Erfüllung der Mindestanforderungen verleiht die „Initiative für Loyale Steuerzahler" das Siegel zur Nutzung durch das teilnehmende Unternehmen.

Aufbauend auf den entwickelten Bewertungsschemata und dem erprobten Prüfungsprozess sollen in den kommenden Monaten und Jahren weitere faire und loyale Steuerzahler identifiziert, zertifiziert und für ein gerechteres Steuersystem mobilisiert werden. Je nach Zielsetzung könnte dies als Unternehmerinitiative oder im Rahmen einer unabhängigen Siegelorganisation nach britischem Vorbild umgesetzt werden.

6.6 Der unternehmerische Beitrag zu mehr Steuergerechtigkeit

Für ein funktionierendes Gemeinwesen und die Gewährleistung einer ausreichenden und gerecht verteilten Finanzierung der öffentlichen Infrastruktur und der gemeinschaftlichen Aufgaben bedarf es eines langen Atems und umfangreicher Zusammenarbeit vieler verschiedener Akteure.

Eine Zertifizierung von fairen und loyalen Steuerzahlern leistet dazu einen wichtigen Beitrag, weil es deren Bemühungen für Mitarbeiter*innen und Konsument*innen sichtbar macht. Faire und loyale Steuerzahler unter den mittelständischen Unternehmen werden dadurch zu einer glaubwürdigen und gut informierten Gegenstimme zu den Wirtschaftslobbyisten. Gemeinsam sorgen sie für den öffentlichen Druck, der nötig ist, bestehende Maßnahmen gegen aggressive Steuervermeidung kontinuierlich weiterzuentwickeln und den großen Sprung zu einem ausgewogenen und fairen Steuersystem zu schaffen.

Literatur

Amazon (2018) Annual report. https://ir.aboutamazon.com/node/31331/html. Zugegriffen: 16. Aug. 2019

Auerbach M (2016) Toxic deals. When BASF's Tax Structure is more about Style than Substance. Grüne/EFA im Europäischen Parlament. http://www.sven-giegold.de/wp-content/uploads/2016/11/ToxicTaxDealsVF2.pdf. Zugegriffen: 19. Juli 2019

Australian Government (o. J. a) Development of the voluntary tax transparency code. http://taxboard.gov.au/consultation/voluntary-tax-transparency-code/. Zugegriffen: 16. Aug. 2019

Australian Government (o. J. b) Corporate tax transparency. https://data.gov.au/dataset/ds-dga-c2524c87-cea4-4636-acac-599a82048a26/details. Zugegriffen: 16. Aug. 2019

Baumann D (2019) Wir müssen das Biest Kapitalismus zähmen; Interview mit Rutger Bregman. Frankfurter Rundschau. https://www.fr.de/wirtschaft/wir-muessen-biest-kapitalismus-zaehmen-11746721.html. Zugegriffen: 22. Juli 2019

Beer S, de Mooji R, Liu L (2018) International corporate tax avoidance: a review of the channels, magnitudes, and blind spots; WP/18/168. Internationaler Währungsfonds. https://www.imf.org/en/Publications/WP/Issues/2018/07/23/International-Corporate-Tax-Avoidance-A-Review-of-the-Channels-Effect-Size-and-Blind-Spots-45999. Zugegriffen: 19. Juli 2019

Bergin T (2013) Special report: how a German tech giant trims its U.S. tax bill (20.9.2013). Reuters. https://www.reuters.com/article/us-tax-sap-special-report/special-report-how-a-german-tech-giant-trims-its-u-s-tax-bill-idUSBRE98J04220130920. Zugegriffen: 16. Aug. 2019

Böcking D, Hecking C (2017) Die Amazon-Oase. Spiegel Online. http://m.spiegel.de/wirtschaft/unternehmen/a-1171381.html

Eisert R, Hohensee M (2013) Für Amazon hat die Schlacht erst begonnen. WirtschaftsWoche. http://www.wiwo.de/unternehmen/handel/bezos-vision-fuer-amazon-hat-die-schlacht-erst-begonnen/7805132.html. Zugegriffen: 19. Juli 2019

Europäische Kommission (o. J.) Common Consolidated Corporate Tax Base (CCCTB). https://ec.europa.eu/taxation_customs/business/company-tax/common-consolidated-corporate-tax-base-ccctb_en. Zugegriffen: 16. Aug. 2019

Europäische Kommission (2017a): Transparenzvorschriften für Intermediäre. https://ec.europa.eu/taxation_customs/business/company-tax/transparency-intermediaries_de. Zugegriffen: 16. Aug. 2019

Fair Tax Mark (2017) Tax strategy reporting among FTSE 50. https://fairtaxmark.net/tax-strategy-reporting-among-ftse-50/. Zugegriffen: 16. Aug. 2019

Feller A, Huber S, Schanz D (2017) Aufbau und Arbeitsweisen der Steuerabteilungen großer deutscher Kapitalgesellschaften. Deutsches Steuerrecht (DStR):1617–1622

Fuest C (2014) Die Multis zahlen 30 Prozent weniger Steuern. http://www.faz.net/aktuell/wirtschaft/oekonom-clemens-fuest-die-multis-zahlen-30-prozent-weniger-steuern-13263047.html. Zugegriffen: 22. Juli 2019

Gebhardt H, Siemers L-HR (2017) Die relative Steuerbelastung mittelständischer Kapitalgesellschaften: Evidenz von handelsbilanziellen Mikrodaten, Januar. https://www.researchgate.net/publication/316457694_Die_relative_Steuerbelastung_mittelstandischer_Kapitalgesellschaften_Evidenz_von_handelsbilanziellen_Mikrodaten. Zugegriffen: 19. Juli 2019

Hardeck I, Hertl R (2014) Consumer Reactions to Corporate Tax Strategies: Effects on Corporate Reputation and Purchasing Behavior. Journal of Business Ethics: 309–326

Heckemeyer J, Spengel C (2008) Ausmaß der Gewinnverlagerung multinationaler Unternehmen – empirische Evidenz und Implikationen für die deutsche Steuerpolitik. http://onlinelibrary.wiley.com/doi/10.1111/j.1468-2516.2007.00261.x/abstract

Henn M (2017) Aktivität deutscher Großunternehmen. https://www.weed-online.org/meldungen/9876976.html. Zugegriffen: 19. Juli 2019

MPI (2016): Anzeigepflicht für Steuergestaltungsmodelle in Deutschland. Max Planck Institut für Steuerrecht und öffentliche Finanzen. Im Auftrag des BMF, am 15.7.2016 vorgelegte Fassung mit Ergänzungen zum 23.9.2016. http://www.tax.mpg.de/fileadmin/TAX/docs/TL/MA/Gutachten_Anzeigepflichten_MPI.pdf. Zugegriffen 16. Aug. 2019

Osiander (o. J) Osiander hilft. https://www.osiander.de/unternehmen/osiander_hilft.cfm. Zugegriffen: 16. Aug. 2019

Prowse, H. (2016) The town that took on the taxmann (19.1.2016). BBC. https://www.bbc.co.uk/programmes/b06ygl19. Zugegriffen: 16. Aug. 2019

Röder E, Hartnagel M (2017) Der Thermomix-Vorwerk-Check. Fernsehen. https://www.daserste.de/information/ratgeber-service/markencheck/sendung/markencheck-folge-3-100.html. Zugegriffen: 22. Juli 2019

Stephenson D, Vracheva V (2015) Corporate social responsibility and tax avoidance: a literature review and directions for future research. https://ssrn.com/abstract=2756640 or http://dx.doi.org/10.2139/ssrn.2756640. Zugegriffen: 25. Juni 2007

Stiftung Familienunternehmen (2016) Der Beitrag der Familienunternehmen zum Steueraufkommen in Deutschland – Entwicklung der Steuern vom Einkommen und Ertrag. Bearbeitet von ifo-Institut, München. https://www.familienunternehmen.de/media/public/pdf/publikationen-studien/studien/Studie_Stiftung_Familienunternehmen_Steuerbeitrag-der-Familienunternehmen-in-Deutschland.pdf. Zugegriffen: 16. Aug. 2019

Tataret M (2016) Exploring Zara's tax business. Grüne/EFA im Europäischen Parlament. https://www.greens-efa.eu/en/article/tax-shopping. Zugegriffen: 19. Juli 2019

TJN (o. J.) Corporate tax haven index 2019. https://corporatetaxhavenindex.org/. Zugegriffen: 16. Aug. 2019

WDR (2017) Ab ins Steuerparadies (24.5.2017) https://programm.ard.de/TV/wdrfernsehen/ab-ins-steuerparadies-/eid_28111122621091. Zugegriffen: 16. Aug. 2019

Zucman G, Wier L, Torslov T (2017) € 600 Billion and Counting: Why High-tax Countries Let Tax Havens Flourish. http://gabriel-zucman.eu/files/TWZ2017.pdf. Zugegriffen: 19. Juli 2019

MIX
Papier aus verantwortungsvollen Quellen
Paper from responsible sources
FSC® C105338

If you have any concerns about our products,
you can contact us on
ProductSafety@springernature.com

In case Publisher is established outside the EU,
the EU authorized representative is:
**Springer Nature Customer Service Center GmbH
Europaplatz 3, 69115 Heidelberg, Germany**

Printed by Libri Plureos GmbH
in Hamburg, Germany